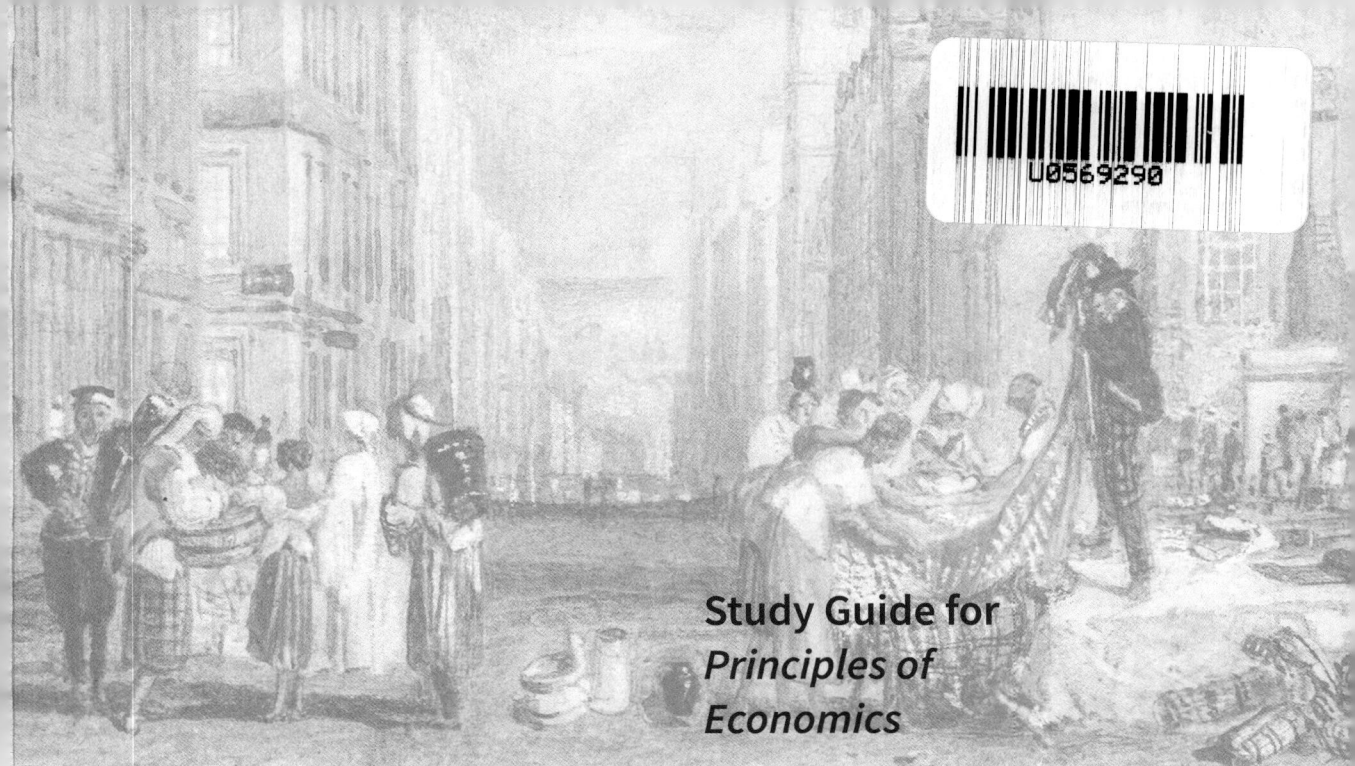

Study Guide for
Principles of
Economics

—第8版—

曼昆
《经济学原理：
微观经济学分册》
学习指南

〔美〕戴维·R. 哈克斯（David R. Hakes）著
梁小民　陈宇峰　译

北京大学出版社
PEKING UNIVERSITY PRESS

著作权合同登记号　图字：01-2019-6142

图书在版编目(CIP)数据

《经济学原理(第8版)：微观经济学分册》学习指南/(美)戴维·R.哈克斯(David R. Hakes)著；梁小民,陈宇峰译. —北京：北京大学出版社,2021.3
　ISBN 978-7-301-31995-6

Ⅰ.①经… Ⅱ.①戴… ②梁… ③陈… Ⅲ.①经济学—高等学校—教学参考资料 ②微观经济学—高等学校—教学参考资料　Ⅳ.①F0

中国版本图书馆 CIP 数据核字(2021)第 032227 号

David R. Hakes
Study Guide for Principles of Economics, eighth edition
Copyright © 2019 by South Western, a Part of Cengage Learning.
Original edition published by Cengage Learning. All Rights Reserved.
本书原版由圣智学习出版公司出版。版权所有，盗印必究。
Peking University Press is authorized by Cengage Learning to publish, distribute and sell exclusively this simplified Chinese edition. This edition is authorized for sale in the People's Republic of China only (excluding Hong Kong SAR, Macao SAR and Taiwan). Unauthorized export of this edition is a violation of the Copyright Act. No part of this publication may be reproduced or distributed by any means, or stored in a database or retrieval system, without the prior written permission of the publisher.

本书中文简体字翻译版由圣智学习出版公司授权北京大学出版社独家出版发行。此版本仅限在中华人民共和国境内(不包括中国香港、澳门特别行政区及中国台湾地区)销售。未经授权的本书出口将被视为违反版权法的行为。未经出版者预先书面许可，不得以任何方式复制或发行本书的任何部分。

本书封面贴有 Cengage Learning 防伪标签，无标签者不得销售。

| 书　　　名 | 《经济学原理(第8版)：微观经济学分册》学习指南<br>《JINGJIXUE YUANLI(DI-BA BAN)：WEIGUAN JINGJIXUE FENCE》XUEXI ZHINAN |
| --- | --- |
| 著作责任者 | 〔美〕戴维·R.哈克斯（David R. Hakes）　著　梁小民　陈宇峰　译 |
| 责任编辑 | 王晶 |
| 标准书号 | ISBN 978-7-301-31995-6 |
| 出版发行 | 北京大学出版社 |
| 地　　址 | 北京市海淀区成府路205号　100871 |
| 网　　址 | http://www.pup.cn |
| 微信公众号 | 北京大学经管书苑（pupembook） |
| 电子邮箱 | 编辑部 em@pup.cn　总编室 zpup@pup.cn |
| 电　　话 | 邮购部 010-62752015　发行部 010-62750672　编辑部 010-62752926 |
| 印　刷　者 | 河北滦县鑫华书刊印刷厂 |
| 经　销　者 | 新华书店 |
| | 787毫米×1092毫米　16开本　18.75印张　468千字<br>2021年3月第1版　2025年6月第7次印刷 |
| 定　　价 | 52.00元 |

未经许可，不得以任何方式复制或抄袭本书之部分或全部内容。
版权所有，侵权必究
举报电话：010-62752024　电子邮箱：fd@pup.cn
图书如有印装质量问题，请与出版部联系，电话：010-62756370

# 前　言

本书是与 N. 格里高利·曼昆的《经济学原理(第8版):微观经济学分册》相配套的《学习指南》。本书写作的初衷就是服务于作为学生读者的你。

你的时间是稀缺的。为了帮助你有效地利用时间,这本《学习指南》严格地集中于曼昆《经济学原理(第8版):微观经济学分册》中介绍的内容,而不涉及其他无关的知识。

## 《学习指南》的目的

这本《学习指南》有三个广义的目的:第一,帮助你巩固教科书中的内容,并增进你对教科书中内容的理解。第二,向你提供运用经济理论和工具以解决实际经济问题的经验。换句话说,本书是经济理论与解决经济问题之间的桥梁,这也许是这本《学习指南》最重要的目的,因为那些发现经济学具有内在逻辑性的学生往往认为,他们只需通过阅读教科书或上课就足以应付考试。然而,观察一个经济学家在教室里解题是一回事,而独立解决一个问题则完全是另一回事。亲自实践的经历是无可替代的。第三,本书中每一章都配有练习题,这些练习题可以检测出你掌握较好的领域和需要巩固的薄弱环节。

如果你没有理解内容或者在考试时对所考内容缺乏信心,那么你要真正享受任何一个学习领域都是不大可能的。我希望这本《学习指南》能增进你对经济学的理解,并提高你的考试成绩,以便你也能同我一样享受经济学所带来的乐趣。

## 《学习指南》的结构

这本《学习指南》的每个章节都与曼昆的《经济学原理(第8版):微观经济学分册》的章节一一对应。每一章分为以下几部分:

- "本章概述"从"本章复习"开始,逐节对本章内容进行回顾;其次是"有益的提示",帮助读者理解本章内容;最后是"术语与定义",这部分内容特别重要,因为如果不使用共同的经济学术语,教科书与你之间的信息沟通或者在考试时你与老师之间的信息沟通都是不可能的。
- "应用题与简答题"将通过一些基于教科书内容的问题为你带来一些实际经验。其中"应用题"是多个步骤的问题,而"简答题"是基于一个问题而提出的。
- "自我测试题"包括15道"判断正误题"和20道"单项选择题"。

- "进阶思考题"是把该章介绍的经济学推理和工具运用于现实世界中的问题。这是一种应用型案例问题。
- "习题答案"对本章中所有问题都给出了答案,对"判断正误题"中的错误项还给出了解释。

## 《学习指南》的使用

我对于是否提供这本《学习指南》的使用方法很犹豫,因为如何最好地使用这本《学习指南》很大程度上是个人的事。它取决于你的偏好与能力,以及你的老师对内容的讲授方法。但是,我仍将讨论几种可能的方法,试错法会有助于你找出最适合自己的方法。

一些学生喜欢在阅读《学习指南》之前先学习教科书的一整章;另一些学生喜欢先学习教科书中的一节,然后阅读《学习指南》中"本章概述"部分相应的一节。第二种方法有助于你集中学习教科书中每节最重要的内容。一些在学习教科书之后感到特别有信心的学生会选择直接做"自我测试题",但通常来说我并不推荐这种方法。我建议你在进行自我测试之前,先做完所有"应用题"和"简答题"。如果你在自我测试之前有充分的准备,你将从中得到更准确的反馈。

《学习指南》不是教科书的替代品,正如经典小说的简写本不能代替原著一样。要与曼昆的《经济学原理(第8版):微观经济学分册》结合来使用这本《学习指南》,而不是完全代替它。

## 最后的思考

这本《学习指南》中的所有习题都已经过许多评审者的精心核对。但是,如果你发现了错误,或者你对未来的版本有任何想法和建议,请随时通过电子邮件与我联系(邮箱是 hakes@uni.edu)。

## 致 谢

最后,我要感谢曼昆写了一本各方面都考虑周到的教科书,这使得写这本《学习指南》成为一项真正令人愉快的任务。感谢产品开发经理珍妮弗·托马斯(Jennifer Thomas)使整个项目按计划进行。感谢离心概念工作室(OffCenter Concept House)设计了版式并编辑整理了书稿。感谢我的朋友和同事肯·麦考密克(Ken McCormick)在整个项目过程中向我提供了各种建设性的意见。

最后,我要感谢我的家人在我写这本《学习指南》的这段时间里给予我的耐心和理解。

戴维·R. 哈克斯(David R. Hakes)
北依阿华大学

# 目 录

## 第1篇 导 言

**第1章　经济学十大原理** 　3
　1.1　本章概述 　4
　1.2　应用题与简答题 　6
　1.3　自我测试题 　8
　1.4　进阶思考题 　11
　习题答案 　11

**第2章　像经济学家一样思考** 　14
　2.1　本章概述 　15
　2.2　应用题与简答题 　18
　2.3　自我测试题 　20
　2.4　进阶思考题 　23
　习题答案 　23
　第2章附录 　27

**第3章　相互依存性与贸易的好处** 　30
　3.1　本章概述 　31
　3.2　应用题与简答题 　34
　3.3　自我测试题 　36
　3.4　进阶思考题 　40
　习题答案 　40

## 第2篇 市场如何运行

**第4章　供给与需求的市场力量** 　47
　4.1　本章概述 　48
　4.2　应用题与简答题 　51
　4.3　自我测试题 　53
　4.4　进阶思考题 　56

　习题答案 　56

**第5章　弹性及其应用** 　59
　5.1　本章概述 　60
　5.2　应用题与简答题 　63
　5.3　自我测试题 　65
　5.4　进阶思考题 　68
　习题答案 　68

**第6章　供给、需求与政府政策** 　71
　6.1　本章概述 　72
　6.2　应用题与简答题 　74
　6.3　自我测试题 　76
　6.4　进阶思考题 　78
　习题答案 　79

## 第3篇 市场和福利

**第7章　消费者、生产者与市场效率** 　85
　7.1　本章概述 　86
　7.2　应用题与简答题 　88
　7.3　自我测试题 　91
　7.4　进阶思考题 　94
　习题答案 　94

**第8章　应用：税收的代价** 　98
　8.1　本章概述 　99
　8.2　应用题与简答题 　101
　8.3　自我测试题 　102
　8.4　进阶思考题 　105
　习题答案 　105

| 第9章 应用:国际贸易 | 109 |
| --- | --- |
| 9.1 本章概述 | 110 |
| 9.2 应用题与简答题 | 113 |
| 9.3 自我测试题 | 116 |
| 9.4 进阶思考题 | 119 |
| 习题答案 | 119 |

## 第4篇 公共部门经济学

| 第10章 外部性 | 125 |
| --- | --- |
| 10.1 本章概述 | 126 |
| 10.2 应用题与简答题 | 128 |
| 10.3 自我测试题 | 131 |
| 10.4 进阶思考题 | 134 |
| 习题答案 | 134 |

| 第11章 公共物品和公共资源 | 138 |
| --- | --- |
| 11.1 本章概述 | 139 |
| 11.2 应用题与简答题 | 141 |
| 11.3 自我测试题 | 142 |
| 11.4 进阶思考题 | 145 |
| 习题答案 | 145 |

| 第12章 税制的设计 | 148 |
| --- | --- |
| 12.1 本章概述 | 149 |
| 12.2 应用题与简答题 | 151 |
| 12.3 自我测试题 | 153 |
| 12.4 进阶思考题 | 155 |
| 习题答案 | 156 |

## 第5篇 企业行为与产业组织

| 第13章 生产成本 | 161 |
| --- | --- |
| 13.1 本章概述 | 162 |
| 13.2 应用题与简答题 | 165 |
| 13.3 自我测试题 | 167 |
| 13.4 进阶思考题 | 170 |

| 习题答案 | 170 |
| --- | --- |

| 第14章 竞争市场上的企业 | 174 |
| --- | --- |
| 14.1 本章概述 | 175 |
| 14.2 应用题与简答题 | 178 |
| 14.3 自我测试题 | 180 |
| 14.4 进阶思考题 | 183 |
| 习题答案 | 183 |

| 第15章 垄断 | 187 |
| --- | --- |
| 15.1 本章概述 | 188 |
| 15.2 应用题与简答题 | 191 |
| 15.3 自我测试题 | 193 |
| 15.4 进阶思考题 | 196 |
| 习题答案 | 196 |

| 第16章 垄断竞争 | 201 |
| --- | --- |
| 16.1 本章概述 | 202 |
| 16.2 应用题与简答题 | 204 |
| 16.3 自我测试题 | 206 |
| 16.4 进阶思考题 | 209 |
| 习题答案 | 209 |

| 第17章 寡头 | 213 |
| --- | --- |
| 17.1 本章概述 | 214 |
| 17.2 应用题与简答题 | 216 |
| 17.3 自我测试题 | 218 |
| 17.4 进阶思考题 | 221 |
| 习题答案 | 222 |

## 第6篇 劳动市场经济学

| 第18章 生产要素市场 | 227 |
| --- | --- |
| 18.1 本章概述 | 228 |
| 18.2 应用题与简答题 | 231 |
| 18.3 自我测试题 | 233 |
| 18.4 进阶思考题 | 236 |
| 习题答案 | 236 |

## 第19章　收入与歧视 240
19.1　本章概述 241
19.2　应用题与简答题 243
19.3　自我测试题 244
19.4　进阶思考题 247
习题答案 248

## 第20章　收入不平等与贫困 251
20.1　本章概述 252
20.2　应用题与简答题 256
20.3　自我测试题 257
20.4　进阶思考题 260
习题答案 261

# 第7篇　深入研究的论题

## 第21章　消费者选择理论 267

21.1　本章概述 268
21.2　应用题与简答题 271
21.3　自我测试题 273
21.4　进阶思考题 276
习题答案 277

## 第22章　微观经济学前沿 280
22.1　本章概述 281
22.2　应用题与简答题 284
22.3　自我测试题 287
22.4　进阶思考题 290
习题答案 290

# 第1篇 导言

# 第1章
# 经济学十大原理

## 目　标

**在本章中你将**

- 知道经济学是研究稀缺资源配置的
- 考察人们面临的一些权衡取舍
- 学习机会成本的含义
- 理解在做出决策时如何运用边际推理
- 讨论激励如何影响人们的行为
- 思考为什么人们或国家之间的交易可以使各方受益
- 讨论为什么市场是一种良好但非完善的资源配置方式
- 学习什么因素决定着整体经济中的某些趋势

## 效　果

**在实现这些目标之后，你应该能**

- 定义稀缺性
- 解释"大炮和黄油"之间的经典权衡取舍
- 加总你上大学的特定机会成本
- 比较继续上学的边际成本与边际收益
- 思考你的学费上涨4倍会如何影响你受教育的决策
- 解释为什么专业化和贸易改善了人们的选择
- 举出一个外部性的例子
- 解释严重而持久的通货膨胀的来源

## 1.1 本章概述

### 1.1.1 本章复习

家庭和社会面临着如何配置稀缺资源的决策。从我们拥有的资源少于我们所希望的数量这个意义上来说，资源是有**稀缺性**的。**经济学**研究社会如何管理其稀缺资源。经济学家研究人们如何做出买与卖，以及储蓄和投资的决策。我们还研究人们在决定价格和交易量的市场上如何相互交易。当我们关注总收入、就业和通货膨胀时，我们还需要研究整体经济。

本章强调经济学十大原理。在整本教科书中都将提到这些原理。十大原理分为三类：人们如何做出决策，人们如何相互影响，以及整体经济如何运行。

**1. 人们如何做出决策**

（1）原理一：**人们面临权衡取舍**。经济学家经常说："天下没有免费的午餐。"这是指生活中总存在着权衡取舍——要多得到我们所喜爱的东西，我们就不得不放弃另一些喜爱的东西。例如，如果你把钱用于吃饭和看电影，你就不能将这些钱用于买新衣服。从社会来看，我们作为一个整体面临权衡取舍。例如，存在"大炮和黄油"之间的经典权衡取舍，也就是说，如果我们决定把更多的钱用于国防（大炮），那么，我们用于社会项目（黄油）的钱就少了。另外社会还存在**效率**（从我们的稀缺资源中得到最多东西）和**平等**（在社会上平等地分配利益）之间的权衡取舍。税收和福利这类政策使收入更为平等，但这些政策减少了辛勤劳动的收益，从而使经济的产出降低。结果，当政府想把蛋糕切得更平等时，蛋糕就变小了。

（2）原理二：**某种东西的成本是为了得到它所放弃的东西**。一种东西的**机会成本**是为了得到这种东西所放弃的东西。这是这种东西的真实成本。上大学的机会成本显然包括你的学费。它还包括你可以用于工作的时间的价值，这种价值按你的潜在收入估计。它不包括你的食宿费，因为无论你上不上学，都要吃饭睡觉。

（3）原理三：**理性人考虑边际量**。**理性人**为了达到他们的目标会尽可能系统性地做到最好。**边际变动**是对现有计划的微小增量变动。理性决策者只有在边际收益大于边际成本时才采取行动。例如，只有在从上一年学中得到的收益大于上这一年学的成本时，你才会再上一年学；只有在多生产一蒲式耳谷物的收益（得到的价格）大于生产的成本时，农民才会生产这一蒲式耳谷物。

（4）原理四：**人们会对激励做出反应**。**激励**是一种引起人们做出某种行为的东西。由于理性人权衡活动的边际成本与边际收益，因此，当这些成本或收益变动时，他们就做出反应。例如，当汽车价格上升时，买者有少买汽车的激励，而汽车制造商有雇用更多工人并生产更多汽车的激励。汽油价格的上升会使人们买更小的汽车，使用公共交通，骑自行车。公共政策可以改变活动的成本或收益。例如，对汽油征税会提高其价格，并减少汽油的购买。一些政策会有意外的结果，因为它们以一种未预见到的方式改变了人们的行为。

**2. 人们如何相互影响**

（1）原理五：**贸易可以使每个人的状况都变得更好**。贸易并不是一方赢、一方输的比赛。贸易可以使每个贸易者的状况变好。贸易可以使每个贸易者专门从事自己最擅长的事（无论这种活动是农业、建筑业还是制造业），并用自己的产出交换其他有效率生产者的产出。这对国家与个人都是正确的。

（2）**原理六：市场通常是组织经济活动的一种好方法**。在**市场经济**中,生产什么物品与服务、生产多少,以及谁来消费这些物品与服务的决策是由千百万企业和家庭做出的。由利己指引的企业和家庭在市场上相互交易,价格和交易量正是在市场上决定的。这看来似乎是混乱的,但亚当·斯密在他1776年出版的著作《国民财富的性质和原因的研究》（简称《国富论》）中提出了著名的观察结果:利己的家庭和企业在市场上相互交易,它们仿佛被一只"**看不见的手**"所指引,并导致了合意的社会结果。这些最优的社会结果并不是他们最初的打算。他们的竞争性活动所导致的价格是生产者和消费者成本与收益的信号,他们的活动通常使社会福利最大化。另一方面,中央计划者制定的价格不包含成本和收益的信息,因而这些价格不能有效地指引经济活动。当政府用税收扭曲价格或者用价格控制限制价格变动时,价格也不能有效地指引经济活动。

（3）**原理七：政府有时可以改善市场结果**。政府首先必须保护**产权**,以便市场运行。此外,政府有时也可以为了改善效率或平等而干预市场。当市场不能有效地配置资源时,就存在**市场失灵**。市场失灵有许多不同来源。**外部性**是一个人的行为对旁观者福利的影响。污染就是外部性的典型例子。**市场势力**是一个人或一群人可以影响市场价格的能力。在这些情况下,政府可以干预并改善经济效率。政府还可以用所得税和福利为改善平等状况而进行干预。但有时动机良好的政策干预会产生意料之外的结果。

### 3. 整体经济如何运行

（1）**原理八：一国的生活水平取决于它生产物品与服务的能力**。各国在某一个时点以及同一个国家在不同时期内的平均收入有巨大差别。这种收入和生活水平的差别主要是由生产率的差别引起的。**生产率**是每单位劳动投入所生产的物品与服务量。因此,旨在提高生活水平的公共政策应该改善教育,生产更多更好的工具,并增加获得现有技术的途径。

（2）**原理九：当政府发行了过多货币时,物价上升**。**通货膨胀**是经济中物价总水平的上升。高通货膨胀给经济带来的代价是高昂的。严重而持久的通货膨胀是由货币量的迅速增长引起的。希望保持低通货膨胀的决策者应该维持货币量的缓慢增长。

（3）**原理十：社会面临通货膨胀与失业之间的短期权衡取舍**。在短期内,货币量增加会刺激消费,使得价格和产量增加。产量的增加要求雇用更多的工人,从而会减少失业。因此,短期内,通货膨胀上升会使得失业减少,从而在通货膨胀与失业之间产生权衡取舍。这种权衡取舍是暂时的,但可以持续一年或两年。理解这种权衡取舍对理解被称为**经济周期**的经济活动波动是重要的。在短期中,决策者可以通过改变政府支出、税收和货币量来影响通货膨胀和失业的组合。一些经济学家认为,奥巴马关于旨在减少失业的刺激计划可能会导致通货膨胀。

## 1.1.2 有益的提示

（1）要设身处地地进行思考。在整本教科书中,大多数经济状况将由经济活动者——买者与卖者、债务人与债权人、企业与工人等——所组成。当你被要求描述任何一个经济活动者将如何对经济激励做出反应时,你应该把自己当作买者或卖者、债务人或债权人、生产者或消费者,置身其中。不要总将自己当作买者（一种自然而然的倾向）或总当作卖者。你将发现,一旦你学会了像经济学家那样思考——这是下一章的主题——你在角色扮演中往往就会做出正确的反应。

（2）贸易不是零和博弈。一些人按照赢家与输家的观点来看待交换。他们对贸易的反应是,在商品被售出之后,如果卖者感到幸福,那么买者就一定会感到沮丧,因为卖者必定从买者那里得到了点什么。这就是说,他们把贸易视为一方获益则另一方必定受损的零和博弈。他们没有认识到,自愿交易的双方都会获益,因为贸易允许各方专门从事其最有效率的生产,然后交换另一方更有效率地生产的东西。双方都没有遭受损失,因为贸易是自愿的。因此,限制贸易的政府政策减少了贸易的潜在收益。

（3）外部性可以是正的。由于外部性的经典例子是污染,因此很容易认为外部性是加给旁观者的成本。但是,从外部性可以给旁观者带来收益的意义上说,外部性也可以是正的。例如,教育就往往被视为引起正外部性的物品,因为当你的邻居受到教育时,她就变得更富理性、更负责任、更有效率,而且,政治上更敏感。简言之,她成为一个更好的邻居。正外部性与负外部性一样,可以作为政府为了促进效率而干预的理由。

## 1.1.3　术语与定义

为每个关键术语选择一个定义。

| 关键术语 | 定　义 |
|---|---|
| _____ 稀缺性 | 1. 经济成果在社会成员中平均分配的特性 |
| _____ 经济学 | 2. 市场本身不能有效配置资源的情况 |
| _____ 效率 | 3. 有限的资源和无限的欲望 |
| _____ 平等 | 4. 每单位劳动投入所生产的物品与服务数量 |
| _____ 机会成本 | 5. 市场上只有一个卖者的情况 |
| _____ 理性人 | 6. 利己的市场参与者可以不知不觉地使整个社会福利最大化的原理 |
| _____ 边际变动 | 7. 社会能从其稀缺资源中得到最大利益的特性 |
| _____ 激励 | 8. 家庭和企业在市场上的相互交易决定资源配置的经济 |
| _____ 市场经济 | 9. 经济活动的波动 |
| _____ 产权 | 10. 一个人的行为对旁观者的福利产生了影响 |
| _____ "看不见的手" | 11. 经济中物价总水平的上升 |
| _____ 市场失灵 | 12. 对行动计划的微小增量调整 |
| _____ 外部性 | 13. 研究社会如何管理自己的稀缺资源 |
| _____ 市场势力 | 14. 为了得到某种东西所必须放弃的东西 |
| _____ 垄断 | 15. 单个经济活动者(或某个经济活动小群体)对市场价格有显著影响的能力 |
| _____ 生产率 | 16. 引起一个人做出行动的某种东西 |
| _____ 通货膨胀 | 17. 个人拥有并控制稀缺资源的能力 |
| _____ 经济周期 | 18. 系统而有目的地尽最大努力实现其目标的人 |

## 1.2　应用题与简答题

### 1.2.1　应用题

1. 人们会对激励做出反应。政府可以用公共政策改变激励,从而改变行为。但是,有时公共政策也会因产生未预期到的结果而引起意外后果。对于以下的每种公共政策，试着指出哪些是有意的结果，而哪些是意外的结果。
   a. 政府把最低工资提高到每小时 15 美元。一些工人发现在更高的工资水平上他们的境况变得更好。另一些工人则无法找到工作，因为很少有企业想在高工资水平上雇用生产率低的工人。
   b. 政府把公寓的租金限制为每月 300 美元。很少有房东愿意在这个价格水平上提供公寓，导致更多人无家可归。而一些低收入的房客可能租到更便宜的公寓。
   c. 政府对每加仑汽油增加 2 美元的税收。政府赤字会减少，而且人们会节约地使用汽油。自行车销售火爆。
   d. 政府宣布大麻和可卡因非法。非法毒品的价格上升，出现更多的犯罪团伙并且这些团伙之间的争斗增加。由于非法毒品的高价格，街头毒品的消费量会减少。
   e. 政府禁止捕杀狼。狼的数量增加，羊群和牛群的数量减少。
   f. 政府禁止从南美进口糖。南美的糖用甜菜种植者无法偿还美国银行的贷款，转而种植利润较高的作物如古柯叶和大麻。美国的糖用甜菜种植者避免了一场财务危机。

2. 机会成本是你为了得到一种东西所放弃的东西。由于天下没有免费的午餐，为了得到下列每种东西，可能要放弃什么？
   a. Susan 可以全职工作或上大学。她选择了上大学。
   b. Susan 可以全职工作或上大学。她选择了工作。
   c. 农民 Jones 有 100 英亩土地。他可以用来种玉米，每英亩收获 100 蒲式耳；他也可以用来种大豆，每英亩收获 40 蒲式耳。他选择了种玉米。
   d. 农民 Jones 有 100 英亩土地。他可以用来种玉米，每英亩收获 100 蒲式耳；他也可以用来种大豆，每英亩收获 40 蒲式耳。他选择了种大豆。
   e. 在以上各题中，上大学而不是工作或者工作而不是上大学的机会成本各是什么？种玉米而不是大豆或者种大豆而不是玉米的机会成本各是什么？

## 1.2.2 简答题

1. 空气是稀缺的吗？清新的空气是稀缺的吗？
2. 把你工资的一部分储蓄起来的机会成本是什么？
3. 为什么平等和效率之间存在权衡取舍？
4. 水是生命所必需的，而钻石并不是。增加一杯水的边际收益大于还是小于增加一克拉钻石的边际收益？为什么？
5. 你的汽车需要修理。你已经为修理变速器花了 500 美元，但汽车仍然不能正常运行。你能以 2 000 美元的价格按现状出售你的汽车。如果你的汽车可以修理好，你可以卖 2 500 美元。再花 300 美元可以保证修好你的汽车。你应该修理你的汽车吗？为什么？
6. 你认为为什么安全气囊所减少的死于车祸的情况少于我们所希望的？
7. 假设一个国家生产农产品比较有优势（因为该国有更肥沃的土地），而另一个国家生产制成品比较有优势（因为该国有更好的教育体制和更多工程师）。如果每个国家都生产它有优势的东西并进行贸易，总产量比每个国家都生产各自所需的农产品和制成品增加了还是减少了？为什么？

8. 在《国富论》中，亚当·斯密说："我们每天所需的食物和饮料，不是出自屠户、酿酒师或面包师的恩惠，而是由于他们自利的打算。"你认为他的意思是什么？
9. 如果我们更多地储蓄，并用储蓄构建更多的物质资本，生产率就会提高，从而将提高我们未来的生活水平。未来增长的机会成本是什么？
10. 如果政府发行了两倍于现在的货币，而且经济中的生产已达到产能的最高点，你认为物价和产量会发生什么变动？
11. 社会的目标之一是更平等且公正地分配资源。如果每个人都有相同的能力并同样辛勤地工作，你将如何分配资源？如果人们的能力不同，而且一些人工作勤奋，另一些人工作懒惰，你将如何分配资源？
12. 是买者更利己，还是卖者更利己？

## 1.3 自我测试题

### 1.3.1 判断正误题

_____ 1. 当政府用税收和福利再分配收入时，经济变得更有效率。
_____ 2. 当经济学家说"天下没有免费的午餐"时，他们是指所有经济决策都涉及权衡取舍。
_____ 3. 亚当·斯密的"看不见的手"的概念描述了公司经营如何像一只"看不见的手"伸到消费者的钱包中。
_____ 4. 只有当一种行为的边际收益大于边际成本时，理性人才行动。
_____ 5. 如果美国取消了与亚洲国家的贸易，它在经济上就会获益，因为它将被迫自己生产更多的汽车和衣服。
_____ 6. 当一架喷气式飞机从头上飞过时，噪声引起了外部性。
_____ 7. 酒类的税收提高了酒的价格，并激励了消费者多喝酒。
_____ 8. 公共财政支持高等教育的意外结果是降低了学费，激励了许多原本不想再学习的人上州立大学。
_____ 9. Sue 更擅长打扫卫生，Bob 更擅长做饭。如果 Bob 专门做饭而 Sue 专门打扫卫生，那么这将比他们平等地分摊家务更省时间。
_____ 10. 高而持久的通货膨胀是由经济中货币量的过度增长引起的。
_____ 11. 在短期中，降低通货膨胀往往会引起失业的减少。
_____ 12. 即使增加汽车产量的成本大于所得到的价格，只要企业是盈利的，汽车制造商就应该继续生产额外的汽车。
_____ 13. 单个农民在小麦市场上可能拥有市场势力。
_____ 14. 对一个学生来说，看一场篮球赛的机会成本应该包括门票的价格和可以用于学习的时间价值。
_____ 15. 美国工人有较高的生活水平是因为美国有较高的最低工资。

## 1.3.2 单项选择题

1. 下列哪一种情况涉及权衡取舍？
   a. 买一辆新汽车。
   b. 上大学。
   c. 星期天下午看一场足球比赛。
   d. 睡午觉。
   e. 以上各项都涉及。

2. 之所以要权衡取舍，是因为欲望是无限的，而资源是_____。
   a. 有效的
   b. 经济的
   c. 稀缺的
   d. 无限的
   e. 边际的

3. 经济学研究_____。
   a. 如何完全满足我们无限的欲望
   b. 社会如何管理其稀缺资源
   c. 如何把我们的欲望减少到我们得到满足时为止
   d. 如何避免进行权衡取舍
   e. 社会如何管理其无限的资源

4. 除非一种行为满足下列条件，否则理性人就不会行动。
   a. 可以为其赚钱。
   b. 符合伦理道德。
   c. 产生了大于边际收益的边际成本。
   d. 产生了大于边际成本的边际收益。
   e. 以上情况都不对。

5. 提高税收并增加福利支付_____。
   a. 证明了存在免费午餐
   b. 减少了市场势力
   c. 以损害平等为代价提高了效率
   d. 以损害效率为代价改善了平等
   e. 以上各项都不是

6. 假设你捡到了 20 美元。如果你选择把这 20 美元用于看足球比赛，你看这场比赛的机会成本是_____。
   a. 零，因为你捡到了钱
   b. 20 美元（因为你可以用这 20 美元买其他东西）
   c. 20 美元（因为你可以用这 20 美元买其他东西）加你用于看比赛的时间的价值
   d. 20 美元（因为你可以用这 20 美元买其他东西）加你用于看比赛的时间的价值，再加你在看比赛中买饭的成本
   e. 以上各项都不是

7. 对外贸易_____。
   a. 使一国能以低于自己在国内生产全部东西时的成本拥有种类更多的物品
   b. 使一国可以避免权衡取舍
   c. 使一国可以更平等
   d. 提高了资源的稀缺性
   e. 以上各项都不是

8. 由于人们会对激励做出反应，如果会计师的平均薪水增加 50%，而教师的平均薪水增加 20%，我们可以预期_____。
   a. 学生将从教育专业转向会计专业
   b. 学生将从会计专业转向教育专业
   c. 上大学的学生少了
   d. 以上各项都不是

9. 以下哪一项活动最可能产生外部性？
   a. 学生坐在家里看电视。
   b. 学生在宿舍里聚会。
   c. 学生为了娱乐而读小说。
   d. 学生在学生会吃一个汉堡包。

10. 以下哪一种物品产生外部性的能力最小？
    a. 香烟。
    b. 音响设备。
    c. 防止疾病的疫苗。
    d. 教育。

e. 食物。
11. 以下哪一种情况描述了最大的市场势力？
   a. 一个农民对玉米价格的影响。
   b. 沃尔沃对汽车价格的影响。
   c. 微软对桌面电脑操作系统价格的影响。
   d. 一个学生对大学学费的影响。
12. 下列哪一种关于市场经济的表述是正确的？
   a. 市场参与者仿佛由一只"看不见的手"指引行事，产生了使总体经济福利最大化的结果。
   b. 税收有助于沟通生产者与消费者的成本和收益。
   c. 在有足够大的电脑时，中央计划者可以比市场更有效地指导生产。
   d. 市场经济的长处是它倾向于在消费者中平等地分配资源。
13. 美国工人享有高生活水平是因为_____。
   a. 美国的工会维护了高工资
   b. 美国保护自己的工业免受国外竞争
   c. 美国有高的最低工资
   d. 美国工人的生产率高
   e. 以上各项都不是
14. 高而持久的通货膨胀的起因是_____。
   a. 工会使工资增加得太多了
   b. 石油输出国组织使石油价格上升得太多了
   c. 政府增加的货币量太多了
   d. 管制使生产成本增加得太多了
15. 在短期内，_____。
   a. 通货膨胀提高会暂时增加失业
   b. 通货膨胀下降会暂时增加失业
   c. 通货膨胀和失业是无关的

   d. 经济周期被消除了
   e. 以上各项都不是
16. 牛肉价格上升提供的信息是_____。
   a. 告诉消费者多买牛肉
   b. 告诉消费者少买猪肉
   c. 告诉生产者多生产牛肉
   d. 没有提供信息，因为市场经济中的价格是由计划委员会管理的
17. 你根据销售额为 2 000 美元的估算花 1 000 美元建了一个热狗店。热狗店快建完了，但你现在估计总销售额只有 800 美元。你可以再花 300 美元建完热狗店。你应该建完热狗店吗？（假设不考虑热狗的成本。）
   a. 应该。
   b. 不应该。
   c. 没有足够的信息回答这个问题。
18. 根据第 17 题，只要建完热狗店的成本小于_____，你就应该建完热狗店。
   a. 100 美元
   b. 300 美元
   c. 500 美元
   d. 800 美元
   e. 以上各项都不是
19. 下列哪一项不是去度假的机会成本的一部分？
   a. 如果你留下来工作可以赚到的钱。
   b. 你用于食物的钱。
   c. 你用于飞机票的钱。
   d. 你看百老汇表演所花的钱。
20. 可以通过_____提高生产率。
   a. 提高最低工资
   b. 提高工会会员的工资
   c. 改善工人的教育
   d. 限制与外国的贸易

## 1.4 进阶思考题

假设你所在的大学通过把停车许可证的价格从每学期 200 美元降低到每学期 5 美元来降低在校园停车的成本。

1. 你认为想在校园停车的学生数量会有什么变动？
2. 你认为找到一个停车位的时间会有什么变动？
3. 根据机会成本来考虑，降低停车许可证的价格一定能降低停车的真实成本吗？
4. 对于没有在校外工作的学生和有一份每小时 15 美元工作的学生，停车的机会成本相同吗？

# 习 题 答 案

## 1.1.3 术语与定义

| | | | |
|---|---|---|---|
| 3 | 稀缺性 | 17 | 产权 |
| 13 | 经济学 | 6 | "看不见的手" |
| 7 | 效率 | 2 | 市场失灵 |
| 1 | 平等 | 10 | 外部性 |
| 14 | 机会成本 | 15 | 市场势力 |
| 18 | 理性人 | 5 | 垄断 |
| 12 | 边际变动 | 4 | 生产率 |
| 16 | 激励 | 11 | 通货膨胀 |
| 8 | 市场经济 | 9 | 经济周期 |

## 1.2.1 应用题

1. a. 有意的：增加了低生产率工人的工资。
      意外的：有一些工人在更高的工资水平上无法找到工作。
   b. 有意的：低收入房客租到便宜的公寓。
      意外的：一些房客无法找到任何公寓，导致更多的人无家可归。
   c. 有意的：政府赤字减少，人们使用更少的汽油。
      意外的：自行车销售量增加。
   d. 有意的：街头毒品消费量减少。
      意外的：更多的犯罪团伙以及这些团伙之间的争斗。
   e. 有意的：狼的数量增加。
      意外的：对羊群和牛群的伤害。
   f. 有意的：改善美国的糖用甜菜种植者的财务状况。
      意外的：使得南美农民转而种植大麻和古柯叶。

2. a. Susan 放弃了工作的收入(以及必须支付学费)。
   b. Susan 放弃了大学学位,以及一生中大学学位可以给她带来的收入增加(但不必支付学费了)。
   c. 农民 Jones 放弃了 4 000 蒲式耳大豆。
   d. 农民 Jones 放弃了 10 000 蒲式耳玉米。
   e. 每一种东西都是其他东西的机会成本,因为每种决策都必须放弃某种东西。

## 1.2.2 简答题

1. 不是,因为为了得到空气,你不必放弃任何东西。是,你无法在不放弃任何东西(汽车排污设备等)的情况下想要多少新鲜空气就得到多少。
2. 如果将这部分工资用于消费,你可以享受到的东西(现期消费)。
3. 税收和福利可以使我们更平等,但削弱了辛勤工作的激励,从而减少了总产量。
4. 一杯水的边际收益通常很低,因为我们所拥有的水是如此之多,以至于增加一杯水所增加的价值很小。钻石的情况正好相反。
5. 应该,因为修理汽车的边际收益是 2 500 美元 – 2 000 美元 = 500 美元,而边际成本是 300 美元。最初为修理付的钱是无关的。
6. 因为安全气囊使发生单次车祸的成本降低了。这改变了激励,使人们开车更快,从而导致车祸更多。
7. 如果两国从事专业化生产并进行贸易,总产量将更多,因为各方都在做自己效率最高的事。
8. 屠户、酿酒师和面包师尽可能生产最好的食物不是出于仁慈,而是由于这样做符合他们的最大利益。利己可以使总体经济福利最大化。
9. 未来增长的机会成本是我们今天必须放弃的消费。
10. 支出将翻一番,但由于产量保持不变,物价也将翻一番。
11. 每个人都有相同能力的情况:平等要求每个人得到相同的份额,因为他们能力相同并且工作同样努力。人们能力不同的情况:平等要求人们不能得到相同的份额,因为他们能力并不相同,工作努力程度也不同。
12. 他们是同样利己的。卖者将以最高出价出售,而买者将以最低报价购买。

## 1.3.1 判断正误题

1. 错误;经济会由于削弱了对辛勤工作的激励而变得更无效率。
2. 正确。
3. 错误;"看不见的手"指市场如何引导利己的人去创造合意的社会结果。
4. 正确。
5. 错误;所有国家都从自愿贸易中获益。
6. 正确。
7. 错误;高价格减少了需求量。
8. 正确。
9. 正确。
10. 正确。
11. 错误;通货膨胀下降倾向于增加失业。
12. 错误;只有当边际收益大于边际成本时,制造商才应该生产。
13. 错误;单个农民的力量太小了,不能影响市场。
14. 正确。
15. 错误;美国工人生活水平高是因为他们的生产率高。

## 1.3.2 单项选择题

1. e  2. c  3. b  4. d  5. d  6. c  7. a  8. a  9. b  10. e
11. c  12. a  13. d  14. c  15. b  16. c  17. a  18. d  19. b  20. c

## 1.4 进阶思考题

1. 更多的学生希望在校园停车。
2. 寻找车位需要的时间更长。
3. 不是。因为我们要考虑找车位所花费时间的价值。
4. 不相同。那些可以工作赚钱的学生在找车位时放弃的东西更多。因此,他们的机会成本更高。

# 第 2 章
# 像经济学家一样思考

## 目　标

**在本章中你将**

- 理解经济学家如何运用科学方法
- 思考假设和模型可以如何有助于解释这个世界
- 学习两个简单的模型——循环流量图和生产可能性边界
- 区分微观经济学和宏观经济学
- 学习实证表述和规范表述之间的差别
- 考察经济学家在制定政策中的作用
- 思考经济学家为什么有时会产生分歧

## 效　果

**在实现这些目标之后,你应该能**

- 描述科学方法
- 理解做出有用假设的艺术
- 解释生产可能性边界的斜率
- 把经济问题归入微观经济学或宏观经济学的范畴中
- 把经济表述归入规范或实证的范畴中
- 理解政策制定与规范表述之间的联系
- 列出经济学家产生分歧的两个原因

## 2.1 本章概述

### 2.1.1 本章复习

与其他研究领域一样,经济学也有自己的行话和思维方式。学会经济学的特殊语言是十分必要的,因为有关经济学术语的知识将有助于你准确地就经济学问题与其他人交流。这一章还将提供经济学家如何看世界的概述。

**1. 作为科学家的经济学家**

尽管经济学家不用试管或望远镜,但因为他们运用**科学方法**——无偏见而客观地建立并检验理论的方法——所以他们也是科学家。

(1) **科学方法:观察、理论和进一步观察**。正如其他科学一样,经济学家观察一个事件,建立一种理论,并收集数据来检验这种理论。经济学家观察通货膨胀,建立了过度货币增长引起通货膨胀的理论,然后收集有关货币增长与通货膨胀的数据,以证明这种关系是否存在。但是,收集数据来检验经济理论是困难的,因为经济学家通常不能从实验中创造数据。这就是说,经济学家不能仅仅为了检验一种理论而操纵经济。因此,经济学家通常使用从历史经济事件中收集到的数据。

(2) **假设的作用**。做出假设是为了使理解世界更为容易。当测量重力引起的加速度时,物理学家假设一个物体在真空中落下。这个假设对大理石来说是相对正确的,但对沙滩球来说并不正确。经济学家可以假设价格是固定的(不能变动),也可以假设价格是有弹性的(可以由于市场压力上升或下降)。由于价格通常不能迅速变动(例如,餐馆菜单变动的代价很高),但随着时间推移可以变得容易变动,因此经济学家假设价格在短期中固定而在长期中有弹性就是合理的。科学思维的艺术就是决定做出什么假设。

(3) **经济模型**。生物学教师使用塑料人体模型。这些模型比真人要简单,但正是这种简单使模型具有价值。经济学家使用由图形和方程式组成的**经济模型**。经济模型建立在假设基础之上,而且是经济现实的简化。

(4) **我们的第一个模型:循环流量图**。循环流量图表明了物品和服务、生产要素,以及货币支付在家庭和企业之间的流动。家庭在生产要素市场上把劳动、土地和资本这些生产要素出售给企业。作为交换,家庭得到了工资、租金和利润。家庭用这些钱在物品与服务市场上向企业购买物品与服务,企业用这种收益对生产要素进行支付,等等。这是整体经济的一个简化模型。这种循环流量图的形式是简化的,因为它不包括国际贸易和政府。

(5) **我们的第二个模型:生产可能性边界**。**生产可能性边界**是一个表明在可获得的生产要素和生产技术既定时经济所能生产的产量组合的图形。假设前提是经济只生产两种物品。这个模型说明了以下经济学原理:

- 如果经济在生产可能性边界上运行,它就是在有效率地运行,因为它从可获得的资源中生产出了最大可能的产量组合。
- 该曲线内的各点是无效率的。该曲线外的各点是现在达不到的。
- 如果经济在生产可能性边界上运行,我们可以看出社会面临的权衡取舍。为了多生产一种物品,它就必须少生产另一种物品。多生产一种物品时所放弃的另一种物品量是增加生产的机会成本。

- 生产可能性边界向外凸出是因为:随着一种物品的产量接近其最大产量,多生产该物品的机会成本会递增。这是因为我们为了扩大第一种物品的生产而使用了更适于生产另一种物品的资源。
- 生产中的技术进步使生产可能性边界向外移动。这是经济增长的证明。

（6）**微观经济学与宏观经济学**。经济学在各种不同层次上进行研究。**微观经济学**研究家庭和企业如何做出决策,以及它们如何在特定市场上相互交易。**宏观经济学**研究整体经济现象,例如,政府赤字、失业率和提高生活水平的政策。微观经济学和宏观经济学是相关的,因为整体经济的变动产生于无数个体的决策。虽然微观经济学和宏观经济学是相关的,但它们使用的方法是如此不同,以至于通常在不同的课程中进行讲授。

### 2. 作为政策顾问的经济学家

当经济学家力图解释世界时,他们的角色是科学家;当经济学家力图改善世界时,他们的角色是政策顾问。相应地,**实证表述**描述世界是什么样的,而**规范表述**建议世界应该是什么样的。实证表述可以用证据证实或否定,而规范表述涉及价值观(伦理、宗教、政治哲学)以及事实。

例如,"货币增长引起通货膨胀"是(科学家的)实证表述。"政府应该降低通货膨胀"是(政策顾问的)规范表述。这两种表述之所以相关是因为:如果政府选择降低通货膨胀,则有关货币是否引起通货膨胀的证据将会帮助政府决定应该采用何种工具。

经济学家在许多不同领域中担任政府的政策顾问。在美国,经济顾问委员会、财政部、劳工部和司法部的经济学家向总统提出建议,国会预算办公室和联邦储备委员会的经济学家向国会提出建议。由于各种原因,总统们(以及其他的政治家)不一定会推行经济学家所倡导的政策。

### 3. 经济学家意见分歧的原因

经济学家向决策者提出的建议有时会相互冲突,原因有两个:

- 经济学家可能会有不同的科学判断。这就是说,经济学家对有关世界如何运行的不同实证理论之正确性的看法并不一致。例如,经济学家对家庭储蓄对储蓄税后收益变动的敏感程度看法不同。
- 经济学家可能会有不同的价值观。这就是说,经济学家对政策应该努力实现的目标具有不同的规范观点。例如,经济学家对于是否应该用税收来进行收入再分配看法不同。

在现实中,虽然经济学家对许多问题有正常的分歧,但在许多经济学基本原理上,其意见是极为一致的。

### 4. 出发吧

在下一章中,我们将开始运用经济学的思想和方法。当你开始像经济学家一样思考时,你就将以科学家的客观性来运用各种技能——数学、历史、政治学及哲学。

## 2.1.2 有益的提示

（1）沿着生产可能性边界上的机会成本通常并不是一成不变的。注意图 2-1 所示的生产可能性边界向外凸出。它表明了一个只生产纸张和铅笔的经济对于生产的权衡取舍。

如果我们从经济把其所有资源用于生产纸张的一点（A点）上开始，生产100单位铅笔（从A点到B点）只要求25单位纸张的权衡取舍或机会成本。这是因为当我们把资源从生产纸张变为生产铅笔时，我们首先是利用那些最适于生产铅笔而最不适于生产纸张的资源。

因此，在纸张产量只有很小的减少时，铅笔的产量增加了。但是，如果经济在C点运行，增加100单位铅笔（从C点到D点）的机会成本是200单位纸张。这是因为我们现在要把极为适于生产纸张而不适于生产铅笔的资源用于生产铅笔。因此，当我们生产越来越多的任何一种特定物品时，每单位物品的机会成本往往会由于资源具有专业性而增加。这就是说，资源并不是同等地适用于生产每种物品。

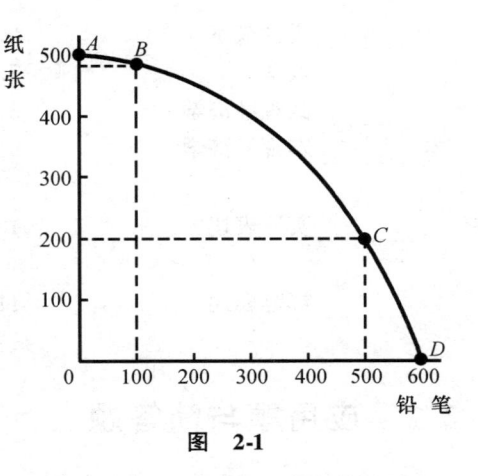

图 2-1

当在生产可能性边界上的任何一个方向变动时，以上观点都适用。例如，如果我们从D点开始（最大的铅笔产量），铅笔产量的少量减少（100单位）就可以让出足够的资源来大量增加纸张产量（200单位）。然而，从B点到A点只能增加25单位的纸张产量。

（2）生产可能性边界只表示可以有的选择——并不表示在哪一点上生产最好。学生在运用生产可能性边界时所犯的一个常见错误是：观察一条生产可能性边界，并认为接近于中间的某一点"似乎是最好的"。学生做出这种主观判断是因为中点似乎提供了两种物品的最大生产总量。

然而，试问你自己：如果每张纸值10美元，每打铅笔值1美分，那么图2-1中的生产可能性边界上哪一个点最好？我们应该把所有资源都用于纸张生产。如果每张纸值1美分而每支铅笔值50美元，又是哪一点最好呢？我们应该把所有资源用于铅笔生产。显然，实际上我们选择生产什么取决于每种物品的价格。因此，生产可能性边界只提供可能有的选择，而不能单独决定哪一种选择最好。

（3）经济学家的分歧是有趣的，但经济学共识更为重要。经济学家之所以有意见分歧的名声，是因为我们倾向于强调我们的差别。虽然我们之间的分歧对我们而言是有趣的，但我们达成一致意见的事情对你而言却是更重要的。在经济学界，有许多经济学原理几乎毫无异议地得到支持。教科书的目的是集中于经济学界意见一致的领域，而不是存在意见分歧的领域。

### 2.1.3　术语与定义

为每个关键术语选择一个定义。

| 关键术语 | 定　义 |
| --- | --- |
| _____ 科学方法 | 1. 土地、劳动和资本这类投入 |
| _____ 经济模型 | 2. 研究整体经济现象 |
| _____ 循环流量图 | 3. 客观地建立并检验理论 |
| _____ 生产要素 | 4. 为了得到某种东西所放弃的东西 |
| _____ 生产可能性边界 | 5. 试图描述世界应该是什么样子的观点 |

_____ 机会成本　　　　　　6. 从可获得的资源中得到最大产量
_____ 效率　　　　　　　　7. 试图描述世界是什么样子的观点
_____ 微观经济学　　　　　8. 基于假设对现实的简化
_____ 宏观经济学　　　　　9. 表明在可得到的生产要素与生产技术既定时,一个经济所能生产的产品数量的各种组合的图形
_____ 实证表述　　　　　 10. 研究家庭和企业如何做出决策,以及它们如何在市场上相互交易
_____ 规范表述　　　　　 11. 表示物品和服务、生产要素及货币支付在家庭和企业之间如何流动的经济图形

## 2.2 应用题与简答题

### 2.2.1 应用题

1. 确定以下交易在循环流量图中直接涉及的部分。
   a. Mary 用 20 000 美元从通用汽车公司购买了一辆汽车。
   b. 通用汽车公司向在装配线上工作的 Joe 每月支付 5 000 美元。
   c. Joe 用 15 美元理发。
   d. Mary 从她持有的通用汽车公司的股票中得到了 10 000 美元股利。
2. 下表提供了 Athletic 国生产可能性边界的信息。

| 球棒 | 球拍 |
|---|---|
| 0 | 420 |
| 100 | 400 |
| 200 | 360 |
| 300 | 300 |
| 400 | 200 |
| 500 | 0 |

a. 在图 2-2 中,画出并连接以上各点,做出 Athletic 国的生产可能性边界。
b. 如果 Athletic 国现在生产 100 个球棒和 400 个球拍,那么多生产 100 个球棒的机会成本是什么?
c. 如果 Athletic 国现在生产 300 个球棒和 300 个球拍,那么多生产 100 个球棒的机会成本是什么?
d. 为什么在 c 中多生产 100 个球棒所引起的权衡取舍大于在 b 中多生产 100 个球棒所引起的权衡取舍?
e. 假设 Athletic 国现在生产 200 个球棒和

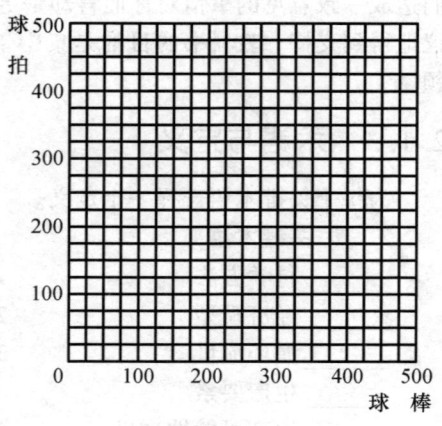

图 2-2

200个球拍。在不放弃任何球拍的情况下,可以多生产多少个球棒?在不放弃任何球棒的情况下,可以生产多少个球拍?

f. 生产200个球棒和200个球拍有效率吗?解释之。

3. 图2-3中的生产可能性边界表示消费品和资本品之间现有的权衡取舍。假定两国面临这个相同的生产可能性边界。

   a. 假设Party国选择在A点生产,而Parsimonious国选择在B点生产。未来哪一个国家会经历更大的增长?为什么?

   b. 在这个模型中,未来增长的机会成本是什么?

   c. 在图2-4中画图说明在图2-3中增长对生产可能性边界的影响。Parsimonious国生产可能性边界的移动比Party国大还是小?为什么?

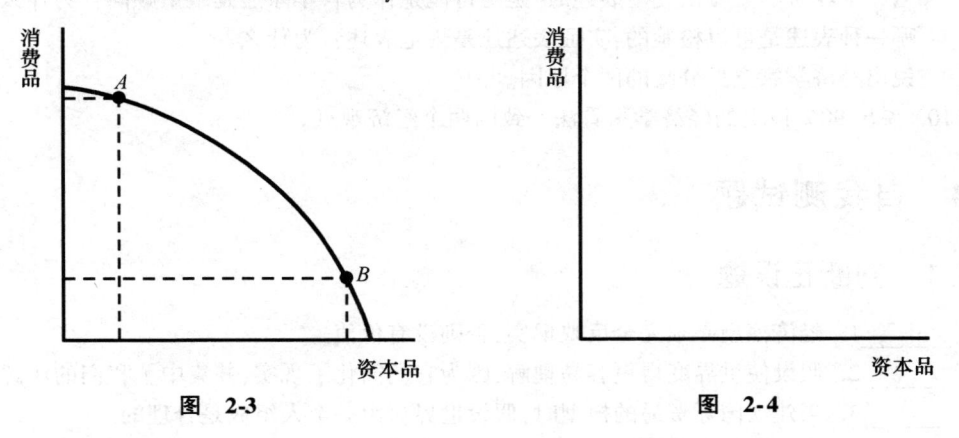

图 2-3

图 2-4

   d. 在图2-5中画出图形,说明如果发生只影响资本品生产的技术进步,生产可能性边界将会如何移动。

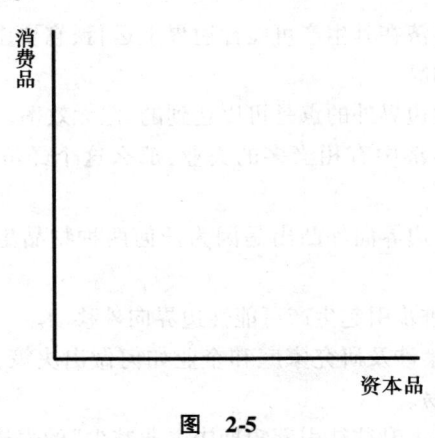

图 2-5

   e. d中的移动意味着所有增加的生产都必定是资本品的形式吗?为什么?

## 2.2.2 简答题

1. 描述科学方法。
2. 在任何一门科学中,假设的作用是什么?
3. 越现实的模型总是越好吗?
4. 为什么生产可能性边界的斜率是负的(向右下方倾斜)?
5. 为什么生产可能性边界向外凸出?
6. 经济学的两个分领域是什么?哪一个分领域更可能是另一个分领域的基础?为什么?
7. 当一个经济学家做出规范表述时,她更可能是作为科学家还是政策顾问?为什么?
8. 哪一种表述是可以检验的:实证表述还是规范表述?为什么?
9. 说出经济学家意见分歧的两个原因。
10. 说出90%以上的经济学家看法一致的两个经济观点。

## 2.3 自我测试题

### 2.3.1 判断正误题

_____ 1. 经济模型必须完全反映现实,否则没有价值。
_____ 2. 假设使世界变得更容易理解,因为它们简化了现实,并集中了我们的注意力。
_____ 3. 当建立国际贸易的模型时,假设世界只由一个人组成是合理的。
_____ 4. 当人们作为科学家时,他们必须努力做到客观。
_____ 5. 如果一个经济在其生产可能性边界上运行,它肯定有效率地使用了自己的资源。
_____ 6. 如果一个经济在其生产可能性边界上运行,它要多生产一种物品就必须少生产另一种物品。
_____ 7. 生产可能性边界外的点是可以达到的,但无效率。
_____ 8. 如果一个经济中有相当多的失业,那么这个经济就在生产可能性边界之内生产。
_____ 9. 生产可能性边界向外凸出是因为任何两种物品生产之间的权衡取舍都是不变的。
_____ 10. 生产技术进步引起生产可能性边界向外移动。
_____ 11. 宏观经济学涉及研究家庭和企业如何做出决策,以及它们如何在特定市场上相互交易。
_____ 12. "通货膨胀上升往往引起短期中失业减少"的表述是规范的。
_____ 13. 当经济学家做出实证表述时,他们更可能是以科学家的身份出现。
_____ 14. 可以用证据否定规范表述。
_____ 15. 大多数经济学家认为,关税和进口限额通常减少了整体经济福利。

## 2.3.2 单项选择题

1. 科学方法要求_____。
   a. 科学家使用试管,并有清洁的实验室
   b. 科学家是客观的
   c. 科学家使用精密仪器
   d. 只有不正确的理论得到检验
   e. 只有正确的理论得到检验

2. 以下哪一项最有可能产生一种理论的科学证据?
   a. 一个受雇于美国劳工联合会—产业工会联合会(AFL/CIO)的经济学家研究贸易限制对工人工资的影响。
   b. 一个广播电台访谈节目主持人在收集有关资本市场如何对税收做出反应的数据。
   c. 一个名牌大学雇用的终身经济学家分析银行管制对农村贷款的影响。
   d. 通用汽车公司雇用的律师分析安全气囊对乘客安全的影响。

3. 以下哪一个关于循环流量图的表述是正确的?
   a. 生产要素归家庭所有。
   b. 如果 Susan 为 IBM 工作并得到一张工资支票,这个交易发生在物品和服务市场上。
   c. 如果 IBM 出售一台电脑,这个交易发生在生产要素市场上。
   d. 生产要素归企业所有。
   e. 以上各项都不正确。

4. 在下列哪一种情况下,假设是最合理的?
   a. 在估算沙滩球下落的速度时,物理学家假设它在真空中下落。
   b. 为了分析货币增长对通货膨胀的影响,经济学家假设货币是严格的铸币。
   c. 为了分析税收对收入分配的影响,经济学家假设每个人的收入相同。
   d. 为了分析贸易的收益,经济学家假设只有两个人和两种物品。

5. 经济模型_____。
   a. 是为了复制现实而创造的
   b. 是以假设为基础建立的
   c. 通常由木头和塑料组成
   d. 如果是简单的,就没有用

6. 以下哪一种不是生产要素?
   a. 土地。
   b. 劳动。
   c. 资本。
   d. 货币。
   e. 以上各项都是。

7. 生产可能性边界上的点是_____。
   a. 有效率的
   b. 无效率的
   c. 不能达到的
   d. 规范的
   e. 以上各项都不是

8. 以下哪一项不会使一国的生产可能性边界向外移动?
   a. 资本存量增加。
   b. 技术进步。
   c. 失业减少。
   d. 劳动力增加。

9. 以下哪一项描述了经济增长?
   a. 沿着生产可能性边界向资本品移动。
   b. 生产可能性边界向外移动。
   c. 生产可能性边界向内移动。
   d. 从该曲线内向曲线移动。

**用图 2-6 回答第 10—13 题。**

10. 如果该经济在 C 点运行,多生产 15 单位培根的机会成本是_____。
    a. 10 单位鸡蛋

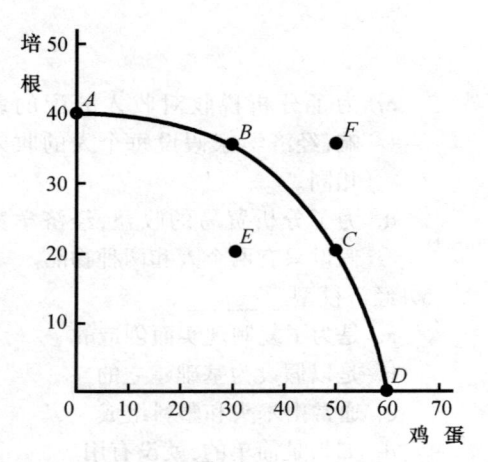

图 2-6

b. 20 单位鸡蛋
c. 30 单位鸡蛋
d. 40 单位鸡蛋
e. 50 单位鸡蛋

11. 如果该经济在 E 点运行,_____。
   a. 增加 20 单位鸡蛋的机会成本是 10 单位培根
   b. 增加 20 单位鸡蛋的机会成本是 20 单位培根
   c. 增加 20 单位鸡蛋的机会成本是 30 单位培根
   d. 可以在对培根生产没有影响的情况下多生产 20 单位鸡蛋

12. F 点代表_____。
   a. 如果我们减少 20 单位的鸡蛋生产可以实现的生产组合
   b. 由于有未得到利用的资源因而是无效率的生产组合
   c. 如果有相当大的技术进步可以实现的生产组合
   d. 以上各项都不是

13. 当我们从 A 点移动到 D 点时,_____。
   a. 根据培根计算的鸡蛋的机会成本不变
   b. 根据培根计算的鸡蛋的机会成本减少
   c. 根据培根计算的鸡蛋的机会成本增加
   d. 经济变得更有效率
   e. 经济变得更无效率

14. 以下哪一项问题与微观经济学相关?
   a. 货币对通货膨胀的影响。
   b. 技术对经济增长的影响。
   c. 赤字对储蓄的影响。
   d. 石油价格对汽车生产的影响。

15. 以下关于微观经济学和宏观经济学的表述哪一项是不正确的?
   a. 对非常大的行业的研究是宏观经济学范围内的问题。
   b. 宏观经济学关注整体经济现象。
   c. 微观经济学是宏观经济学的基础。
   d. 不能把微观经济学和宏观经济学完全分开。

16. 以下哪一项表述是规范的?
   a. 发行的货币过多会引起通货膨胀。
   b. 如果工资更高,人们就会更努力工作。
   c. 失业率应该降低。
   d. 大量政府赤字使经济增长更慢。

17. 在做出下列哪一项表述时,经济学家更像一个科学家?
   a. 减少失业救济金将降低失业率。
   b. 失业率应该降低,因为失业剥夺了个人的尊严。
   c. 通货膨胀率应该降低,因为通货膨胀剥夺了老年人的储蓄。
   d. 国家应该增加对大学的补贴,因为国家的未来取决于教育。

18. 实证表述是_____。
   a. 微观经济学的
   b. 宏观经济学的
   c. 涉及价值判断的建议性表述
   d. 可以检验的描述性表述

19. 假设两个经济学家争论对待失业的

政策。一个经济学家说:"政府应该向失业宣战,因为它是最大的社会不幸。"另一位经济学家反驳说:"胡说!通货膨胀才是最大的社会不幸。"这两位经济学家_____。

a. 有意见分歧是因为他们有不同的科学判断

b. 有意见分歧是因为他们有不同的价值观

c. 实际上根本没有分歧,只是看起来有分歧

d. 以上各项都不是

20. 假设两位经济学家争论对待失业的政策。一位经济学家说:"如果政府可以增加500亿美元的政府支出,就可以使失业率下降一个百分点。"另一位经济学家反驳说:"胡说!如果政府增加500亿美元的支出,只能减少千分之一的失业,而且效果只是暂时的!"这两位经济学家_____。

a. 有意见分歧是因为他们有不同的科学判断

b. 有意见分歧是因为他们有不同的价值观

c. 实际上根本没有分歧,只是看起来有分歧

d. 以上各项都不是

## 2.4 进阶思考题

你正在看公共频道的《PBS 新闻时刻》(*PBS NewsHour*)。第一个焦点节目是一场支持与反对自由贸易(无障碍的国际贸易)的讨论。为了平衡,该节目请了两位经济学家出场——一位支持自由贸易,另一位反对自由贸易。你的室友说:"这两位经济学家不知道事情的状况。他们在任何一件事上都无法达成一致。一个人说自由贸易将使我们富裕,另一个却说自由贸易将使我们贫穷。如果专家都不知道自由贸易是不是最好的,普通人又如何能知道呢?"

1. 你能向你的室友说明经济学家为什么会对这个问题产生分歧吗?
2. 假设你发现93%的经济学家相信自由贸易通常是最好的(这是在所有单个问题中最大比例的一致)。现在你能更准确地回答为什么经济学家对这个问题意见不一致吗?
3. 假设你后来发现为工会工作的经济学家反对自由贸易。这有助于你解释为什么经济学家在这个问题上有不同观点吗?

## 习 题 答 案

### 2.1.3 术语与定义

__3__ 科学方法      __6__ 效率

__8__ 经济模型      __10__ 微观经济学

__11__ 循环流量图      __2__ 宏观经济学

__1__ 生产要素      __7__ 实证表述

__9__ 生产可能性边界      __5__ 规范表述

__4__ 机会成本

## 2.2.1 应用题

1. a. 家庭向物品与服务市场支出 20 000 美元。企业从物品与服务市场得到 20 000 美元收益。汽车从企业流向物品与服务市场。汽车从物品与服务市场流向家庭。
   b. 5 000 美元工资从企业流向生产要素市场。5 000 美元收入从生产要素市场流向家庭。劳动从家庭流向生产要素市场。投入从生产要素市场流向企业。
   c. 15 美元支出从家庭流向物品与服务市场。15 美元收入从物品与服务市场流向企业。服务从企业流向物品与服务市场。服务从物品与服务市场流向家庭。
   d. 10 000 美元利润从企业流向生产要素市场。10 000 美元收入从生产要素市场流向家庭。资本从家庭流向生产要素市场。投入从生产要素市场流向企业。

2. a. 参看图 2-7。
   b. 40 个球拍。
   c. 100 个球拍。
   d. 因为随着我们生产更多的球棒,最适于生产球棒的资源已经被使用。因此,生产 100 个球棒需要更多的资源,并且球拍的生产量将大大减少。
   e. 200 个球棒;160 个球拍。
   f. 没有效率。如果可以在没有机会成本的情况下增加生产,就表明资源没有得到有效使用。

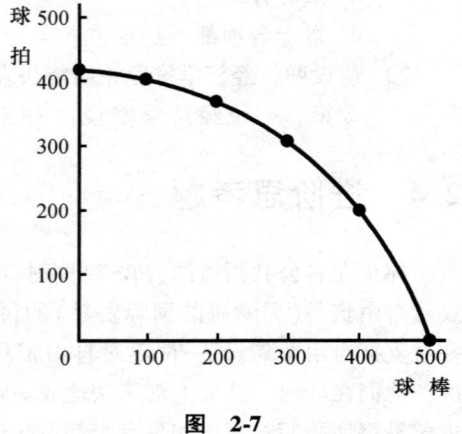

图 2-7

3. a. Parsimonious 国。资本(工厂与设备)是生产要素,而且现在生产更多资本将增加未来的生产。
   b. 现在生产的消费品少了。
   c. 参看图 2-8。Parsimonious 国的生产可能性曲线向外移动得更多,因为它们的生产要素(资本)增加得更多。
   d. 参看图 2-9。
   e. 不一定,生产可能性边界向外移动同时增加了消费品和资本品的可选择范围。

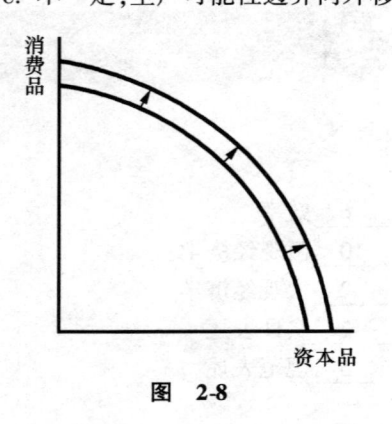

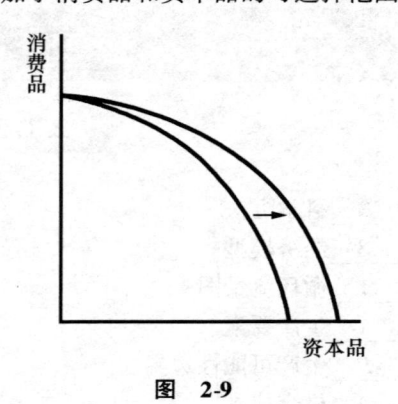

图 2-8

图 2-9

## 2.2.2 简答题

1. 通过观察、检验和再观察,无偏见地建立并检验理论。
2. 简化现实,以使我们可以把思考集中在实际重要的事情上。
3. 不一定。现实的模型是较为复杂的。它们可能会引起混乱,而且可能使我们的注意力不能集中在重要的事情上。
4. 因为如果一个经济有效率地运行,生产选择就有机会成本。如果我们想多要一种东西,就必须少要另一种东西。
5. 由于资源是专业化的,因此不能同等适用于生产不同物品。
6. 微观经济学和宏观经济学。微观经济学更可能是宏观经济学的基础,因为我们在解决宏观问题(比如失业)时,必须考虑个人对工资和福利这类工作激励会做出什么反应。
7. 她更可能是一名政策顾问。因为规范表述是关于应该是什么样的建议,而且在某种程度上基于价值判断。
8. 实证表述是对事实的表述,而且可以通过考察证据来否定。
9. 经济学家会有不同的科学判断。经济学家也会有不同的价值观。
10. 租金上限降低了可获得的住房数量和质量。关税和进口限额通常减少了整体经济福利。

## 2.3.1 判断正误题

1. 错误;经济模型是现实的简化。
2. 正确。
3. 错误;贸易至少要有两个人。
4. 正确。
5. 正确。
6. 正确。
7. 错误;生产可能性边界外的点是不能达到的。
8. 正确。
9. 错误;它向外凸出是因为权衡取舍并不是一成不变的。
10. 正确。
11. 错误;宏观经济学研究整体经济现象。
12. 错误;这个表述是实证的。
13. 正确。
14. 错误;规范表述不能被否定。
15. 正确。

## 2.3.2 单项选择题

1. b   2. c   3. a   4. d   5. b   6. d   7. a   8. c   9. b   10. b
11. d  12. c  13. c  14. d  15. a  16. c  17. a  18. d  19. b  20. a

## 2.4 进阶思考题

1. 因为经济学家可能有不同的科学判断,经济学家也可能有不同的价值观。实际上他们可能不会有任何真正的分歧,因为大多数经济学家实际上是可以达成一致的。

2. 那些反对自由贸易的经济学家可能有不同于大多数经济学家的价值观。主流经济学界中对这个问题并没有多少分歧。
3. 是的。主张限制国际贸易可能会有利于某些集团(有组织的劳工),但这些限制可能不利于总体公众利益。这些政策的支持者是在维护他们自己的利益。

# 第 2 章附录

## 2A.1 应用题

1. 下面的关于价格和需求量的有序数对描述了 Joe 对美味咖啡的需求。

| 每杯咖啡的价格(美元) | 咖啡的需求量(杯) |
|---|---|
| 5 | 2 |
| 4 | 4 |
| 3 | 6 |
| 2 | 8 |
| 1 | 10 |

a. 在图 2-10 中画出并连接有序数对。

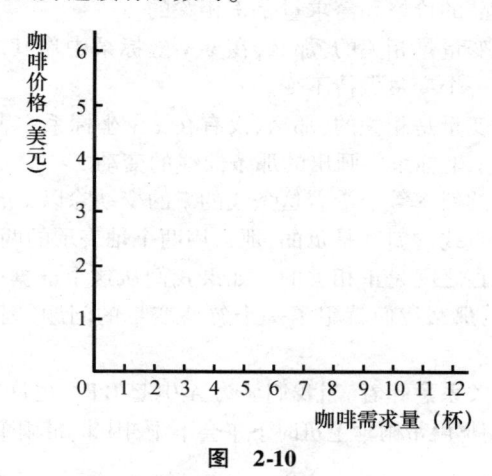

图 2-10

b. 在价格为 4—5 美元的区间内,Joe 的咖啡需求曲线的斜率是多少?
c. 在价格为 1—2 美元的区间内,Joe 的咖啡需求曲线的斜率是多少?
d. 咖啡价格与 Joe 的咖啡需求量是正相关还是负相关?你是怎样判断出来的?
e. 如果咖啡价格从每杯 2 美元上升到每杯 4 美元,需求量会发生什么变动?这是沿着一条曲线的变动,还是曲线的移动?
f. 假设 Joe 的收入从每年 40 000 美元增加到每年 80 000 美元,翻了一番。以下有序数对描述了 Joe 对美味咖啡的需求。在图 2-10 上画出这些有序数对。

| 每杯咖啡的价格(美元) | 咖啡的需求量(杯) |
|---|---|
| 5 | 4 |
| 4 | 6 |
| 3 | 8 |
| 2 | 10 |
| 1 | 12 |

g. Joe 的收入翻了一番引起了沿着他的需求曲线的变动,还是需求曲线的移动?为什么?

2. 一个外星人来到地球,并观察到以下现象:当人们早晨带雨伞时,这一天往往就会下雨。外星人得出结论:雨伞引起下雨。

   a. 外星人犯了什么错误?
   b. 在外星人的错误中,预期起了什么作用?
   c. 如果下雨实际上是由湿度、温度和风流等引起的,那么当外星人确定雨伞引起下雨时,他还犯了什么错误?

## 2A.2 判断正误题

_____ 1. 在直角坐标系中作图时,$x$ 轴告诉我们横向位置,而 $y$ 轴告诉我们纵向位置。

_____ 2. 当 $x$、$y$ 坐标系中一条直线向右上方倾斜时,用两个轴衡量的这两个变量是正相关的。

_____ 3. 大多数物品的价格和需求量是正相关的。

_____ 4. 如果三个变量是相关的,那么,在 $x$、$y$ 坐标系中作其中两个变量的图形时,必须使另外一个变量保持不变。

_____ 5. 如果三个变量是相关的,那么,没有在 $x$、$y$ 坐标系中表示的变量的变动将引起沿着在 $x$、$y$ 坐标系中画出的那条曲线的变动。

_____ 6. 一条直线的斜率等于沿着这条线的 $y$ 的变动除以 $x$ 的变动。

_____ 7. 如果一条直线的斜率是负的,那么用两个轴表示的两个变量是正相关的。

_____ 8. 躺下和死亡之间是正相关的。如果我们从这个证据中得出结论,认为躺下是不安全的,那么我们就犯了一个忽略变量的问题,因为病情危急时人往往会躺下。

_____ 9. 反向因果关系意味着,当我们认为 A 引起 B 时,也许实际上是 B 引起了 A。

_____ 10. 由于人们早晨带雨伞上班时下午会下雨,因此,带雨伞必定引起下雨。

# 附录习题答案

## 2A.1 应用题

1. a. 参看图 2-11。
   b. $-1/2$。
   c. $-1/2$。
   d. 负相关,因为价格上升与需求量减少相关。这就是说,需求曲线向右下方倾斜。
   e. 减少 4 杯。沿曲线的变动。
   f. 参看图 2-12。
   g. 曲线的移动,因为一个未由任何一个轴表示的变量(收入)发生了变动。

图 2-11

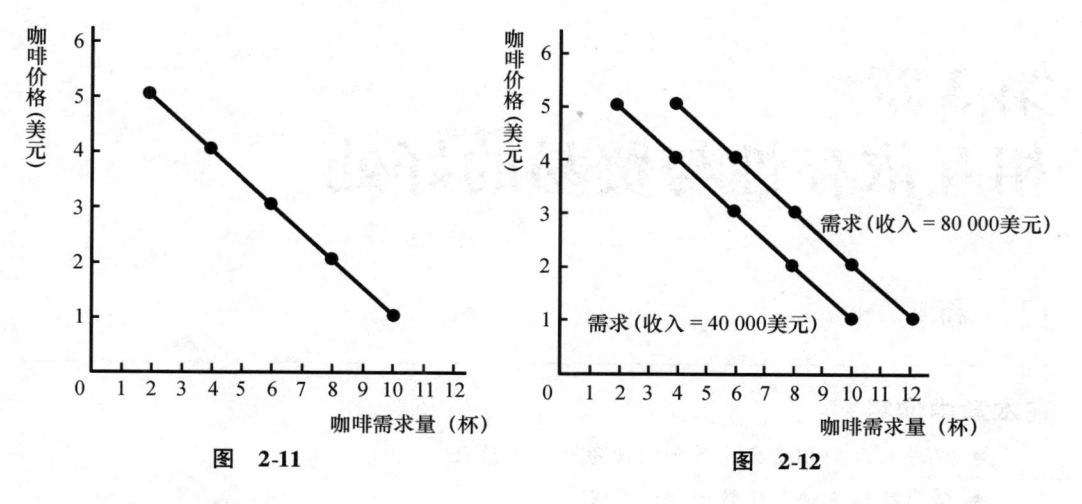

图 2-12

2. a. 反向因果关系。
   b. 因为下雨是可预期的,所以人们预期有雨会引起他们在下雨之前带雨伞,这使得看起来仿佛是带雨伞引起下雨。
   c. 忽略的变量。

## 2A.2 判断正误题

1. 正确。
2. 正确。
3. 错误;它们是负相关的。
4. 正确。
5. 错误;不在图形上表示的变量变动将引起曲线移动。
6. 正确。
7. 错误;负斜率意味着负相关。
8. 正确。
9. 正确。
10. 错误;这是一个反向因果关系的例子。

# 第3章
# 相互依存性与贸易的好处

## 目　标

**在本章中你将**

- 思考当人们相互交易时如何使每个人都获益
- 学习绝对优势与比较优势的含义
- 理解比较优势如何解释贸易的好处
- 把比较优势理论运用于日常生活和国家政策

## 效　果

**在实现这些目标之后,你应该能**

- 说明当人们专门生产自己有比较优势的物品时,总产量如何增加
- 解释为什么即使没有绝对优势,所有的人也都有比较优势
- 说明比较优势和机会成本之间的联系
- 解释为什么在各方面都优秀的人仍然倾向于专业化

## 3.1 本章概述

### 3.1.1 本章复习

我们每个人每天都要消费许多不同国家生产的物品。复杂的物品中又包含许多不同国家生产的组成部分,以至于这些物品没有单一的原产国。生产这些东西的人既不是出于仁慈,也不是按政府的命令生产。人们进行生产是因为他们希望相互交易,并得到一些东西作为回报。因此,贸易使我们相互依存。

**1. 一个现代经济寓言**

设想一个简单经济。假设世界上只有两个人——牧牛人和种土豆的农民;只有两种物品——牛肉和土豆。

- 如果每个人只生产一种物品(牧牛人只生产牛肉,而农民只生产土豆),那么他们就会进行贸易,以增加他们消费的物品的品种。每个人都由于品种的增加而获益。
- 如果每个人都可以生产两种物品,但每个人在生产一种物品上比另一个人更有效率,那么,每个人将专门生产他最擅长的(又是牧牛人生产牛肉,而农民生产土豆),总产量将增加,而且他们将进行贸易。贸易使每个人都可以获益,因为贸易使专业化成为可能,而专业化增加了可以分享的总产量。
- 如果一个生产者在生产牛肉和土豆上都比另一个生产者更有效率,那么贸易仍有好处,但就不那么明显了。此时,贸易同样使每个人都获益,因为贸易使专业化成为可能,而专业化增加了可以分享的总产量。为了理解当一个生产者在生产两种物品上都具有优势时贸易好处的来源,我们应该了解比较优势的概念。

**2. 比较优势:专业化的动力**

为了理解**比较优势**,我们从**绝对优势**的概念开始。绝对优势比较的是生产一种物品所需要的投入量。生产一种物品需要较少资源(比如说劳动时间较少)的生产者被称为在生产那种物品上有绝对优势。这就是说,效率最高的生产者(有最高生产率的生产者)有绝对优势。

绝对优势比较每个生产者生产的实际成本,而比较优势比较每个生产者生产的**机会成本**。生产的机会成本较低的生产者可以说有比较优势。无论绝对优势如何,如果生产者生产每种物品的机会成本不同,那么每个生产者就应该专门生产其机会成本较低的物品。也就是说,每个生产者都应该生产他们有比较优势的物品。然后他们可以用自己生产的物品交换其他物品。贸易使每个生产者的状况都变得更好,因为贸易使专业化成为可能,而专业化增加了可以分享的总产量。当他们以介于两者各自机会成本之间的价格交易时,他们都能获益。

专业化决策和贸易产生的好处是基于比较优势,而不是绝对优势。尽管一个生产者可以在生产两种物品上都有绝对优势,但他不可能在生产两种物品上都有比较优势,因为生产一种物品的机会成本较低意味着生产另一种物品的机会成本较高。

总而言之,贸易使生产者可以利用他们生产的机会成本的差别。每个生产者专门生产其机会成本较低从而有比较优势的物品。这就增加了经济的总产量,并使经济蛋糕变大了。每个人都可以从中获益。专业化带来的产量的增加是贸易的好处。

亚当·斯密在其1776年的著作《国富论》以及大卫·李嘉图在其1817年的著作《政治经济学及赋税原理》中都认识到了专业化的贸易带来的好处以及比较优势原理。现在对于自由贸易的研究仍然是以他们的著作为基础的。

### 3. 比较优势的应用

比较优势原理既适用于个人又适用于国家。例如,假设塞雷娜·威廉姆斯是世界上最棒的网球运动员和最好的修剪草坪人员,因此,她在这两项活动上都有绝对优势。如果她用给自己修剪草坪的时间去拍一部广告能赚30 000美元,那么只要为修剪草坪服务支付的钱少于30 000美元,她就能从贸易中获益,因为塞雷娜修剪草坪的机会成本是30 000美元。塞雷娜将会专门去打网球,同时交换其他服务。她之所以这样做,是因为尽管她在这两项活动中都有绝对优势,但她在打网球上有比较优势,而在修剪草坪上有比较劣势(她修剪草坪的机会成本很高)。

各国之间的贸易也遵循同样的比较优势原理。在国外生产并在国内销售的物品称为**进口品**,在国内生产并在国外销售的物品称为**出口品**。即使美国在生产汽车和粮食上都有绝对优势,它也应该专门生产自己有比较优势的东西。由于美国生产粮食的机会成本较低(更肥沃的土地)而日本较高,因此,美国应该生产更多粮食并出口到日本,以交换从日本进口的汽车。尽管美国从贸易中受益,但是贸易对美国汽车工人和农民的影响并不同。

自由贸易壁垒的降低改善了进口国整体的福利,但并没有改善进口国国内生产者的福利。由于这个原因,国内生产者游说他们的政府以保持(或提高)自由贸易壁垒。

## 3.1.2 有益的提示

(1) 以下关于比较优势的一步步的例子将说明第3章中所讨论的大部分概念。该例子对于你做教科书中本章末的习题以及本书后的习题具有参考价值。

假设我们拥有以下关于日本和韩国工业生产率的信息。这些数据是工作每小时的产量。

|  | 钢铁 | 电视机 |
| --- | --- | --- |
| 日本 | 6 | 3 |
| 韩国 | 8 | 2 |

一个日本工人每小时可以生产6单位钢铁或3台电视机,一个韩国工人每小时可以生产8单位钢铁或2台电视机。

我们假设这两个国家都只有一个工人,而且每个工人都只工作一小时,于是可以画出每个国家的生产可能性边界。为了画出生产可能性边界,就要画出两个端点,并用一条直线把它们连接起来。例如,日本的工人可以生产6单位钢铁或3台电视机,或者各用半个小时生产每种物品,并得到3单位钢铁和3/2台电视机。可以把一小时以任何一种其他比例配置于两种生产活动中。在这些情况下,生产可能性边界是线性的,因为劳动资源可以按不变的比率从一种物品的生产转向另一种物品的生产。对韩国我们也可以这样做。在没有贸易时,生产可能性边界也是消费可能性边界。

比较优势决定了专业化与贸易。日本每台电视机的机会成本是2单位钢铁,图3-1中的生产可能性边界的斜率说明了这一点。换个说法,日本每单位钢铁的机会成本是1/2台电视机。在韩国,每台电视机的机会成本是4单位钢铁,而每单位钢铁的机会成本是1/4台电视机。由于日本电视机的机会成本较低，日本在电视机生产上有比较优势，应该专门生产电视机；由于韩国钢铁的机会成本较低，韩国在钢铁生产上有比较优势，应该专门生产钢铁。

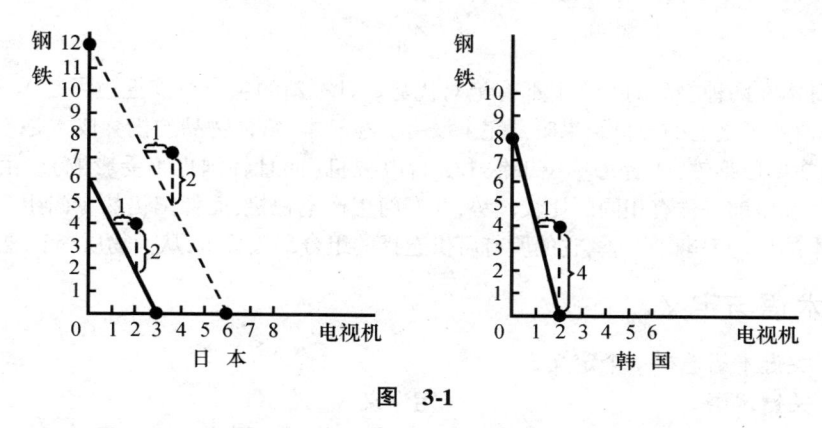

图 3-1

每个国家愿意交换的价格范围是多少呢？如果日本专门生产电视机，只要每台电视机至少可以交换2单位钢铁，它就愿意用电视机交换钢铁，因为这是贸易之前日本每台电视机可以换成钢铁的比例。而对韩国而言，只要每台电视机的价格低于4单位钢铁，韩国就愿意专门生产钢铁，并交换电视机，因为这是贸易前韩国面临的权衡取舍。简言之，最终的价格应该在没有贸易之前每个国家面临的最初权衡取舍之间。每台电视机将花费2—4单位钢铁，每单位钢铁将花费1/4—1/2台电视机。

(2) 贸易使各国的消费可以超出原来的生产可能性边界。假设日本和韩国确定的贸易价格为3单位钢铁交换1台电视机(或者1/3台电视机交换1单位钢铁)。(这个价格是我们给定的。这个问题中并没有信息能让你计算出最终的贸易价格。你只能算出一个价格范围。)这个价格处于没有贸易时每个国家面临的两种价格中间。贸易价格的范围是4单位钢铁交换1台电视机到2单位钢铁交换1台电视机。

如果日本专门生产电视机，数量为3台，并出口1台电视机交换3单位钢铁，日本就能消费2台电视机和3单位钢铁。如果我们在日本的图形上画出这一点(2台电视机和3单位钢铁)，我们就能看到，它在日本的生产可能性边界之外。如果韩国专门生产钢铁，生产8单位钢铁，并出口3单位钢铁交换1台电视机，韩国就能消费5单位钢铁和1台电视机。如果我们在韩国的图形上画出这一点(5单位钢铁和1台电视机)，我们同样能看到，它也在韩国的生产可能性边界之外。

这就是贸易的好处。贸易使各国(和人们)可以从事专业化生产。专业化增加了世界的总产量。贸易之后，各国的消费在其各自的生产可能性边界之外。在这方面，贸易与技术进步一样，使各国可以变动到超出其现在的生产可能性边界。

(3) 只有比较优势起作用——绝对优势是无关的。在前一个例子中，日本在电视机生产上有绝对优势，因为它每小时能生产3台电视机，而韩国只能生产2台电视机。韩国在钢铁生产上有绝对优势，因为它每小时可以生产8单位钢铁，而日本只能生产6单位钢铁。

为了证明是比较优势而不是绝对优势决定了专业化和贸易，我们将上例做一些变动，以使日本在两种物品的生产上都有绝对优势。出于这个目的，假设日本的生产率是上例中的两倍。这就是说，日本每个工人每小时现在可以生产12单位钢铁或6台电视机，如下表所示：

|  | 钢铁 | 电视机 |
|---|---|---|
| 日本 | 12 | 6 |
| 韩国 | 8 | 2 |

现在,日本在两种物品的生产上都有绝对优势。日本新的生产可能性边界是图3-1中的虚线。这一点改变了之前的分析结果吗?完全没有。在日本,每种物品的机会成本是不变的——每台电视机2单位钢铁,或者每单位钢铁1/2台电视机(而且韩国也不受影响)。由于这个原因,日本仍然和以前一样有相同的比较优势,并专门生产电视机,而韩国仍然专门生产钢铁。但是,由于日本的生产率翻了一番,它的所有可供选择的组合都改善了,从而物质福利增加了。

### 3.1.3 术语与定义

为每个关键术语选择一个定义。

| 关键术语 | 定 义 |
|---|---|
| _____ 绝对优势 | 1. 为了得到某种东西所必须放弃的东西 |
| _____ 机会成本 | 2. 一个生产者以低于另一个生产者的机会成本生产某种物品的能力 |
| _____ 比较优势 | 3. 在国内生产而在国外销售的物品 |
| _____ 贸易的好处 | 4. 在国外生产而在国内销售的物品 |
| _____ 进口品 | 5. 一个生产者用比另一个生产者更少的投入生产某种物品的能力 |
| _____ 出口品 | 6. 由贸易允许的专业化所引起的总产量增加 |

## 3.2 应用题与简答题

### 3.2.1 应用题

1. Angela是一个大学生。她的课程排得很满,每周只有5小时用于她的爱好。Angela是一个艺术家,她每小时可以做2个陶罐或4个咖啡杯。

    a. 在图3-2中画出Angela制作陶罐和咖啡杯的生产可能性边界。

    b. Angela制作1个陶罐的机会成本是什么?10个陶罐呢?

    c. Angela制作1个咖啡杯的机会成本是什么?10个咖啡杯呢?

    d. 为什么她的生产可能性边界是一条直线,而不像第2章中所述的那样是一条向外凸出的曲线?

2. 假设一个德国工人每月可以生产15台电脑或5吨谷物。假设一个波兰工人每月可以生产4台电脑或4吨谷物。为了简单起见,假设每个国家只有一个工人。

    a. 填写下表:

    |  | 电脑 | 谷物 |
    |---|---|---|
    | 德国 | _____ | _____ |
    | 波兰 | _____ | _____ |

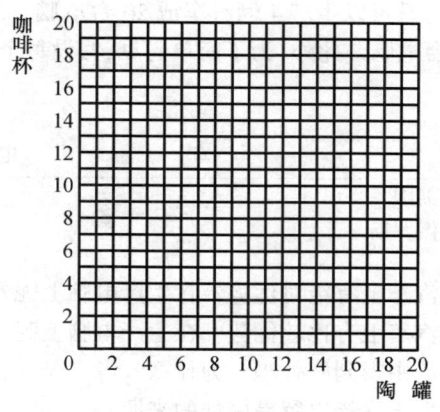

图 3-2

b. 在图 3-3 中画出每个国家的生产可能性边界。

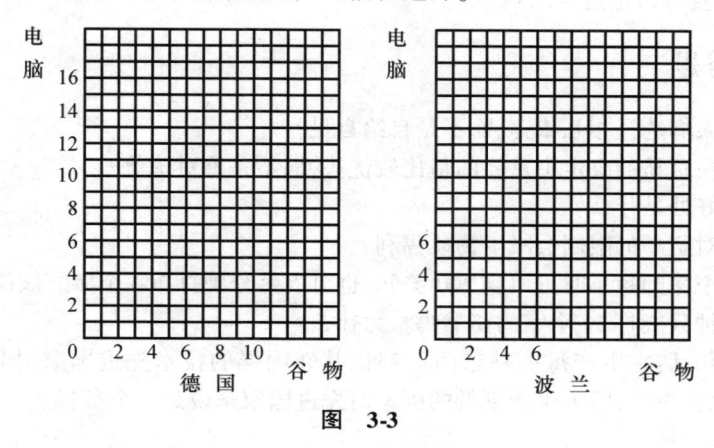

图 3-3

c. 德国生产 1 台电脑的机会成本是什么？德国生产 1 吨谷物的机会成本是什么？
d. 波兰生产 1 台电脑的机会成本是什么？波兰生产 1 吨谷物的机会成本是什么？
e. 哪一个国家在生产电脑上有绝对优势？在生产谷物上呢？
f. 哪一个国家在生产电脑上有比较优势？在生产谷物上呢？
g. 两个国家应该分别专门生产哪一种物品？为什么？
h. 使两个国家都获益的电脑和谷物的价格范围是什么？
i. 假定德国和波兰确定的贸易价格为 2 台电脑交换 1 吨谷物或者 0.5 吨谷物交换 1 台电脑。假定每个国家都从事专业化生产，并用 4 台电脑交换 2 吨谷物。在图 3-3 上画出最终的消费点。两个国家的消费在其生产可能性边界之内还是之外？
j. 假设波兰工人的生产率翻了一番，每个工人每月可以生产 8 台电脑或 8 吨谷物。哪一个国家在生产电脑中有绝对优势？在生产谷物上呢？
k. 在波兰的生产率翻了一番以后，哪一个国家在生产电脑上有比较优势？在生产谷物上呢？比较优势改变了吗？这两个国家的物质福利改变了吗？
l. 如果更现实地假设每个国家有 1 000 万名工人，那么你的分析将会发生什么样的改变？

第 3 章 相互依存性与贸易的好处 35

3. 假设一个美国工人每月可以生产 4 辆汽车或 20 台电脑,而一个俄罗斯工人每月可以生产 1 辆汽车或 5 台电脑。此外,为了简单起见,假设每个国家只有一个工人。

   a. 填写下表:

   |  | 汽车 | 电脑 |
   |---|---|---|
   | 美国 | _____ | _____ |
   | 俄罗斯 | _____ | _____ |

   b. 哪个国家在生产汽车上有绝对优势?在生产电脑上呢?
   c. 哪个国家在生产汽车上有比较优势?在生产电脑上呢?
   d. 两个国家能从贸易中得到好处吗?为什么?
   e. 你对 d 的回答有助于你指出贸易好处的来源吗?
   f. 两个国家生产的机会成本不同的原因可能是什么?(发挥你的想象。第 3 章中并没有直接讨论这个问题。)

## 3.2.2 简答题

1. 为什么人们选择相互依存,而不是自给自足?
2. 为什么在贸易的决定中重要的是比较优势,而不是绝对优势?
3. 贸易的好处是什么?
4. 为什么对贸易的限制会减少物质福利?
5. 假定一个律师每小时可以赚 200 美元,也可以每分钟打 200 个字。该律师应该雇用一个每分钟只能打 50 个字的秘书吗?为什么?
6. 评价这句话:在生产每一种东西上都比其邻国强的技术先进国家,如果关闭贸易边界,状况会更好,因为生产率低的国家对先进国家来说是一个负担。

# 3.3 自我测试题

## 3.3.1 判断正误题

_____ 1. 如果日本在生产一种东西上有绝对优势,那么它在这种东西的生产中也必定有比较优势。

_____ 2. 是比较优势而不是绝对优势决定了生产中的专业化决策。

_____ 3. 绝对优势是生产者之间基于生产率的比较。

_____ 4. 自给自足是增加一个人物质福利的最好方法。

_____ 5. 比较优势是生产者之间基于机会成本的比较。

_____ 6. 如果一个生产者是自给自足的,那么生产可能性边界也是消费可能性边界。

_____ 7. 如果一个国家的工人每小时可以生产 5 个汉堡包或 10 包炸薯条,那么没有贸易时,1 包炸薯条的价格是 2 个汉堡包。

_____ 8. 如果生产者生产的机会成本有差别,那么贸易就可以使他们的消费在其生产可能性边界之外。

_____ 9. 如果贸易有利于一个国家,那么它的贸易伙伴的状况必定会由于贸易而变坏。

_____ 10. 在每一件事情上都可以做到最好的有能力的人在每一种东西的生产上都有比较优势。

_____ 11. 贸易的好处可以用专业化带来的总产量的增加来衡量。

_____ 12. 当一个国家取消某种进口限制时,这个国家的每个工人都能获益。

_____ 13. 如果德国生产每一种东西的生产率都翻了一番,这并不会改变它原来专业化的形式,因为其比较优势并没有改变。

_____ 14. 如果一个先进国家在每一种东西的生产上都有绝对优势,那么若它取消与不发达国家的贸易并完全自给自足,它将获益。

_____ 15. 如果贸易的好处仅仅是基于比较优势,而且如果所有的国家都有相同的生产机会成本,那么贸易就没有好处。

## 3.3.2 单项选择题

1. 如果一个国家在生产一种物品上有绝对优势,那么_____。
   a. 它可以以低于其贸易伙伴的机会成本生产该物品
   b. 它可以用少于其贸易伙伴的资源来生产该物品
   c. 它可以通过限制该物品的进口而获益
   d. 它可以专门生产该物品并出口
   e. 以上各项都不是

2. 如果一个国家在生产一种物品上有比较优势,那么_____。
   a. 它可以以低于其贸易伙伴的机会成本生产该物品
   b. 它可以用少于其贸易伙伴的资源来生产该物品
   c. 它可以通过限制该物品的进口而获益
   d. 它一定是唯一有能力生产该物品的国家
   e. 以上各项都不是

3. 下列哪一种关于贸易的表述是正确的?
   a. 无限制的国际贸易将使一个国家的每个人平等地获益。
   b. 精通所有活动的人无法从贸易中获益。
   c. 贸易可以使社会上的每一个人获益,因为它使人们可以专门从事他们有绝对优势的活动。
   d. 贸易可以使社会上的每一个人获益,因为它使人们可以专门从事他们有比较优势的活动。

4. 根据比较优势原理,_____。
   a. 在生产每一种物品上都有比较优势的国家不需要专业化
   b. 各国应该专门生产其喜欢消费的物品
   c. 各国应该专门生产其在生产中使用的资源少于其贸易伙伴的物品
   d. 各国应该专门生产其生产的机会成本低于其贸易伙伴的物品

5. 以下哪一种表述是正确的?
   a. 自给自足是大多数国家的繁荣之路。
   b. 自给自足国家的消费在其生产可能性边界之外。
   c. 自给自足的国家充其量只能在其生产可能性边界上消费。
   d. 只有在每种物品的生产上都有绝

对优势的国家才应该努力实现自给自足。

6. 假设一个国家的工人每小时可以生产4只手表或12个戒指。如果没有贸易,_____。
   a. 1个戒指的国内价格是3只手表
   b. 1个戒指的国内价格是1/3只手表
   c. 1个戒指的国内价格是4只手表
   d. 1个戒指的国内价格是1/4只手表
   e. 1个戒指的国内价格是12只手表

7. 假设一个国家的工人每小时可以生产4只手表或12个戒指。如果没有贸易,_____。
   a. 1只手表的机会成本是3个戒指
   b. 1只手表的机会成本是1/3个戒指
   c. 1只手表的机会成本是4个戒指
   d. 1只手表的机会成本是1/4个戒指
   e. 1只手表的机会成本是12个戒指

下表表示澳大利亚和韩国一个工人每月可以生产的产量。根据该表回答第8—15题。

|  | 食物 | 电器 |
|---|---|---|
| 澳大利亚 | 20 | 5 |
| 韩国 | 8 | 4 |

8. 下列哪一种关于绝对优势的表述是正确的?
   a. 澳大利亚在食物的生产上有绝对优势,而韩国在电器的生产上有绝对优势。
   b. 韩国在食物的生产上有绝对优势,而澳大利亚在电器的生产上有绝对优势。
   c. 澳大利亚在食物和电器的生产上都有绝对优势。
   d. 韩国在食物和电器的生产上都有绝对优势。

9. 澳大利亚生产1单位电器的机会成本是_____。
   a. 5单位食物
   b. 1/5单位食物
   c. 4单位食物
   d. 1/4单位食物

10. 韩国生产1单位电器的机会成本是_____。
    a. 2单位食物
    b. 1/2单位食物
    c. 4单位食物
    d. 1/4单位食物

11. 澳大利亚生产1单位食物的机会成本是_____。
    a. 5单位电器
    b. 1/5单位电器
    c. 4单位电器
    d. 1/4单位电器

12. 韩国生产1单位食物的机会成本是_____。
    a. 2单位电器
    b. 1/2单位电器
    c. 4单位电器
    d. 1/4单位电器

13. 下列哪一种关于比较优势的表述是正确的?
    a. 澳大利亚在食物的生产上有比较优势,而韩国在电器的生产上有比较优势。
    b. 韩国在食物的生产上有比较优势,而澳大利亚在电器的生产上有比较优势。
    c. 澳大利亚在食物和电器的生产上都有比较优势。
    d. 韩国在食物和电器的生产上都有比较优势。
    e. 没有一个国家有比较优势。

14. 韩国应该_____。
    a. 专门从事食物生产,出口食物,并进口电器
    b. 专门从事电器生产,出口电器,

并进口食物

c. 生产这两种物品,因为没有一个国家有比较优势

d. 两种物品都不生产,因为在这两种物品的生产上它都有绝对劣势

15. 电器的价格可以用食物单位来表示。使两国可以从贸易中获益的电器价格范围是什么?

a. 价格应该是大于 1/5 单位食物,但小于 1/4 单位食物。

b. 价格应该是大于 4 单位食物,但小于 5 单位食物。

c. 价格应该是大于 1/4 单位食物,但小于 1/2 单位食物。

d. 价格应该是大于 2 单位食物,但小于 4 单位食物。

16. 假设世界由两个国家——美国和墨西哥——组成。再假设只有两种物品——食物和衣服。下列哪一种表述是正确的?

a. 如果美国在食物的生产上有绝对优势,那么墨西哥在衣服的生产上就应该有绝对优势。

b. 如果美国在食物的生产上有比较优势,那么墨西哥在衣服的生产上就应该有比较优势。

c. 如果美国在食物的生产上有比较优势,那么它在衣服的生产上也应该有比较优势。

d. 如果美国在食物的生产上有比较优势,那么墨西哥在食物的生产上也可能会有比较优势。

e. 以上各项都不是。

根据图 3-4 中的生产可能性边界回答第 17—19 题。假设每个国家有相同的工人数量,比如说 2 000 万名工人,而且横轴和纵轴都用每月的吨量来衡量。

17. 阿根廷在生产哪种物品上具有比较优势?

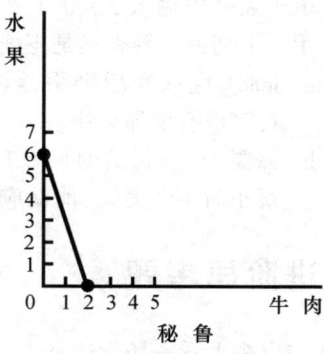

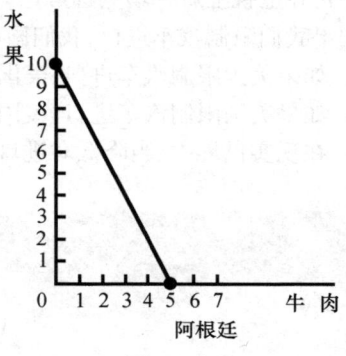

图 3-4

a. 水果和牛肉。
b. 水果。
c. 牛肉。
d. 水果和牛肉都不是。

18. 秘鲁将出口_____。

a. 水果和牛肉
b. 水果
c. 牛肉
d. 水果和牛肉都不是

19. 秘鲁生产 1 吨牛肉的机会成本是_____。

a. 1/3 吨水果
b. 1 吨水果
c. 2 吨水果
d. 3 吨水果
e. 6 吨水果

20. Joe 是一名税务会计师。他从事税务工作每小时收入 100 美元。他每小时可以在电子表格中输入 10 000 个字符。他能雇一个每小时可以在

电子表格中输入2 500个字符的助手。下列哪一种表述是正确的?

a. Joe不应该雇用助手,因为助手打字没有他那么快。
b. 只要Joe支付给助手的工资小于每小时100美元,他就应该雇用助手。
c. 只要Joe支付给助手的工资小于每小时25美元,他就应该雇用助手。
d. 以上各项都不是。

## 3.4 进阶思考题

你正在电视上看一场竞选辩论。一位候选人说:"我们需要制止外国汽车进入我们的国家。如果我们限制汽车进口,我们国内的汽车生产就会增加,而且美国的状况将变好。"

1. 如果美国限制汽车进口,美国的状况会变好吗?解释之。
2. 如果美国限制汽车进口,美国有什么人的状况会变好吗?解释之。
3. 在现实世界中,当降低对进口的限制时,一国的每一个人都获益吗?解释之。

---

# 习 题 答 案

## 3.1.3 术语与定义

　5　 绝对优势　　　　　　6　 贸易的好处
　1　 机会成本　　　　　　4　 进口品
　2　 比较优势　　　　　　3　 出口品

## 3.2.1 应用题

1. a. 参看图3-5。

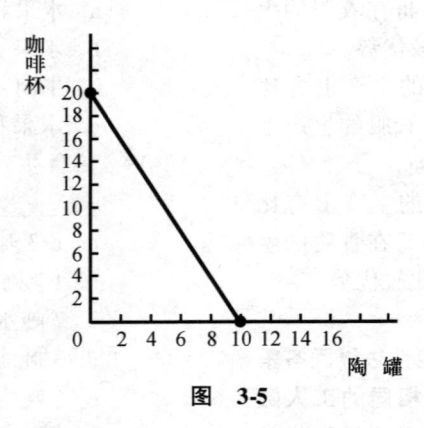

图 3-5

b. 2个咖啡杯。20个咖啡杯。
c. 1/2个陶罐。5个陶罐。
d. 因为在这里资源可以按不变的比率从一种物品的生产转向另一种物品的生产。

2. a.

|  | 电脑 | 谷物 |
|---|---|---|
| 德国 | 15 | 5 |
| 波兰 | 4 | 4 |

b. 参看图3-6。

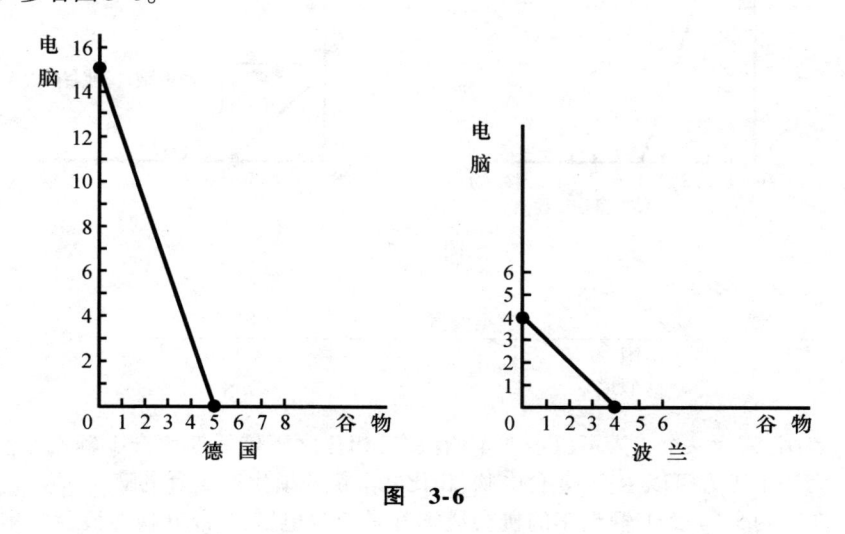

图 3-6

c. 1/3 吨谷物。3 台电脑。
d. 1 吨谷物。1 台电脑。
e. 德国,因为一个工人可以生产15台电脑,相比之下波兰生产4台电脑。德国,因为一个工人可以生产5吨谷物,相比之下波兰生产4吨谷物。
f. 德国,因为1台电脑的机会成本只是1/3吨谷物,相比之下波兰是1吨谷物。波兰,因为1吨谷物的机会成本只是1台电脑,相比之下德国是3台电脑。
g. 德国应该生产电脑,而波兰应该生产谷物,因为德国生产电脑的机会成本低,而波兰生产谷物的机会成本低。这就是说,两国在生产这些物品上有各自的比较优势。
h. 对德国来说,谷物的价格应该低于3台电脑。对波兰来说,电脑的价格应该低于1吨谷物。
i. 参看图3-7。它们在生产可能性边界之外消费。
j. 德国,因为一个工人可以生产15台电脑,相比之下波兰生产8台电脑。波兰,因为一个工人可以生产8吨谷物,相比之下德国生产5吨谷物。
k. 德国在生产电脑上有比较优势。波兰在生产谷物上有比较优势。比较优势没有变。但是,由于波兰现在可以有更优的选择,因此它的状况变好了。
l. 它没有改变绝对优势或比较优势。它只使图3-7中的规模扩大了1 000万倍。

第 3 章 相互依存性与贸易的好处 ➤ 41

图 3-7

3. a.

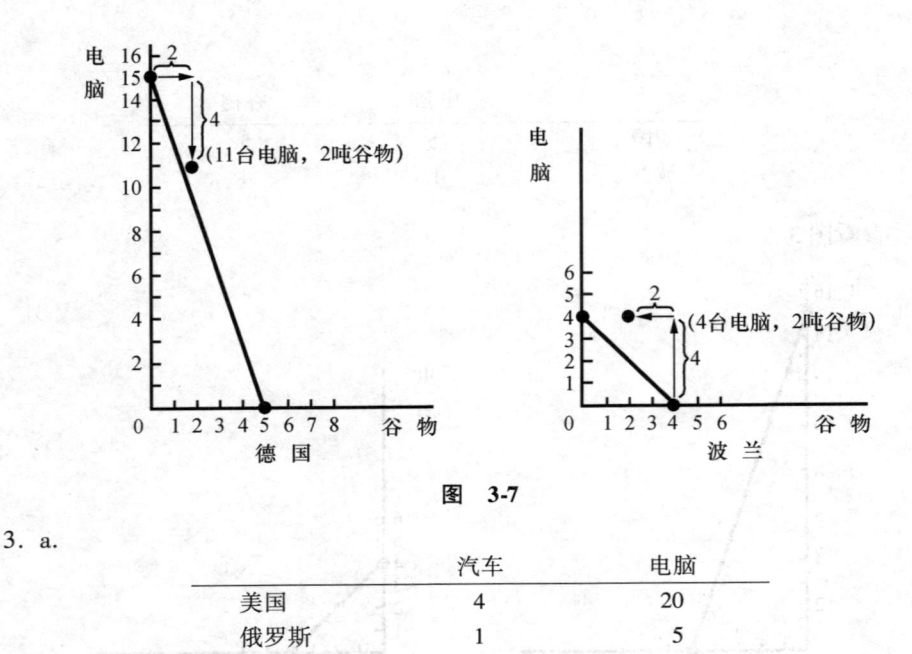

|  | 汽车 | 电脑 |
|---|---|---|
| 美国 | 4 | 20 |
| 俄罗斯 | 1 | 5 |

b. 美国,因为一个工人可以生产4辆汽车,相比之下俄罗斯生产1辆汽车。美国,因为一个工人可以生产20台电脑,相比之下俄罗斯生产5台电脑。

c. 在这两个国家,1辆汽车的机会成本都是5台电脑,1台电脑的机会成本都是1/5辆汽车。因此,两个国家在这两种物品的生产上都没有比较优势。

d. 不能。每个国家在生产物品时面临着相同的权衡取舍。

e. 是的。为了从贸易中获益,各国生产物品的机会成本之间必须存在差异。

f. 各国资源或技术的可获得性是有差别的。这就是说,工人会有不同的教育水平,土地会有不同的质量,资本会有不同的质量,或者可以获得的技术不同。

### 3.2.2 简答题

1. 因为消费者能以比他们自己生产时低得多的成本得到更多种类的物品。这就是说,贸易存在着好处。
2. 在贸易中重要的是,如果没有相互贸易,一国的成本与其他国家有怎样的差别。这是由各国之间的相对机会成本决定的。
3. 增加的产量来自生产的机会成本不同的各国专门生产自己国内机会成本低的东西。
4. 因为这迫使人们以高于他们贸易时支付的成本进行生产。
5. 是的。只要秘书每小时赚的收入少于50美元,该律师就有利可图。
6. 这句话并不正确。如果各国生产的机会成本不同,则所有国家都可以从贸易中获益。即使生产率最低的国家也在生产某种物品上有比较优势,而且它可以在该物品上以低于发达国家的机会成本与发达国家进行贸易。

### 3.3.1 判断正误题

1. 错误;绝对优势比较的是生产中所用的投入量,而比较优势比较的是机会成本。
2. 正确。
3. 正确。
4. 错误;限制贸易消除了贸易的好处。
5. 正确。
6. 正确。
7. 错误;1 包炸薯条的价格是 1/2 个汉堡包。
8. 正确。
9. 错误;自愿的贸易有利于贸易双方。
10. 错误;生产一种物品的机会成本低意味着生产另一种物品的机会成本高。
11. 正确。
12. 错误;该行业中工人的利益可能会受损。
13. 正确。
14. 错误;自愿的贸易有利于所有贸易者。
15. 正确。

### 3.3.2 单项选择题

1. b  2. a  3. d  4. d  5. c  6. b  7. a  8. c  9. c  10. a
11. d  12. b  13. a  14. b  15. d  16. b  17. c  18. b  19. d  20. c

### 3.4 进阶思考题

1. 不会。如果美国进口汽车,那么这是因为在其他地方生产汽车的机会成本低于在美国生产的机会成本。
2. 是的。那些与美国国内汽车行业相关的人——国内汽车生产者的股东和汽车工人的状况会变好。
3. 不是。当美国降低对进口的限制时,国家从增加的贸易中获益,但与国内受影响的行业相关的个人会蒙受损失。

# 第 2 篇　市场如何运行

## 第2篇 油漆田地是什

# 第 4 章
# 供给与需求的市场力量

## 目　标

**在本章中你将**

- 学习什么是竞争市场
- 考察在一个竞争市场中是什么决定一种物品的需求
- 考察在一个竞争市场中是什么决定一种物品的供给
- 理解供给和需求如何共同决定一种物品的价格和销售量
- 思考市场经济中价格在稀缺资源配置方面的关键性作用

## 效　果

**在实现这些目标之后，你应该能**

- 列出竞争市场的两个特征
- 列出影响消费者在市场上希望购买数量的因素
- 列出影响生产者在市场上希望出售数量的因素
- 画出市场中的供求图，并找出均衡价格和均衡数量
- 根据对一个经济事件的反应移动市场供给和需求曲线，并找出新的均衡价格和均衡数量

# 4.1 本章概述

## 4.1.1 本章复习

在市场经济中,供给和需求决定了每种物品的产量和销售价格。在这一章中,我们将确定供给和需求的决定因素。我们还要研究供求的变动如何改变价格,以及如何改变经济中资源的配置。

**1. 市场与竞争**

**市场**是由某种物品或服务的买者与卖者组成的一个群体。它可以是高度有组织的,像股票市场,也可以是组织程度不高的,像冰淇淋市场。**竞争市场**是有许多买者与卖者,以至于每一个人对市场价格的影响都微乎其微的市场。

完全竞争市场有两个主要特征:
- 用于销售的物品是完全相同的。
- 买者与卖者数量如此之多,以至于没有一个买者或者卖者可以影响市场价格。

如果一个市场是完全竞争的,那么可以说买者与卖者都是价格接受者,因为他们不能影响价格。完全竞争的假设适用于农产品市场,因为物品是相同的,而且没有一个买者或者卖者可以影响市场价格。

如果一个市场只有一个卖者,这个市场就被称为垄断市场。其他类型的市场都介于完全竞争和垄断这两种极端市场之间。

**2. 需求**

买者的行为用需求的概念来概括。**需求量**是买者愿意并且能够购买的一种物品的数量。尽管一种物品的需求量由很多因素共同决定,但该物品的价格起到了中心作用。需求定理说明,在其他条件相同的情况下,一种物品价格上升会减少需求量;一种物品价格下降会增加需求量。

**需求表**是表示一种物品价格和需求量之间关系的表格。**需求曲线**是表示一种物品价格(用纵轴表示)和需求量(用横轴表示)之间关系的图形。由于需求定理,需求曲线向右下方倾斜。

市场需求是在每种价格下每个买者对物品和服务的需求量的总和。这就是说,市场需求曲线是个人需求曲线的水平相加。市场需求曲线表明在每种价格下一种物品的总需求量,这时所有影响消费者想购买的数量的其他因素都保持不变。

**需求曲线的移动** 当人们改变他们在每种价格上希望购买的量时,需求曲线会移动。如果买者增加每种价格下的需求量,需求曲线向右移动,这被称为需求增加;或者,如果买者减少每种价格下的需求量,需求曲线向左移动,这被称为需求减少。使需求曲线移动的最重要因素是:

- 收入:**正常物品**是收入增加引起需求增加的物品。**低档物品**是收入增加引起需求减少的物品。
- 相关物品的价格:如果两种物品可以相互替代使用,它们就被称为**替代品**。当两种物品是替代品时,一种物品价格上升引起另一种物品需求增加。如果两种物品同时使用,它们就被称为**互补品**。当两种物品是互补品时,一种物品价格上升引起另一种物品需求减少。
- 爱好:如果你的爱好转向某种物品,就会引起该物品的需求增加。
- 预期:对未来收入或价格的预期将影响今天某种物品的需求。
- 买者数量:买者数量增加将引起一种物品市场需求的增加,因为有更多的个人需求曲线水平相加。

需求曲线是在其他变量保持不变的情况下,以纵轴代表价格、以横轴代表需求量做出的。因此,一种物品的价格变动表现为沿着需求曲线的变动,而收入、相关物品的价格、爱好、预期和买者数量的变动引起需求曲线移动。

### 3. 供给

卖者的行为用供给的概念来概括。**供给量**是卖者愿意并且能够出售的一种物品的数量。尽管一种物品的供给量由很多因素共同决定,但该物品的价格起着中心作用。一种物品价格上升使生产该物品更为有利可图。因此,供给定理说明,在其他条件不变的情况下,一种物品的价格上升会增加该物品的供给量;一种物品的价格下降会减少该物品的供给量。

**供给表**是表示一种物品价格和供给量之间关系的表格。**供给曲线**是表示一种物品价格(用纵轴表示)和供给量(用横轴表示)之间关系的图形。由于供给定理,供给曲线向右上方倾斜。

市场供给是在每种价格下每个卖者供给量的总和。这就是说,市场供给曲线是个人供给曲线的水平相加。市场供给曲线表明在每种价格下一种物品的总供给量,这时所有影响生产者想出售的数量的其他因素都保持不变。

**供给曲线的移动**　当生产者改变他们在每种价格上希望卖出的量时,供给曲线会移动。如果生产者增加每种价格下的供给量,供给曲线向右移动,这被称为供给增加;或者,如果生产者减少每种价格下的供给量,供给曲线向左移动,这被称为供给减少。使供给曲线移动的最重要因素是:
- 投入品价格:一种投入品的价格下降使生产更有利可图,从而增加供给。
- 技术:技术进步降低了成本,使生产更有利可图,从而增加供给。
- 预期:对未来的预期将影响今天某种物品的供给。
- 卖者数量:卖者数量增加将引起某种物品的市场供给增加,因为有更多的个人供给曲线水平相加。

供给曲线是在其他变量保持不变的情况下,以纵轴代表价格、以横轴代表供给量做出的。因此,一种物品的价格变动表现为沿着供给曲线的变动,而投入品价格、技术、预期和卖者数量的变动引起供给曲线移动。

### 4. 供给与需求的结合

将供给曲线和需求曲线放在同一个图上时,两者相交被称为**市场的均衡**。均衡是指市场价格达到了使供给量等于需求量时的状况。**均衡价格**,或者市场出清价格,是使需求量与供给量平衡时的价格。在均衡价格,即供给量等于需求量时,我们可以确定**均衡数量**。

市场自然而然地向其均衡变动。如果价格高于均衡价格,供给量大于需求量,存在**过剩**,或者物品的超额供给。过剩引起价格一直下降,直到实现均衡时为止。如果价格低于均衡价格,需求量大于供给量,存在**短缺**,或者物品的超额需求。短缺引起价格一直上升,直到实现均衡时为止。这种使供给量和需求量平衡的价格的自发调整被称为**供求定理**。

当一个经济事件使供给曲线或需求曲线移动时,市场均衡改变了,从而产生一个新的均衡价格与数量。当分析某个事件对市场均衡的影响时,可以运用以下三个步骤:

- 确定该事件是使供给曲线移动、需求曲线移动,还是两者都移动。
- 确定曲线移动的方向。
- 运用供求图说明这种移动如何改变均衡价格和均衡数量。

需求曲线的移动被称为"需求变动"。它是由除物品价格外影响人们希望购买的一种物品量的变量的变动引起的。一种物品价格变动引起沿着一条既定需求曲线的变动,被称为"需求量的变动"。同样,供给曲线的移动被称为"供给变动"。它是由除物品价格外影响生产者希望出售的一种物品量的变量的变动引起的。一种物品的价格变动引起沿着一条既定供给曲线的变动,被称为"供给量的变动"。

例如,一场霜冻破坏了橙子的收成,从而引起橙子的供给减少(橙子的供给曲线向左移动)。这就使橙子的价格上升,从而也减少了橙子的需求量。换言之,橙子供给减少提高了橙子的价格,并减少了橙子的购买量。

如果供给和需求曲线同时移动,那么均衡价格和数量的变动可能产生不止一种结果。例如,如果需求增加(需求曲线向右移动)而供给减少(供给曲线向左移动),价格肯定上升,但对均衡数量的影响是不确定的。在这种情况下,均衡数量的变动取决于供给和需求曲线移动的大小。

**5. 结论:价格如何配置资源**

市场会产生均衡价格。这些价格是指导稀缺资源配置的信号。物品的价格会上升到能把物品配置给那些愿意为之支付的人所需要的水平。投入品(比如说劳动)的价格会上升到引起人们去做需要完成的工作的水平。价格协调着分散的决策,以便使所有的工作都有人做,而且,对那些愿意并能够为之支付的人来说,不存在物品与服务的短缺。

## 4.1.2 有益的提示

(1)直至现在,在学习供给与需求时,大部分学生最大的困难是区分"需求变动"和"需求量的变动",以及区分"供给变动"和"供给量的变动"。记住以下这一点是有帮助的:"需求"是价格和需求量之间的全部关系。这就是说,需求是整个需求曲线,而不是需求曲线上的一点。因此,需求变动是整个需求曲线的移动,它只能由除物品价格外的需求的其他决定因素的变动引起。需求量的变动是沿着需求曲线的变动,是由物品价格的变动引起。同样,"供给"指整个供给曲线,而不是供给曲线上的一点。因此,供给变动是整个供给曲线的移动,它只能由除物品价格外的供给的其他决定因素的变动引起。供给量的变动是沿着供给曲线的变动,是由物品价格的变动引起。

(2)如果供给和需求曲线同时移动,而且我们并不知道各自移动的大小,那么价格和数量的变动就必定有一个是无法确定的。例如,如果供给增加(供给曲线向右移动),需求增加(需求曲线向右移动),则均衡数量肯定会增加,但均衡价格的变动是无法确定的。供给和需求变动的四种可能组合都是如此。你将发现,如果你确切地知道对均衡价格的影响,那么对均衡数量的影响就必定是无法确定的;如果你确切地知道对均衡数量的影响,那么对均衡价格的影响就必定是无法确定的。

## 4.1.3 术语与定义

为每个关键术语选择一个定义。

| 关键术语 | 定义 |
|---|---|
| _____ 市场 | 1. 均衡价格下的供给量与需求量 |
| _____ 竞争市场 | 2. 表示一种物品的价格与需求量之间关系的表格 |
| _____ 垄断 | 3. 表示一种物品的价格与供给量之间关系的表格 |
| _____ 需求量 | 4. 一种物品价格的上升引起另一种物品需求量增加的两种物品 |
| _____ 需求定理 | 5. 由某种物品或服务的买者与卖者组成的一个群体 |
| _____ 需求表 | 6. 只有一个卖者的市场 |
| _____ 需求曲线 | 7. 在其他条件相同时,收入增加引起需求量减少的物品 |
| _____ 正常物品 | 8. 需求量大于供给量的状态 |
| _____ 低档物品 | 9. 供给量大于需求量的状态 |
| _____ 替代品 | 10. 买者愿意并且能够购买的一种物品的数量 |
| _____ 互补品 | 11. 市场价格达到使供给量与需求量相等的水平时的状态 |
| _____ 供给量 | 12. 有许多买者与卖者,以至于每个人对市场价格的影响都微乎其微的市场 |
| _____ 供给定理 | 13. 认为在其他条件不变时,一种物品价格上升,对该物品的需求量减少的观点 |
| _____ 供给表 | 14. 表示一种物品的价格与需求量之间关系的图形 |
| _____ 供给曲线 | 15. 使供给与需求平衡的价格 |
| _____ 均衡 | 16. 卖者愿意并且能够出售的一种物品的数量 |
| _____ 均衡价格 | 17. 认为在其他条件不变时,一种物品的价格上升,该物品的供给量增加的观点 |
| _____ 均衡数量 | 18. 认为任何一种物品的价格都会自发调整,使该物品的供给与需求达到平衡的观点 |
| _____ 过剩 | 19. 一种物品价格的上升引起另一种物品需求量减少的两种物品 |
| _____ 短缺 | 20. 在其他条件相同时,收入增加引起需求量增加的物品 |
| _____ 供求定理 | 21. 表示一种物品的价格与供给量之间关系的图形 |

## 4.2 应用题与简答题

### 4.2.1 应用题

1. 假设我们有以下自行车市场的供给表与需求表:

| 价格(美元) | 需求量 | 供给量 |
| --- | --- | --- |
| 100 | 70 | 30 |
| 200 | 60 | 40 |
| 300 | 50 | 50 |
| 400 | 40 | 60 |
| 500 | 30 | 70 |
| 600 | 20 | 80 |

a. 在图 4-1 中画出自行车的供给曲线和需求曲线。

b. 自行车的均衡价格是多少？

c. 自行车的均衡数量是多少？

d. 如果自行车的价格是 100 美元，存在过剩还是短缺？有多少单位过剩或短缺？这将引起价格上升还是下降？

e. 如果自行车的价格是 400 美元，存在过剩还是短缺？有多少单位过剩或短缺？这将引起价格上升还是下降？

f. 假设自行车制造者的工会为增加工人工资而谈判。此外，再假设这个事件增加了生产成本，使自行车制造利润减少，而且在每种价格水平上使自行车供给量减少了 20 辆。在图 4-2 中画出新的供给曲线以及原来的供给曲线和需求曲线。自行车市场新的均衡价格和均衡数量是多少？

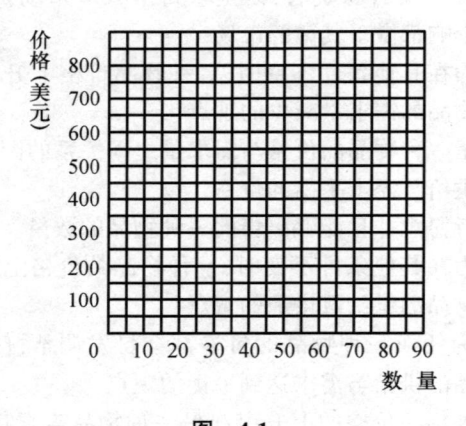

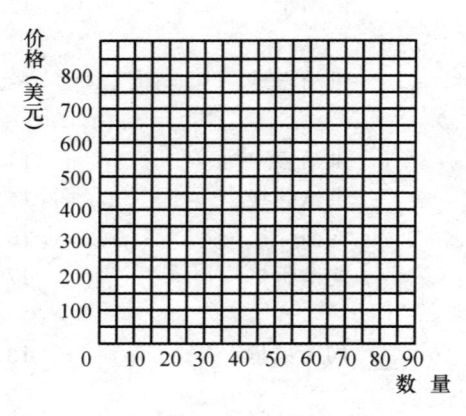

图 4-1　　　　　　　　　　　　　图 4-2

2. 下列每个事件都会对自行车市场产生影响。对每一个事件，哪一条曲线受到影响(自行车的供给曲线还是需求曲线)？向哪个方向移动？对自行车均衡价格和均衡数量带来的影响是什么？

a. 汽车价格上升。

b. 消费者的收入减少，而且自行车是正常物品。

c. 用于制造自行车车架的钢铁价格上升。

d. 环保运动使消费者的爱好向自行车变动。

e. 消费者预期未来自行车价格下降。

f. 发生了制造自行车的技术进步。

g. 自行车防护帽和鞋的价格下降。
h. 消费者的收入减少了,而且自行车是一种低档物品。
3. 以下问题分析了一个供给和需求曲线都移动的市场。
   a. 如果自行车的供给和需求都增加了,自行车市场的均衡价格和数量会发生什么变动?
   b. 如果自行车需求的增加大于供给的增加,自行车市场的均衡价格和数量会发生什么变动?

### 4.2.2 简答题

1. 完全竞争市场的两个主要特征是什么?
2. 解释需求定理。
3. 除价格外,影响消费者希望购买的一种物品量的变量是什么?
4. 正常物品和低档物品之间的差别是什么?
5. 解释供给定理。
6. 除价格外,影响生产者希望出售的一种物品量的变量是什么?
7. 假设玉米的供给者预期未来的玉米价格上升。这会如何影响玉米的供给与需求,以及均衡价格和均衡数量?
8. 如果一种物品存在过剩,其价格高于还是低于该物品的均衡价格?
9. 假设消费者的收入增加。在汽车(正常物品)市场上,这个事件引起需求增加还是需求量增加?这个事件引起供给增加还是供给量增加?解释之。
10. 假设发生了汽车制造方面的技术进步。在汽车市场上,这个事件引起供给增加还是供给量增加?这个事件引起需求增加还是需求量增加?解释之。

## 4.3 自我测试题

### 4.3.1 判断正误题

_____ 1. 完全竞争市场由相互都略有差别的物品组成。
_____ 2. 垄断市场只有一个卖者。
_____ 3. 需求定理说明,一种物品价格上升使该物品需求减少。
_____ 4. 如果苹果和橙子是替代品,苹果价格上升将使橙子的需求减少。
_____ 5. 如果高尔夫俱乐部和高尔夫球是互补品,高尔夫俱乐部价格上升将使高尔夫球的需求减少。
_____ 6. 如果消费者预期鞋的价格上升,今天鞋的需求将会增加。
_____ 7. 供给定理说明,一种物品价格上升使该物品供给量增加。
_____ 8. 钢铁的价格上升将使汽车的供给曲线向右移动。
_____ 9. 当一种物品的价格低于均衡价格时,就会引起过剩。
_____ 10. 市场供给曲线是个人供给曲线的水平相加。
_____ 11. 如果存在一种物品的短缺,该物品的价格倾向于下降。
_____ 12. 如果铅笔和纸是互补品,铅笔价格上升将引起纸的需求减少,或需求曲线向左移动。

_____ 13. 如果可口可乐和百事可乐是替代品,可口可乐价格上升将引起百事可乐市场的均衡价格和均衡数量上升。

_____ 14. 用于制造直排轮滑鞋的技术进步将引起直排轮滑鞋市场的均衡价格下降和均衡数量增加。

_____ 15. 如果咖啡需求减少且供给增加,那么,咖啡市场的均衡价格和数量都将下降。

### 4.3.2 单项选择题

1. 完全竞争的市场_____。
   a. 只有一个卖者
   b. 至少有几个卖者
   c. 有许多买者和卖者
   d. 有能确定自己价格的企业
   e. 以上各项都不是

2. 如果蓝牛仔裤价格上升引起网球鞋需求增加,那么,蓝牛仔裤和网球鞋是_____。
   a. 替代品
   b. 互补品
   c. 正常物品
   d. 低档物品
   e. 以上各项都不是

3. 需求定理说明,一种物品价格上升引起_____。
   a. 该物品需求减少
   b. 该物品需求量减少
   c. 该物品供给增加
   d. 该物品供给量增加
   e. 以上各项都不是

4. 供给定理说明,一种物品价格上升引起_____。
   a. 该物品需求减少
   b. 该物品需求量减少
   c. 该物品供给增加
   d. 该物品供给量增加
   e. 以上各项都不是

5. 如果消费者收入增加引起野营设备需求减少,那么,野营设备是_____。
   a. 互补品
   b. 替代品
   c. 正常物品
   d. 低档物品
   e. 以上各项都不是

6. 垄断市场_____。
   a. 只有一个卖者
   b. 至少有几个卖者
   c. 有许多买者与卖者
   d. 有作为价格接受者的企业
   e. 以上各项都不是

7. 下列哪个事件使手表的需求曲线向右移动?
   a. 手表的价格下降。
   b. 如果手表是正常物品,消费者收入减少。
   c. 如果手表电池与手表是互补品,手表电池价格下降。
   d. 手表的价格上升。
   e. 以上各项都不是。

8. 以下各项都使手表的供给曲线向右移动,除了_____。
   a. 手表的价格上升
   b. 用于制造手表的技术进步
   c. 用于制造手表的工人工资下降
   d. 制造者预期未来手表价格下降
   e. 以上各项都引起手表供给增加

9. 如果一种物品价格高于均衡价格,则_____。
   a. 存在过剩,而且价格将上升
   b. 存在过剩,而且价格将下降
   c. 存在短缺,而且价格将上升
   d. 存在短缺,而且价格将下降
   e. 需求量等于供给量,而且价格保持不变

10. 如果一种物品价格低于均衡价格，则_____。
    a. 存在过剩，而且价格将上升
    b. 存在过剩，而且价格将下降
    c. 存在短缺，而且价格将上升
    d. 存在短缺，而且价格将下降
    e. 需求量等于供给量，而且价格保持不变

11. 如果一种物品的价格等于均衡价格，则_____。
    a. 存在过剩，而且价格将上升
    b. 存在过剩，而且价格将下降
    c. 存在短缺，而且价格将上升
    d. 存在短缺，而且价格将下降
    e. 需求量等于供给量，而且价格保持不变

12. 一种物品需求增加（需求曲线向右移动）将会引起_____。
    a. 均衡价格和数量增加
    b. 均衡价格和数量减少
    c. 均衡价格上升，而均衡数量减少
    d. 均衡价格下降，而均衡数量增加
    e. 以上各项都不是

13. 一种物品供给减少（供给曲线向左移动）将会引起_____。
    a. 均衡价格和数量增加
    b. 均衡价格和数量减少
    c. 均衡价格上升，而均衡数量减少
    d. 均衡价格下降，而均衡数量增加
    e. 以上各项都不是

14. 假设个人电脑的供给和需求都增加。在个人电脑市场上，我们可以预期_____。
    a. 均衡数量增加，均衡价格上升
    b. 均衡数量增加，均衡价格下降
    c. 均衡数量增加，均衡价格保持不变
    d. 均衡数量增加，均衡价格的变动是无法确定的
    e. 均衡数量的变动是无法确定的，均衡价格上升

15. 假设个人电脑的供给和需求都增加。再假设个人电脑供给的增加大于个人电脑需求的增加。在个人电脑市场上，我们可以预期_____。
    a. 均衡数量增加，均衡价格上升
    b. 均衡数量增加，均衡价格下降
    c. 均衡数量增加，均衡价格保持不变
    d. 均衡数量增加，均衡价格的变动是无法确定的
    e. 均衡数量的变动是无法确定的，均衡价格下降

16. 下面哪一种关于莴苣价格上升影响的表述是正确的？
    a. 莴苣的需求将减少。
    b. 莴苣的供给将减少。
    c. 沙拉调味品的均衡价格和数量将增加。
    d. 沙拉调味品的均衡价格和数量将减少。
    e. a 和 b 都对。

17. 假设一场霜冻摧毁了佛罗里达的橙子收成。同时，假设消费者的爱好转向了橙汁。我们预期在橙汁市场上均衡价格和数量会发生什么变动？
    a. 价格将上升，数量是无法确定的。
    b. 价格将上升，数量将增加。
    c. 价格将上升，数量将减少。
    d. 价格将下降，数量是无法确定的。
    e. 对价格和数量的影响都是不确定的。

18. 假设消费者的爱好转向苹果消费。以下哪一种说法是对苹果市场上这个事件的影响的正确描述？
    a. 苹果的需求增加，苹果的供给量增加。
    b. 苹果的需求和供给都增加。
    c. 苹果的需求量增加，苹果的供给增加。
    d. 苹果的需求增加，苹果的供给

第 4 章 供给与需求的市场力量 ▶ 55

　　　　减少。
　　　e. 苹果的需求量减少,苹果的供给增加。
19. 假设小麦的买者和卖者都预期近期内小麦价格将上升。我们预期今天的小麦市场上均衡价格和数量会发生什么变动?
　　　a. 对价格和数量的影响都是无法确定的。
　　　b. 价格将上升,数量是不确定的。
　　　c. 价格将上升,数量将增加。
　　　d. 价格将上升,数量将减少。
　　　e. 价格将下降,数量是不确定的。
20. 低档物品是收入增加引起_____的物品。
　　　a. 供给增加
　　　b. 供给减少
　　　c. 需求增加
　　　d. 需求减少

## 4.4 进阶思考题

你正在收看国家新闻播报。据报道,提前到来的暴风雪将袭击华盛顿州,并且很可能摧毁今年的苹果收成。你的室友说:"如果能得到的苹果少了,我相信苹果价格将上升。我们应该购买大量苹果并贮藏起来。以后我们出售这些苹果就会赚一大笔钱。"

1. 如果这条有关暴风雪的信息是可以公开获得的,所以苹果市场上的所有买者和卖者都预期未来苹果价格上升,那么,现在苹果的需求与供给,以及苹果的均衡价格和数量会发生什么变动呢?
2. 你能用公开信息"战胜市场"吗?也就是说,你能利用公开获得的信息去帮助你廉价地购买某种东西,并迅速以高价格卖出吗?为什么?
3. 假设你的朋友在美国气象局工作。她打电话给你,并向你提供关于暴风雪来临的内部信息——公众得不到的信息。你能用内部信息"战胜市场"吗?为什么?

## 习　题　答　案

### 4.1.3 术语与定义

| | | | |
|---|---|---|---|
| 5 | 市场 | 16 | 供给量 |
| 12 | 竞争市场 | 17 | 供给定理 |
| 6 | 垄断 | 3 | 供给表 |
| 10 | 需求量 | 21 | 供给曲线 |
| 13 | 需求定理 | 11 | 均衡 |
| 2 | 需求表 | 15 | 均衡价格 |
| 14 | 需求曲线 | 1 | 均衡数量 |
| 20 | 正常物品 | 9 | 过剩 |
| 7 | 低档物品 | 8 | 短缺 |
| 4 | 替代品 | 18 | 供求定理 |
| 19 | 互补品 | | |

### 4.2.1 应用题

1. a. 参看图 4-3。
   b. 300 美元。
   c. 50 辆自行车。
   d. 短缺，70 - 30 = 40 辆，价格将上升。
   e. 过剩，60 - 40 = 20 辆，价格将下降。
   f. 参看图 4-4，均衡价格为 400 美元，均衡数量为 40 辆自行车。

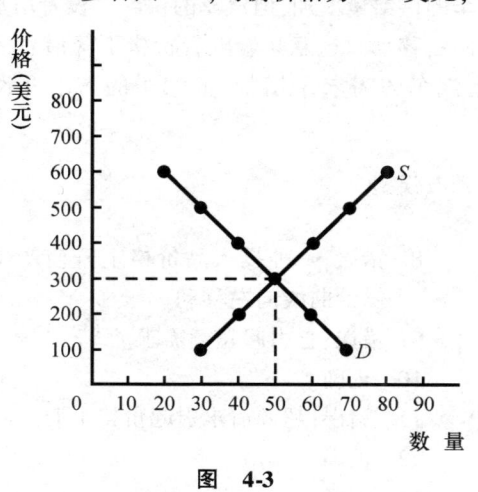

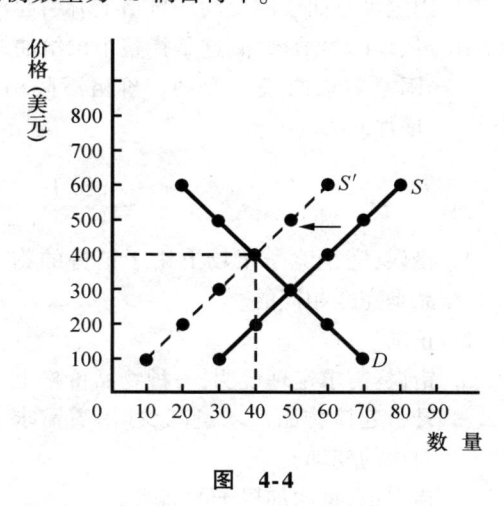

图 4-3

图 4-4

2. a. 需求曲线，向右移动，均衡价格和数量上升。
   b. 需求曲线，向左移动，均衡价格和数量下降。
   c. 供给曲线，向左移动，均衡价格上升，均衡数量下降。
   d. 需求曲线，向右移动，均衡价格和数量上升。
   e. 需求曲线，向左移动，均衡价格和数量下降。
   f. 供给曲线，向右移动，均衡价格下降，均衡数量上升。
   g. 需求曲线，向右移动，均衡价格和数量上升。
   h. 需求曲线，向右移动，均衡价格和数量上升。
3. a. 均衡数量将上升，均衡价格是不确定的。
   b. 均衡价格和数量都将上升。

### 4.2.2 简答题

1. 用于销售的物品都是相同的；有如此多的买者和卖者，以至于没有一个买者或卖者可以影响市场价格。
2. 在其他条件不变时，一种物品的价格与需求量负相关。
3. 这些变量是收入、相关物品的价格、爱好、预期与市场上的买者数量。
4. 当收入增加时，正常物品的需求增加或者说需求曲线向右移动。当收入增加时，低档物品的需求减少或者说需求曲线向左移动。

5. 在其他条件不变时,一种物品的价格与供给量正相关。
6. 这些变量是投入品价格、技术、预期和市场上的卖者数量。
7. 因为卖者预期未来价格上升从而利润增加,所以他们会保留所提供的东西,现在市场上玉米的供给减少(供给曲线向左移动)。如果只有卖者预期价格上升,需求就不受影响。均衡价格将上升,而均衡数量将下降。
8. 价格应该高于均衡价格。
9. 汽车的需求增加,这是指整个需求曲线向右移动。这意味着随着价格上升沿着一条固定供给曲线的变动。价格上升引起汽车的供给量增加,但汽车的供给并没有增加。
10. 汽车的供给增加,这是指整个供给曲线向右移动。这意味着随着价格下降沿着一条固定需求曲线的变动。价格下降引起汽车的需求量增加,但汽车的需求并没有增加。

### 4.3.1 判断正误题

1. 错误;完全竞争市场上用于销售的物品是完全相同的。
2. 正确。
3. 错误;需求定理说明,一种物品价格上升引起该物品需求量减少(沿着需求曲线的变动)。
4. 错误;它将增加橙子的需求。
5. 正确。
6. 正确。
7. 正确。
8. 错误;一种投入品价格上升使产出的供给曲线向左移动。
9. 错误;它引起超额需求。
10. 正确。
11. 错误;超额需求引起价格上升。
12. 正确。
13. 正确。
14. 正确。
15. 错误;均衡价格下降,但对均衡数量的影响是无法确定的。

### 4.3.2 单项选择题

1. c  2. a  3. b  4. d  5. d  6. a  7. c  8. a  9. b  10. c
11. e  12. a  13. c  14. d  15. b  16. d  17. a  18. a  19. b  20. d

### 4.4 进阶思考题

1. 由于卖者希望以后以高价出售苹果,现在减少供给(供给曲线向左移动);而由于买者希望在价格上升之前购买苹果,需求增加(需求曲线向右移动)。所以价格将马上上升,而交易量是无法确定的。
2. 不能。通常市场会迅速调整,以至于在业余的投机者能进行购买之前,价格已经变动到其新的均衡值。
3. 能。在这种情况下,你可以在市场对暴风雪的信息做出反应之前进行你的购买。

# 第 5 章
# 弹性及其应用

## 目　标

**在本章中你将**
- 学习需求弹性的含义
- 考察决定需求弹性的因素是什么
- 学习供给弹性的含义
- 考察决定供给弹性的因素是什么
- 在三种非常不同的市场上运用弹性的概念

## 效　果

**在实现这些目标之后，你应该能**
- 计算需求的价格弹性和收入弹性
- 区分必需品和奢侈品的需求价格弹性
- 计算供给的价格弹性
- 区分缺乏弹性和富有弹性的供给曲线
- 说明需求价格弹性对总收益的影响

## 5.1 本章概述

### 5.1.1 本章复习

在第4章中,我们知道了,在市场上,价格上升会减少需求量并增加供给量。在本章中,我们将提出弹性的概念,以便分析需求量和供给量对价格这类市场条件变动的反应程度会有多大。

**1. 需求弹性**

为了衡量需求对其决定因素变动的反应,我们使用**弹性**的概念。**需求价格弹性**衡量一种物品需求量对该物品价格变动的反应程度,用需求量变动百分比除以价格变动百分比来计算。

如果价格变动引起需求量相当大的变动,那么需求是**富有弹性**的。如果价格变动引起需求量微小的变动,那么需求是**缺乏弹性**的。需求曲线对价格是富有弹性还是缺乏弹性取决于以下因素:

- 相近替代品的可获得性:有相近替代品的物品对价格变动更敏感,从而富有价格弹性。
- 必需品与奢侈品:必需品的需求是缺乏弹性的,而奢侈品的需求是富有弹性的。由于一个人生活中不能没有必需品,因此,价格上升对需求量的影响微不足道。但是,价格上升会大大减少奢侈品的需求量。
- 市场的定义:我们定义的市场范围越狭窄,相近的替代品就可能越多,从而需求曲线就更加富有价格弹性。
- 时间范围:我们研究的时间段越长,相近替代品的可获得性就越大,从而需求曲线更加富有价格弹性。

计算需求价格弹性的公式是:

$$需求价格弹性 = \frac{需求量变动百分比}{价格变动百分比}$$

由于需求价格弹性总是负的,习惯上把负号去掉,表示为正数。

当我们计算一条需求曲线上任意两点间的价格弹性时,如果我们把价格变动和数量变动作为各自起始值的百分比,那么根据我们选择哪一点作为开始以及哪一点作为结束,我们会得出不同的答案。为了避免这个问题,经济学家通常用中点法来计算弹性。用这种方法时,对于数量和价格变动百分比的计算,我们是用变量的变动除以曲线上两点间的均值或中值,而不是除以曲线的起点值。因此,用中点法计算的需求价格弹性公式是:

$$需求价格弹性 = \frac{(Q_2 - Q_1)/[(Q_2 + Q_1)/2]}{(P_2 - P_1)/[(P_2 + P_1)/2]}$$

如果需求价格弹性大于1,需求就富有弹性;如果弹性小于1,需求就缺乏弹性;如果弹性等于1,我们就说需求有单位弹性;如果弹性是零,需求完全无弹性(垂直的);如果弹性无穷大,需求完全有弹性(水平的)。一般来说,需求曲线越平坦,越富有弹性;需求曲线越陡峭,越缺乏弹性。

**总收益**是买者支付的量和卖者得到的量,用价格乘以销售量来计算。需求弹性决定了价格变动对总收益的影响：

- 如果需求缺乏价格弹性(价格弹性小于1)，价格上升将使总收益增加，因为价格上升的比例大于需求量减少的比例。
- 如果需求富有价格弹性(价格弹性大于1)，价格上升将使总收益减少，因为需求量减少的比例大于价格上升的比例。
- 如果需求有单位弹性(价格弹性正好等于1)，价格变动并不影响总收益，因为价格上升的比例等于需求量减少的比例。

沿着一条线性需求曲线，价格弹性并不是不变的。当价格高而数量少时，价格弹性大，因为价格变动引起需求量变动的百分比大；当价格低而数量多时，价格弹性小，因为价格变动引起需求量变动的百分比小。

还有其他需求弹性。**需求收入弹性**衡量一种物品需求量对消费者收入变动的反应程度，用需求量变动百分比除以收入变动百分比来计算，或者：

$$需求收入弹性 = \frac{需求量变动百分比}{收入变动百分比}$$

对于**正常物品**，收入弹性是正的。对于**低档物品**，收入弹性是负的。在正常物品范围之内，食物这类必需品的收入弹性较小，因为当收入变动时，需求量变动很小。奢侈品的收入弹性较大。

**需求的交叉价格弹性**衡量一种物品需求量变动对另一种物品价格变动的反应程度，用一种物品需求量变动百分比除以另一种物品价格变动百分比来计算，或者：

$$需求的交叉价格弹性 = \frac{物品1需求量变动百分比}{物品2价格变动百分比}$$

替代品的需求交叉价格弹性是正的，而互补品的需求交叉价格弹性是负的。

### 2. 供给弹性

**供给价格弹性**衡量一种物品供给量对该物品价格变动的反应程度，用供给量变动百分比除以价格变动百分比来计算。

如果价格变动引起的供给量变动大，那么供给是富有弹性的。如果价格变动引起的供给量变动小，那么供给是缺乏弹性的。当卖者可以更灵活地改变他们生产的一种物品的数量以应对价格变动时，供给更富有弹性。一般来说，所考察的时间越短，卖者选择生产多少的灵活性越小，供给曲线也就越缺乏弹性。

计算供给价格弹性的公式是：

$$供给价格弹性 = \frac{供给量变动百分比}{价格变动百分比}$$

如果供给价格弹性大于1，供给就富有弹性；如果弹性小于1，供给就缺乏弹性；如果弹性等于1，供给有单位弹性；如果弹性是零，供给完全无弹性(垂直的)；如果弹性无穷大，供给完全有弹性(水平的)。一般来说，供给曲线越平坦，越富有弹性；供给曲线越陡峭，越缺乏弹性。

沿着一条既定的供给曲线，供给价格弹性并不是不变的。在数量少时，价格小幅度上升会刺激供给量大幅增加，因为生产设备有过剩的生产能力，因此，价格弹性大。在数量多时，价格大幅度上升可能只引起供给量小幅增加，因为生产设备处于充分利用状态，因此，价格弹性小。

### 3. 供给、需求和弹性的三个应用

- 农产品市场：技术进步使农产品供给曲线向右移动。但是，食物的需求通常是缺乏弹性的（陡峭），因为食物并不昂贵，而且是必需品。结果，供给曲线向右上方移动引起均衡价格大幅度下降，以及均衡量少量增加。因此，不得不承认的是，农业技术进步减少了农民这个群体的总收益。
- 石油市场：在20世纪70年代和80年代初期，石油输出国组织（OPEC）为了提高价格而减少石油产量。在短期中，石油的需求是缺乏弹性的（陡峭），因为消费者不容易找到替代品。因此，供给减少大大提高了石油价格，并增加了生产者的总收益。但是，在长期中，消费者找到了替代品，并开更省油的汽车，这使石油需求变得富有弹性，而且，生产者开发出更多石油，这使供给变得富有弹性。结果，短期中石油价格大幅度上升，长期中则上升幅度并不大。
- 毒品市场：在短期中，毒品的需求是较为缺乏弹性的。这导致减少毒品供给的禁毒政策往往使毒品价格大幅度上升，而消费量下降则很少，因此，吸毒者支付的总收益增加了。吸毒者所需资金增加，这可能会引起与毒品相关的犯罪增加。在长期中，这种总收益和犯罪的增加是较少的，因为随着时间推移，毒品的需求会变得更富有弹性。换句话说，在长期中，旨在减少毒品需求的政策减少了毒品市场上的总收益，并减少了与毒品相关的犯罪。

### 4. 结论

供给和需求工具使你可以分析影响经济的最重要的事件和政策。

## 5.1.2 有益的提示

（1）记住富有弹性和缺乏弹性这两个术语之间差别的一种简单易行的方法是用敏感性这个词代替弹性。例如，需求价格弹性变为需求价格敏感性。如果需求量对价格变动敏感（需求曲线较为平坦），需求就富有弹性。如果需求量对价格变动不敏感（需求曲线较为陡峭），需求就缺乏弹性。同样的情况对于供给价格弹性也是适用的。如果供给量对价格变动敏感，供给就富有弹性。如果供给量对价格变动不敏感，供给就缺乏弹性。

（2）虽然弹性和斜率有相似之处，但它们并不一样。沿着一条直线，斜率是不变的。在一条直线上，斜率（向上量对向前量）在任何地方都是相同的，而且可以用因变量的变动除以自变量的变动来衡量。但是，弹性是用因变量变动的百分比除以自变量变动的百分比来衡量的。沿着一条直线上的弹性值是变动的，因为与最初值大的情况相反，当最初值小时，变量的一单位变动会产生较大的百分比变动。但是，实际中，认为较平坦的曲线倾向于更富有弹性，而较陡峭的曲线倾向于更缺乏弹性是合理的。

（3）"弹性"这个术语用于描述数量的伸缩（或变动）对一些经济事件如价格或收入变动的反应程度。如果当价格或收入变动时，数量的伸缩大，就认为它是富有弹性的。以下这个记忆图像也会有助于你计算弹性——分子表示数量变动的百分比，分母表示引起数量变动的变量变动的百分比。

## 5.1.3 术语与定义

为每个关键术语选择一个定义。

| 关键术语 | 定　义 |
|---|---|
| _____ 弹性 | 1. 衡量一种物品需求量对消费者收入变动反应程度的指标 |
| _____ 需求价格弹性 | 2. 当需求量或供给量对其某种决定因素的变动做出很大的反应时 |
| _____ 富有弹性 | 3. 以负收入弹性为特征的物品 |
| _____ 缺乏弹性 | 4. 衡量需求量或供给量对其某种决定因素的反应程度的指标 |
| _____ 总收益 | 5. 以正收入弹性为特征的物品 |
| _____ 需求收入弹性 | 6. 衡量一种物品供给量对其价格变动反应程度的指标 |
| _____ 需求的交叉价格弹性 | 7. 当需求量或供给量对其某种决定因素的变动做出很小的反应时 |
| _____ 供给价格弹性 | 8. 一种物品的买者支付从而卖者得到的量,用该物品的价格乘以销售量($P \times Q$)来计算 |
| _____ 正常物品 | 9. 衡量一种物品需求量对其价格变动反应程度的指标 |
| _____ 低档物品 | 10. 衡量一种物品的需求量对另一种物品价格变动的反应程度的指标 |

## 5.2　应用题与简答题

### 5.2.1　应用题

1. 对于下列每一对物品,你预期哪一种物品的需求更富有弹性？为什么？
   a. 香烟；初春到佛罗里达的旅游
   b. 下个月的艾滋病疫苗；以后 5 年的艾滋病疫苗
   c. 啤酒；百威啤酒
   d. 胰岛素；阿司匹林

2. 假设《每日新闻》估计,如果它把自己报纸的价格从 1 美元提高到 1.5 美元,那么订户数将从 5 万下降到 4 万。
   a. 当用中点法计算弹性时,《每日新闻》的需求价格弹性是多少？
   b. 使用中点法的好处是什么？
   c. 如果《每日新闻》只关心总收益最大化,它应该把报纸的价格从 1 美元提高到 1.5 美元吗？为什么？

3. 下表提供了小镇汽车旅馆房间的需求表。用所提供的信息填充此表。根据你在表中填写的内容回答以下问题。用中点法来计算用于生成弹性的百分比变动。

| 价格<br>（美元） | 需求量 | 总收益<br>（美元） | 价格变动百分比<br>（%） | 数量变动百分比<br>（%） | 弹性 |
| --- | --- | --- | --- | --- | --- |
| 20 | 24 | _____ | | | |
| 40 | 20 | _____ | _____ | _____ | _____ |
| 60 | 16 | _____ | _____ | _____ | _____ |
| 80 | 12 | _____ | _____ | _____ | _____ |
| 100 | 8 | _____ | _____ | _____ | _____ |
| 120 | 4 | _____ | _____ | _____ | _____ |

  a. 在哪个价格范围内汽车旅馆房间的需求富有弹性？为了使总收益最大化，小镇汽车旅馆应该在这个范围内提价还是降价？

  b. 在哪个价格范围内汽车旅馆房间的需求缺乏弹性？为了使总收益最大化，小镇汽车旅馆应该在这个范围内提价还是降价？

  c. 在哪个价格范围内汽车旅馆房间的需求有单位弹性？为了使总收益最大化，小镇汽车旅馆应该在这个范围内提价还是降价？

4. 当消费者收入从5万美元增加到6万美元时，第3题的需求表变成了以下的需求表。用这些信息回答以下问题。用中点法来计算用于生成弹性的百分比变动。

| 价格（美元） | 收入为5万美元时的需求量 | 收入为6万美元时的需求量 |
| --- | --- | --- |
| 20 | 24 | 34 |
| 40 | 20 | 30 |
| 60 | 16 | 26 |
| 80 | 12 | 22 |
| 100 | 8 | 18 |
| 120 | 4 | 14 |

  a. 当旅馆以40美元出租房间时，需求收入弹性是多少？

  b. 当旅馆以100美元出租房间时，需求收入弹性是多少？

  c. 汽车旅馆房间是正常物品还是低档物品？为什么？

  d. 汽车旅馆房间可能是必需品还是奢侈品？为什么？

5. 对下列每一对物品，你预期哪一种物品的供给更富有弹性？为什么？

  a. 电视机；海滨房产

  b. 下一周的原油；明年的原油

  c. 凡·高的油画；凡·高油画的印刷品

## 5.2.2 简答题

1. 需求价格弹性的四个主要决定因素是什么？
2. 如果需求是缺乏弹性的，则价格上升将增加还是减少总收益？为什么？
3. 如果汽水的价格翻了一番，从每罐1美元上升到每罐2美元，而你仍购买相同的量，那么你的汽水需求价格弹性是多少？需求富有弹性还是缺乏弹性？
4. 如果百事可乐的价格上升了1美分，而且这使你完全不再买百事可乐而转向可口可乐，那么你对百事可乐的需求价格弹性是多少？需求富有弹性还是缺乏弹性？

5. 假设你的收入增加了 20%，而你对鸡蛋的需求量减少了 10%，那么你对鸡蛋的需求收入弹性是多少？对你来说，鸡蛋是正常物品还是低档物品？
6. 假设一个企业用一半的生产能力运营。其产出的供给曲线是较为富有弹性还是缺乏弹性？为什么？
7. 当在一天的范围内来衡量鲜鱼的供给价格弹性时，它可能是富有弹性还是缺乏弹性？为什么？
8. 如果需求曲线是线性的，那么沿着需求曲线的弹性不变吗？哪一部分会富有弹性？哪一部分会缺乏弹性？为什么？
9. 假设玉米的价格为每蒲式耳 2 美元时，供给量是 2 500 万吨；价格为每蒲式耳 3 美元时，供给量是 3 000 万吨。玉米的供给弹性是多少？供给是富有弹性还是缺乏弹性？
10. 假设当苹果的价格上升 20% 时，橙子的需求量增加了 6%。苹果和橙子之间的需求交叉价格弹性是多少？这两种物品是替代品还是互补品？

## 5.3 自我测试题

### 5.3.1 判断正误题

_____ 1. 如果一种物品的需求量对该物品价格的变动敏感，可以说需求缺乏价格弹性。
_____ 2. 用中点法计算弹性，如果铅笔的价格由 10 美分上升到 20 美分，需求量从 1 000 支减少到 500 支，那么，铅笔的需求具有单位价格弹性。
_____ 3. 对轮胎的需求应该比对固特异牌轮胎的需求更缺乏弹性。
_____ 4. 这个月阿司匹林的需求应该比今年阿司匹林的需求更富有弹性。
_____ 5. 需求价格弹性的定义为某种物品价格变动的百分比除以该物品需求量变动的百分比。
_____ 6. 如果两种物品之间的需求交叉价格弹性是正的，那么这两种物品可能是互补品。
_____ 7. 如果一种物品的需求缺乏价格弹性，那么，其价格上升将增加那个市场上的总收益。
_____ 8. 对必需品如胰岛素的需求往往是富有弹性的。
_____ 9. 如果需求曲线是线性的，那么沿着这条曲线的需求价格弹性是不变的。
_____ 10. 如果乘公共汽车的需求收入弹性是负的，那么，乘公共汽车就是低档物品。
_____ 11. 本周的汽车供给很可能比今年的汽车供给更为缺乏价格弹性。
_____ 12. 如果蓝色牛仔裤的供给价格弹性是 1.3，那么，蓝色牛仔裤的价格上升 10%，它的供给量就会增加 13%。
_____ 13. 随着企业的生产设备达到其最大生产能力，供给倾向于更缺乏价格弹性。
_____ 14. 技术进步使市场供给曲线向右移动，这种情况会增加生产者获得的总收益。
_____ 15. 对钻石等奢侈品的需求收入弹性往往很大（大于 1）。

## 5.3.2 单项选择题

1. 如果一种物品价格小幅上涨导致该物品的需求量大大减少,那么,该物品的需求是_____。
   a. 缺乏价格弹性的
   b. 富有价格弹性的
   c. 单位价格弹性的
   d. 缺乏收入弹性的
   e. 富有收入弹性的

2. 需求价格弹性的定义为_____。
   a. 一种物品价格变动的百分比除以该物品需求量变动的百分比
   b. 收入变动的百分比除以需求量变动的百分比
   c. 一种物品需求量变动的百分比除以该物品价格变动的百分比
   d. 需求量变动的百分比除以收入变动的百分比
   e. 以上各项都不是

3. 一般来说,需求曲线越平坦,越可能的情况是_____。
   a. 富有价格弹性
   b. 缺乏价格弹性
   c. 单位价格弹性
   d. 以上各项都不对

4. 一般来说,供给曲线越陡峭,越可能的情况是_____。
   a. 富有价格弹性
   b. 缺乏价格弹性
   c. 单位价格弹性
   d. 以上各项都不对

5. 下列哪一种情况会引起一种物品的需求曲线缺乏价格弹性?
   a. 该物品有大量替代品。
   b. 该物品是低档物品。
   c. 该物品是奢侈品。
   d. 该物品是必需品。

6. 下列哪一种物品的需求可能是最缺乏价格弹性的?
   a. 飞机票。
   b. 公共汽车票。
   c. 乘出租汽车。
   d. 交通。

7. 如果两种物品之间的交叉价格弹性是负的,那么,这两种物品很可能是_____。
   a. 奢侈品
   b. 必需品
   c. 互补品
   d. 替代品

8. 如果一种物品的供给曲线是富有价格弹性的,那么_____。
   a. 供给量对该物品的价格变动是敏感的
   b. 供给量对该物品的价格变动是不敏感的
   c. 需求量对该物品的价格变动是敏感的
   d. 需求量对该物品的价格变动是不敏感的
   e. 以上各项都不对

9. 如果一个渔民在鱼腐烂之前无论得到什么价格都必须把他当天捕到的鱼卖出去,那么一旦捕到了鱼,渔民对鲜鱼的供给价格弹性就是_____。
   a. 0
   b. 1
   c. 无限大
   d. 根据这个信息不能来判断

10. 在某个市场上供给减少(向左移动)会带来总收益增加的条件是_____。
    a. 供给是富有价格弹性的
    b. 供给是缺乏价格弹性的
    c. 需求是富有价格弹性的
    d. 需求是缺乏价格弹性的

11. 如果一种物品价格上升对那个市场的总收益没有影响，需求必须是_____。
    a. 缺乏价格弹性
    b. 富有价格弹性
    c. 单位价格弹性
    d. 以上各项都是

12. 如果消费者总是把他们收入的15%用于食物，那么，食物的需求收入弹性是_____。
    a. 0.15
    b. 1.00
    c. 1.15
    d. 1.50
    e. 以上各项都不对

13. 农业技术进步使农产品供给向右移动，这使得_____。
    a. 农民整体的总收益减少，因为食物的需求缺乏弹性
    b. 农民整体的总收益减少，因为食物的需求富有弹性
    c. 农民整体的总收益增加，因为食物的需求缺乏弹性
    d. 农民整体的总收益增加，因为食物的需求富有弹性

14. 如果供给是缺乏价格弹性的，供给价格弹性的值必定是_____。
    a. 0
    b. 小于1
    c. 大于1
    d. 无限大
    e. 以上各项都不对

15. 如果存在生产设备的能力过剩，则企业的供给曲线很可能_____。
    a. 缺乏价格弹性
    b. 富有价格弹性
    c. 单位价格弹性
    d. 以上各项都不对

根据以下信息回答第16—17题。假设当小镇有线电视每月的价格为30美元时，订户为3万户。如果把小镇有线电视每月的价格提高到40美元，订户将减少为2万户。

16. 用中点法计算弹性，小镇有线电视的需求价格弹性是多少？
    a. 0.66
    b. 0.75
    c. 1.0
    d. 1.4
    e. 2.0

17. 在以下哪一种价格时，小镇有线电视赚到的总收益最大？
    a. 每月30或40美元，因为需求价格弹性是1.0。
    b. 每月30美元。
    c. 每月40美元。
    d. 每月0美元。

18. 如果需求是线性的（一条直线），那么_____。
    a. 需求价格弹性沿着需求曲线不变
    b. 需求曲线上半部分缺乏弹性，而下半部分富有弹性
    c. 需求曲线上半部分富有弹性，而下半部分缺乏弹性
    d. 需求曲线全都富有弹性
    e. 需求曲线全都缺乏弹性

19. 如果一种物品的需求收入弹性是负的，它必定是_____。
    a. 奢侈品
    b. 正常物品
    c. 低档物品
    d. 富有弹性的物品

20. 如果消费者认为一种物品很少有替代品，那么_____。
    a. 供给将是富有价格弹性的
    b. 供给将是缺乏价格弹性的
    c. 需求将是富有价格弹性的
    d. 需求将是缺乏价格弹性的
    e. 以上各项都不对

第5章 弹性及其应用 ▶ 67

## 5.4 进阶思考题

为了减少青少年吸烟,政府对每盒香烟征收 2 美元的包装税。一个月以后,尽管对消费者来说价格大大上升,但香烟的需求量只有微不足道的减少。

1. 在一个月内香烟的需求富有弹性还是缺乏弹性?
2. 假设你负责一家烟草企业的产品定价。企业总裁建议,上个月的证据表明香烟行业应该团结起来进一步提高香烟价格,因为香烟行业的总收益肯定会增加。你们企业总裁的想法正确吗? 为什么?
3. 另一种情况,假设你们烟草企业的总裁建议,你们烟草企业应该不管其他烟草企业,提高自己香烟的价格,因为证据显然表明吸烟者对香烟价格的变动并不敏感。如果企业总裁想使总收益最大化,他这样做正确吗? 为什么?

# 习 题 答 案

## 5.1.3 术语与定义

| __4__ 弹性 | __1__ 需求收入弹性 |
| --- | --- |
| __9__ 需求价格弹性 | __10__ 需求的交叉价格弹性 |
| __2__ 富有弹性 | __6__ 供给价格弹性 |
| __7__ 缺乏弹性 | __5__ 正常物品 |
| __8__ 总收益 | __3__ 低档物品 |

## 5.2.1 应用题

1. a. 到佛罗里达旅游,因为这是奢侈品,而香烟是必需品(对吸烟者而言)。
   b. 以后 5 年的艾滋病疫苗,因为在这个时期内可能开发出更多替代品(替代药物),而且,在更长的时期内,消费者的行为也可能改变。
   c. 百威啤酒,因为它的市场定义比啤酒更狭窄,因此百威啤酒比啤酒有更多的替代品。
   d. 阿司匹林,因为阿司匹林有许多替代品,而胰岛素没什么替代品。
2. a. (10 000/45 000)/(0.50 美元/1.25 美元) = 0.56
   b. 用中点法,因为无论价格从 1 美元开始上升到 1.5 美元,还是从 1.5 美元开始下降到 1 美元,弹性的值都是相同的。
   c. 是的。因为需求价格弹性小于 1(缺乏弹性),价格上升将增加总收益。

3.

| 价格<br>（美元） | 需求量 | 总收益<br>（美元） | 价格变动百分比<br>（%） | 数量变动百分比<br>（%） | 弹性 |
|---|---|---|---|---|---|
| 20 | 24 | 480 | 0.67 | 0.18 | 0.27 |
| 40 | 20 | 800 | 0.40 | 0.22 | 0.55 |
| 60 | 16 | 960 | 0.29 | 0.29 | 1.00 |
| 80 | 12 | 960 | 0.22 | 0.40 | 1.82 |
| 100 | 8 | 800 | 0.18 | 0.67 | 3.72 |
| 120 | 4 | 480 | | | |

  a. 80—120 美元；降低其价格。
  b. 20—60 美元；提高其价格。
  c. 60—80 美元；降价或提价都没有关系。因为在这些价格时，价格变动与需求量变动是同比例的，以至于总收益不变。

4. a. (10/25)/(10 000 美元/55 000 美元) = 2.2
   b. (10/13)/(10 000 美元/55 000 美元) = 4.2
   c. 正常物品，因为需求收入弹性是正的。
   d. 奢侈品，因为需求收入弹性大（大于1）。在这种情况下，收入增加18%引起需求量大幅增加。

5. a. 电视机，因为电视机价格上升可以引起电视机生产增加，而海滨地产的数量是固定的。
   b. 明年的原油，因为在明年增加石油生产会比在下周增加石油生产更容易。
   c. 凡·高油画的印刷品，因为价格上升就可以更多地印刷，而原作的数量是固定的。

### 5.2.2 简答题

1. 物品是必需品还是奢侈品，相近替代品的可获得性，市场的定义如何，以及衡量需求的时间范围。
2. 将增加总收益；因为如果需求缺乏弹性，与价格大幅度上升相伴的是需求量小幅减少。
3. 零，因此需求可以被认为完全无弹性。
4. 无限大，因此需求可以被认为完全有弹性。
5. $-0.10/0.20 = -1/2$。鸡蛋是低档物品。
6. 富有弹性，因为价格的小幅度上升引起企业生产的大量增加。
7. 缺乏弹性（接近垂直），因为一旦捕到了鱼，销售量就是固定的，而且，无论价格如何，在腐烂之前都必须卖出去。
8. 不是。上半部分倾向于富有弹性，而下半部分倾向于缺乏弹性。这是因为在上半部分，举例来说，价格变动1单位时变动的百分比小，而数量变动1单位则变动的百分比大。在需求曲线下半部分，这种效应正好相反。
9. $\dfrac{(30-25)/[(25+30)/2]}{(3-2)/[(2+3)/2]} = 0.45$，因此，供给缺乏弹性。
10. $0.06/0.20 = 0.30$，苹果和橙子是替代品，因为交叉价格弹性是正的（苹果价格上升，橙子的需求量增加）。

### 5.3.1 判断正误题

1. 错误;需求富有价格弹性。
2. 正确。
3. 正确。
4. 错误;考虑的时间越长,需求曲线就越富有价格弹性,因为消费者有机会替代或改变自己的行为。
5. 错误;需求价格弹性的定义为一种物品需求量变动的百分比除以该物品价格变动的百分比。
6. 错误;这两种物品可能是替代品。
7. 正确。
8. 错误;必需品的需求是缺乏弹性的。
9. 错误;在其上半部分富有价格弹性,而在其下半部分缺乏价格弹性。
10. 正确。
11. 正确。
12. 正确。
13. 正确。
14. 错误;只有在需求富有价格弹性时,它才能增加总收益。
15. 正确。

### 5.3.2 单项选择题

1. b  2. c  3. a  4. b  5. d  6. d  7. c  8. a  9. a  10. d
11. c  12. b  13. a  14. b  15. b  16. d  17. b  18. c  19. c  20. d

### 5.4 进阶思考题

1. 缺乏弹性。
2. 不一定正确。在长期中需求总是更富有弹性。就香烟的情况而言,一些消费者可以用雪茄与烟斗替代;另一些消费者也许会放弃香烟或不再吸烟。
3. 不正确。香烟(宽泛的市场定义)的需求可能是缺乏弹性的,但任何一种品牌的香烟(狭义的市场定义)的需求弹性可能大得多,因为消费者可以用另一种价格低的品牌来替代。

# 第 6 章
# 供给、需求与政府政策

## 目　标

### 在本章中你将

- 考察政府实行价格上限政策的影响
- 考察政府实行价格下限政策的影响
- 思考对一种物品征税如何影响它的价格和销售量
- 学习对买者征税和对卖者征税结果是相同的
- 理解税收负担如何在买者与卖者之间分摊

## 效　果

### 在实现这些目标之后，你应该能

- 描述价格上限成为限制性约束的必要条件
- 解释为什么限制性价格下限会引起过剩
- 说明为什么对一种物品征税通常减少了该物品的销售量
- 说明为什么对一种物品的买者和卖者征税结果是相同的
- 说明当需求缺乏弹性而供给富有弹性时是一种物品的买者还是卖者承担税收负担

## 6.1 本章概述

### 6.1.1 本章复习

在第4章和第5章中,我们是作为科学家来研究问题,因为我们建立供求模型来描述世界是什么。在第6章中,我们将作为政策顾问来分析问题,因为我们会分析如何运用政府政策去努力改善世界。我们将分析两种政策——价格控制和税收。有时这些政策会产生意外结果。

**1. 价格控制**

有两种类型的价格控制:价格上限和价格下限。**价格上限**确定了一种物品可以销售的法定最高价格。**价格下限**确定了一种物品可以销售的法定最低价格。

(1) **价格上限**。假定政府被买者说服,确定了一个价格上限。如果确定的价格上限高于均衡价格,它就没有限制性。这就是说,它对市场没有影响,因为价格可以不受限制地变动到均衡位置。如果确定的价格上限低于均衡价格,它就是一种限制性约束,因为它不允许市场达到均衡。限制性价格上限引起需求量大于供给量,或者短缺。由于存在短缺,就要想办法在大量买者中配给少量供给。愿意为得到物品而排队等待的买者可能会得到该物品,或者卖者可以只卖给其朋友、家人或者同一种族的人。排队是无效率的,歧视既无效率又不公平。自由市场应该是非人格化的,并以价格配给物品。

价格上限在汽油和公寓市场上普遍存在。当1973年石油输出国组织限制石油量时,石油的供给量减少,而且均衡价格高于价格上限,价格上限就变得有限制性。这引起汽油短缺和加油站外的长队。相应地,价格上限后来被取消。公寓的价格上限通常被称为租金控制。限制性租金控制引起住房短缺。短期中住房的需求和供给都是缺乏弹性的,因此最初的短缺并不大。但是,长期中,住房的供给和需求变得更富有弹性,于是,短缺更显而易见了。这引起排队等待公寓、贿赂房东、建筑物不清洁而且不安全,以及住房质量降低。租金控制一旦实施,在政治上就很难被消除。

(2) **价格下限**。假定政府被卖者说服,确定了一个价格下限。如果确定的价格下限低于均衡价格,它就没有限制性。这就是说,它对市场没有影响,因为价格可以不受限制地变动到均衡位置。如果确定的价格下限高于均衡价格,它就是限制性约束,因为它不允许市场达到均衡。限制性价格下限引起供给量大于需求量,或者过剩。为了消除过剩,卖者会要求买者关照,并卖给家人、朋友或者同一种族的人。自由市场应该是非人格化的,并以价格配给物品。

价格下限的一个重要例子是最低工资。最低工资是年轻和不熟练工人市场上的一种限制性约束。当确定的最低工资高于市场均衡工资时,劳动的供给量大于需求量,后果是引起失业。研究表明,最低工资上升10%使青少年工人的就业减少1%—3%。最低工资还引起青少年找工作并退学。

价格控制往往伤害了那些政策本想给予帮助的人——通常是穷人。最低工资可能帮助了那些在最低工资上找到工作的人,但伤害了那些由于最低工资而失业的人。租金控制降低了住房质量和住房的可获得性。

### 2. 税收

政府用税收筹集收入。一种物品的税收将影响销售量以及买者支付的价格与卖者得到的价格。如果向卖者征税，供给曲线向上移动每单位税收的大小。由于供给量减少，销售量减少，买者支付的价格上升，而卖者得到的价格下降。如果向买者征税，需求曲线向下移动每单位税收的大小。由于需求减少，销售量减少，买者支付的价格上升，而卖者得到的价格下降。因此，向买者征税和向卖者征税具有同样的影响。在对一种物品征税之后，买者所支付的和卖者所得到的之间的差额是每单位的税收，被称为**税收楔子**。总之：

- 税收阻碍市场活动。这就是说，销售量减少了。
- 买者和卖者共同分摊税收负担，因为买者支付的价格上升了，而卖者得到的价格下降了。
- 向买者征税的影响与向卖者征税的影响一样。
- 政府不能规定买者和卖者之间的相对税收负担。相对税收负担由那个市场上的供给弹性和需求弹性决定。

**税收归宿**是在市场参与者之间分摊税收负担的方式，也就是税收负担的分布。当在买者和卖者之间打入税收楔子时，税收负担更多地落在缺乏弹性的市场一方。这就是说，税收负担更多地落在当价格变得不利时更不愿意离开市场的一方身上。例如，在香烟市场上，由于吸烟者有瘾，需求可能比供给更缺乏弹性。因此，香烟的税收往往使买者支付的价格上升得比卖者得到的价格下降得多，结果，香烟的税收负担更多地落在香烟买者的身上。就工薪税（社会保障和医疗税）而言，由于劳动供给的弹性小于劳动需求的弹性，大部分税收负担由工人承担，而不是像立法者规定的那样由企业和工人五五平分。

### 6.1.2 有益的提示

（1）价格上限和价格下限只在它们是限制性约束时才有意义。价格上限并没有自发地引起短缺。只有确定的价格上限低于均衡价格时才会引起短缺。同样，只有确定的价格下限高于均衡价格才会引起过剩。

（2）将税收看作需求曲线与供给曲线的垂直移动是有益的。由于需求是买者愿意为每种数量支付的最大量，因此，向市场上的买者征税使卖者所面临的需求正好减少或向下移动每单位税收的大小。这就是说，现在买者向卖者支付的数量正好减少了每单位税收的大小。另一方面，由于供给是卖者对每种数量愿意接受的最小量，因此，向市场上的卖者征税使买者所面临的供给减少或向上移动每单位税收的大小。这是因为卖者现在向买者索取的增加量正好是每单位税收的大小。

### 6.1.3 术语与定义

为每个关键术语选择一个定义。

| 关键术语 | 定　义 |
| --- | --- |
| ＿＿＿＿价格上限 | 1. 税收负担在市场参与者之间进行分配的方式 |
| ＿＿＿＿价格下限 | 2. 出售一种物品的法定最高价格 |
| ＿＿＿＿税收归宿 | 3. 在征税之后买者支付的和卖者得到的之间的差额 |
| ＿＿＿＿税收楔子 | 4. 出售一种物品的法定最低价格 |

## 6.2 应用题与简答题

### 6.2.1 应用题

1. 根据以下自行车的供求表回答问题。

| 价格(美元) | 需求量 | 供给量 |
| --- | --- | --- |
| 300 | 60 | 30 |
| 400 | 55 | 40 |
| 500 | 50 | 50 |
| 600 | 45 | 60 |
| 700 | 40 | 70 |
| 800 | 35 | 80 |

a. 由于自行车骑车者协会的游说,国会确定了自行车的价格上限为700美元。这对自行车市场有什么影响?为什么?

b. 由于自行车骑车者协会的游说,国会确定了自行车的价格上限为400美元。用以上提供的信息在图6-1中画出自行车的供给和需求曲线。标出价格上限。实行400美元的价格上限会产生什么结果?

c. 自行车价格上限为400美元使所有自行车买者的状况都变好了吗?为什么?

d. 假设相反,由于自行车制造商协会的游说,国会规定自行车的价格下限为700美元。用以上提供的信息在图6-2中画出自行车的供给和需求曲线。实行700美元的价格下限会产生什么结果?

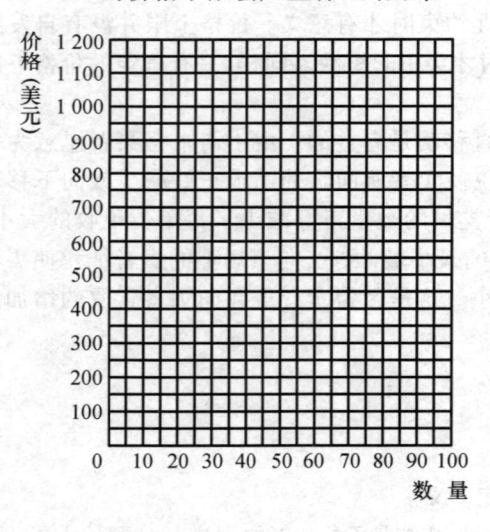

图 6-1

图 6-2

2. 根据以下自行车的供求表回答问题。

| 价格(美元) | 需求量 | 供给量 |
|---|---|---|
| 300 | 60 | 30 |
| 400 | 55 | 40 |
| 500 | 50 | 50 |
| 600 | 45 | 60 |
| 700 | 40 | 70 |
| 800 | 35 | 80 |

a. 在图 6-3 中画出自行车的供给与需求曲线。在该图上表示出对每辆自行车向卖者征收 300 美元税收。在征税之后,与自由市场均衡时相比,买者支付的价格、卖者得到的价格以及销售量各发生了什么变动?

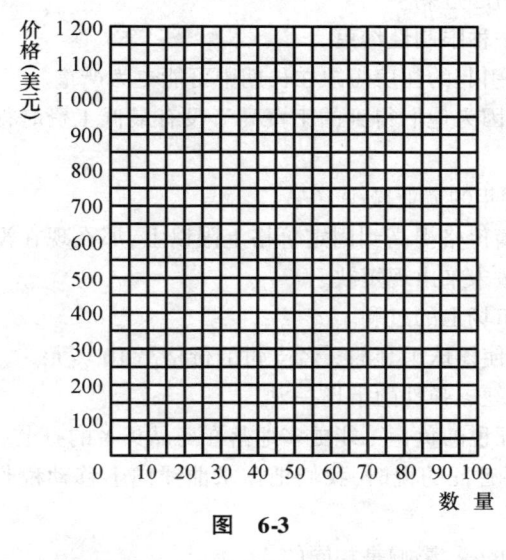

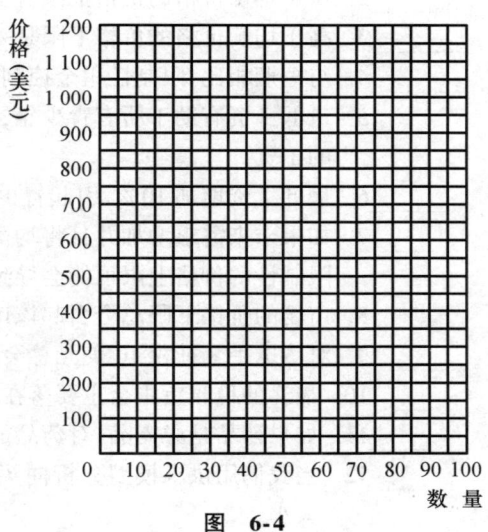

图 6-3

图 6-4

b. 再在图 6-4 中画出自行车的供给与需求曲线。在该图上表示出对每辆自行车向买者征收 300 美元税收。在征税之后,与自由市场均衡相比,买者支付的价格、卖者得到的价格以及销售量各发生了什么变动?

c. 比较你对以上 a 题和 b 题的答案。从这个比较中你得出了什么结论?

d. 谁承担了更大比例的税收负担?是买者还是卖者?为什么?

## 6.2.2 简答题

1. 如果价格上限确定为高于均衡价格,那么对市场价格和数量有什么影响呢?为什么?
2. 如果价格上限确定为低于均衡价格,那么对市场价格和数量有什么影响呢?
3. 限制性价格上限引起了什么问题?
4. 限制性价格上限的影响是在短期中比较大,还是在长期中比较大?为什么?
5. 如果价格下限确定为低于均衡价格,那么对市场价格和数量有什么影响呢?为什么?
6. 如果价格下限确定为高于均衡价格,那么对市场价格和数量有什么影响呢?
7. 当我们用供求模型分析向卖者征收的税时,我们向哪个方向移动供给曲线?为什么?
8. 当我们用供求模型分析向买者征收的税时,我们向哪个方向移动需求曲线?为什么?

9. 为什么向买者征税和向卖者征税是等同的？
10. 假定向豪华轿车征收汽油消耗税。谁的税收负担可能更大？是豪华车的买者还是卖者？为什么？

## 6.3 自我测试题

### 6.3.1 判断正误题

_____ 1. 如果每加仑汽油的均衡价格是 3 美元，而且政府把每加仑汽油的价格上限定为 4 美元，那么将导致汽油短缺。

_____ 2. 低于均衡价格的价格上限将引起过剩。

_____ 3. 高于均衡价格的价格下限是一种限制性约束。

_____ 4. 与短期相比，限制性租金控制引起的住房短缺在长期中可能更为严重。

_____ 5. 最低工资有助于所有青少年，因为他们得到的工资高于没有最低工资时得到的工资。

_____ 6. 最低工资增加 10%，引起青少年的就业减少 10%。

_____ 7. 如果未来需求增加并且将均衡价格提高到固定价格上限以上，那么现在没有限制性的价格上限可能会导致未来出现短缺。

_____ 8. 市场的价格下限总会引起该市场上的过剩。

_____ 9. 对棒球手套征税 10 美元总会使棒球手套的买者支付的价格高 10 美元。

_____ 10. 最终的税收负担会主要落在缺乏弹性的市场一方。

_____ 11. 如果药品是必需品，对药品征税的负担可能更多地落在药品买者的身上。

_____ 12. 当我们用供求模型分析向买者征的税时，我们把需求曲线向上移动税收的大小。

_____ 13. 向买者和向卖者征同样大小的税，影响是相同的。

_____ 14. 税收在买者和卖者之间打入了一个楔子。这就引起买者支付的价格上升，而卖者得到的价格下降，以及销售量减少。

_____ 15. 政府可以通过选择向买者征税而不向卖者征税而把税收负担加在市场的买者身上。

### 6.3.2 单项选择题

1. 为了使价格上限成为一种对市场的限制性约束，政府应该使它_____。
   a. 高于均衡价格
   b. 低于均衡价格
   c. 正好在均衡价格上
   d. 在任何一种价格上都可以，因为所有价格上限都是限制性约束

2. 限制性价格上限引起_____。
   a. 短缺
   b. 过剩
   c. 均衡
   d. 短缺或过剩取决于确定的价格上限在均衡价格之上还是之下

3. 假设公寓的均衡价格是每月 800 美元，而政府规定租金控制在 500 美元。由于租金控制，下列哪一种情况

是不可能发生的?
   a. 住房短缺。
   b. 房东可以对公寓租赁者实行歧视。
   c. 为了租到公寓要贿赂房东。
   d. 公寓的质量将提高。
   e. 等待租房的租赁者会排长队。

4. 价格下限_____。
   a. 确定了一种物品可以出售的法定最高价格
   b. 确定了一种物品可以出售的法定最低价格
   c. 总是决定一种物品必须售出的价格
   d. 如果高于均衡价格,则不是一种限制性约束

5. 下面哪一种关于限制性价格上限的表述是正确的?
   a. 价格上限引起的过剩在短期中大于长期。
   b. 价格上限引起的过剩在长期中大于短期。
   c. 价格上限引起的短缺在短期中大于长期。
   d. 价格上限引起的短缺在长期中大于短期。

6. 市场的哪一方更可能为价格下限而游说政府?
   a. 买者和卖者都不想要价格下限。
   b. 买者和卖者都想要价格下限。
   c. 卖者。
   d. 买者。

7. 在以下哪种情况下,限制性价格下限引起的过剩最大?
   a. 供给和需求都富有弹性。
   b. 供给和需求都缺乏弹性。
   c. 供给缺乏弹性,而需求富有弹性。
   d. 需求缺乏弹性,而供给富有弹性。

8. 下列哪一种情况是价格下限的例子?
   a. 租金控制。
   b. 当汽油的均衡价格是每加仑 3 美元时,把汽油的价格限制为每加仑 2 美元。
   c. 最低工资。
   d. 以上各项都是价格下限。

9. 如果政府规定汽油的价格上限是每加仑 4 美元,而均衡价格是每加仑 3 美元,下列哪一种说法是正确的?
   a. 存在汽油短缺。
   b. 存在汽油过剩。
   c. 汽油供给的大量增加会使价格上限成为一种限制性约束。
   d. 汽油需求的大量增加会使价格上限成为一种限制性约束。

10. 研究表明,最低工资增加 10%,_____。
    a. 青少年的就业减少 10%—15%
    b. 青少年的就业增加 10%—15%
    c. 青少年的就业减少 1%—3%
    d. 青少年的就业增加 1%—3%

11. 在供求模型的范围内,向一种物品的买者征税会使_____。
    a. 需求曲线向上移动,移动幅度为每单位物品的税收
    b. 需求曲线向下移动,移动幅度为每单位物品的税收
    c. 供给曲线向上移动,移动幅度为每单位物品的税收
    d. 供给曲线向下移动,移动幅度为每单位物品的税收

12. 在供求模型的范围内,向一种物品的卖者征税会使_____。
    a. 需求曲线向上移动,移动幅度为每单位物品的税收
    b. 需求曲线向下移动,移动幅度为每单位物品的税收
    c. 供给曲线向上移动,移动幅度为每单位物品的税收
    d. 供给曲线向下移动,移动幅度为每单位物品的税收

第 6 章　供给、需求与政府政策　▶ 77

13. 当对一种物品征税时,会发生以下哪一种情况?
    a. 买者支付的价格上升,卖者得到的价格下降,以及销售量减少。
    b. 买者支付的价格上升,卖者得到的价格下降,以及销售量增加。
    c. 买者支付的价格下降,卖者得到的价格上升,以及销售量减少。
    d. 买者支付的价格下降,卖者得到的价格上升,以及销售量增加。
14. 当向市场上的买者征税时,_____。
    a. 买者承担税收负担
    b. 卖者承担税收负担
    c. 买者与卖者的税收负担与向卖者征税时相同
    d. 税收负担主要落在买者身上
15. 对每加仑汽油征收1美元的税,_____。
    a. 将使买者支付的价格每加仑上升1美元
    b. 将使卖者得到的价格每加仑下降1美元
    c. 将使买者支付的价格正好上升0.5美元,卖者得到的价格正好下降0.5美元
    d. 将在买者支付的价格和卖者得到的价格之间打入一个1美元的税收楔子
16. 在下列哪种情况下,税收负担会更多地落在市场上的卖者身上?
    a. 需求缺乏弹性,而供给富有弹性。
    b. 需求富有弹性,而供给缺乏弹性。
    c. 供给和需求都富有弹性。
    d. 供给和需求都缺乏弹性。
17. 对一种消费者必需的物品征税,很可能使税收负担_____。
    a. 更多地落在买者身上
    b. 更多地落在卖者身上
    c. 在买者与卖者之间平等地分摊
    d. 完全落在卖者身上
18. 在下列哪种情况下,税收负担会更多地落在市场的买者身上?
    a. 需求缺乏弹性,而供给富有弹性。
    b. 需求富有弹性,而供给缺乏弹性。
    c. 供给和需求都富有弹性。
    d. 供给和需求都缺乏弹性。
19. 以下哪一种关于税收负担的表述是正确的?
    a. 对一种消费者认为是必需品的物品征税,其引起的税收负担主要落在这种物品的卖者身上。
    b. 税收负担主要落在当价格变得不利于自己时最愿意离开市场的一方(买者或卖者)身上。
    c. 税收负担落在纳税的市场一方(买者或卖者)身上。
    d. 税收负担的分摊由供给和需求的相对弹性决定而不由立法决定
20. 以下哪一种物品的税收负担更可能主要落在卖者身上?
    a. 食品。
    b. 娱乐项目。
    c. 服装。
    d. 住房。

## 6.4 进阶思考题

假设政府需要筹集税收收入。一个政治家建议政府对食物征税,因为每个人都必须吃饭,从而通过食物税可以筹集到大量税收收入。但是,因为穷人把其大部分收入用于食物,所以应该只向食物的卖者(杂货店)征税,而不向食物的买者征税。这个政治家认为,这种类型

的税收将把税收负担加在杂货店身上,而不是在贫穷的消费者身上。
1. 政府能通过立法规定使食物税的负担只落在食物的卖者身上吗?为什么?
2. 你认为食物税的负担会落在食物的卖者身上,还是食物的买者身上?为什么?

# 习 题 答 案

## 6.1.3 术语与定义

___2___ 价格上限　　　　　　　　___1___ 税收归宿
___4___ 价格下限　　　　　　　　___3___ 税收楔子

## 6.2.1 应用题

1. a. 它将不起作用。这时价格上限不是限制性的,因为均衡价格是 500 美元,而价格上限确定为 700 美元。
   b. 参看图 6-5。需求量增加到 55 单位,供给量减少为 40 单位,存在 15 单位短缺。
   c. 不是。它很可能使实际上买到自行车的那些买者的境况变好。但是,一些买者买不到自行车,必须要排队,或进行贿赂,或接受低质量自行车。
   d. 参看图 6-6。供给量上升到 70 单位,需求量减少为 40 单位,存在 30 单位过剩。
2. a. 参看图 6-7。买者支付的价格上升到 700 美元,卖者得到的价格下降到 400 美元,销售量减少到 40 辆。
   b. 参看图 6-8。买者支付的价格上升到 700 美元,卖者得到的价格下降到 400 美元,销售量减少到 40 辆。
   c. 向买者征税的影响与向卖者征税的影响一样。

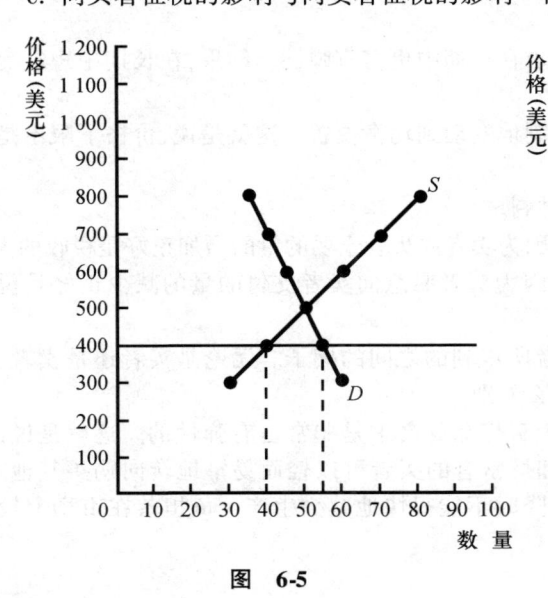

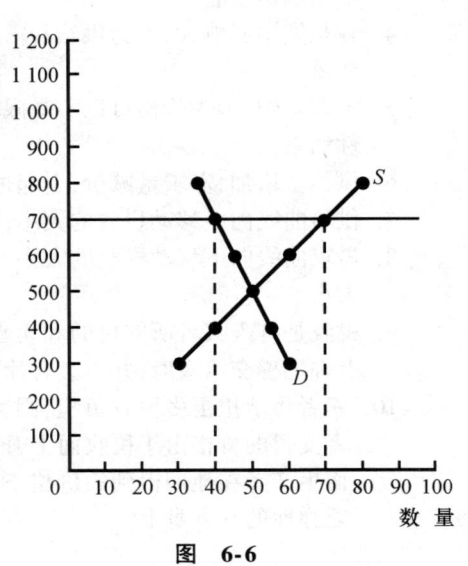

图 6-5

图 6-6

图 6-7

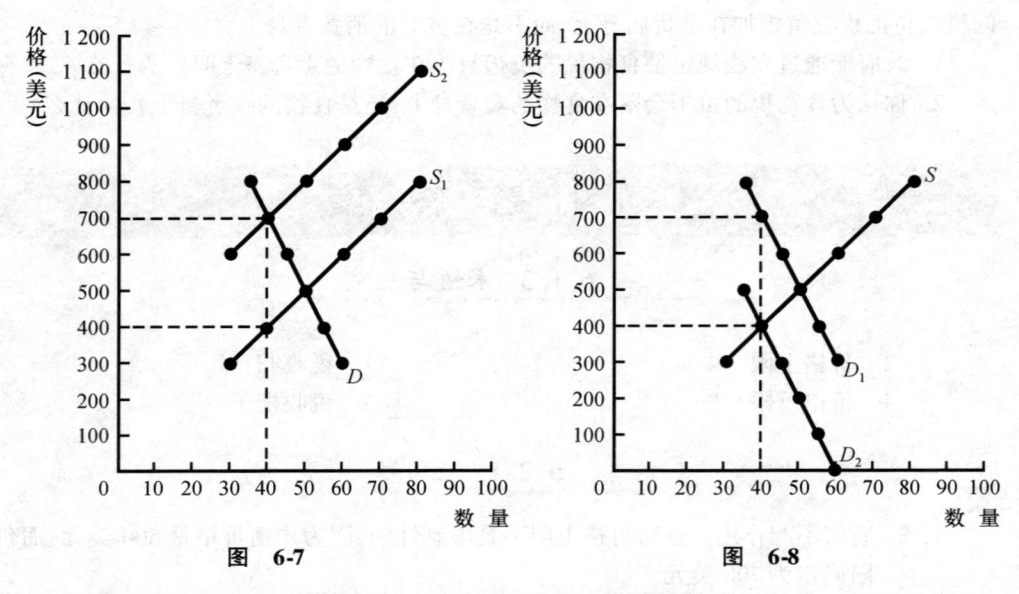

图 6-8

d. 更大的税收负担落在买者身上。自由市场的均衡价格是 500 美元。在征税以后,买者支付的价格增加了 200 美元,而卖者得到的价格减少了 100 美元。这是因为需求比供给缺乏弹性。

### 6.2.2 简答题

1. 没有影响,因为价格可以不受限制地变动到均衡位置。这就是说,价格上限不是一种限制性约束。
2. 供给量减少,需求量增加,引起短缺。
3. 将存在短缺。买者可能排队等待,卖者可能对买者实行歧视,物品质量会下降,也许还要贿赂卖者。
4. 在长期中影响大,因为供给和需求在长期中更富有弹性。结果,在长期中短缺变得更严重。
5. 没有影响,因为价格可以不受限制地变动到均衡位置。这就是说,价格下限不是限制性约束。
6. 供给量增加,需求量减少,引起过剩。
7. 供给曲线向上移动税收的大小,因为卖者向买者索要的量的增加正好是税收的大小。
8. 需求曲线向下移动税收的大小,因为买者愿意向卖者支付的量的减少正好是税收的大小。
9. 税收是打入买者所支付的和卖者所得到的之间的楔子。无论是买者还是卖者,实际上都把税交给政府,并不会有什么差别。
10. 卖者将承担更多税收负担,因为奢侈品的需求是非常富有弹性的。这就是说,当买者支付的价格由于税收而上升时,富有的买者可以轻而易举地转向购买其他东西,而生产者在他们得到的价格下降时不能很快地减少生产。负担落在市场上较为缺乏弹性的一方身上。

### 6.3.1 判断正误题

1. 错误;高于均衡价格的价格上限是没有限制性的。
2. 错误;它引起短缺。
3. 正确。
4. 正确。
5. 错误;一些人会得到帮助,但其他人成为失业者,还有一些人退学去赚取在青少年看来不菲的工资。
6. 错误;它引起就业减少1%—3%。
7. 正确。
8. 错误;只有确定的价格下限高于均衡价格时,才会引起过剩。
9. 错误;卖者得到的价格和买者支付的价格之间的差额是10美元,但卖者得到的价格通常会低一些,因此,买者支付的价格的上升小于10美元。
10. 正确。
11. 正确。
12. 错误;我们把需求曲线向下移动税收的大小。
13. 正确。
14. 正确。
15. 错误;税收负担由供给与需求的相对弹性决定。

### 6.3.2 单项选择题

1. b　2. a　3. d　4. b　5. d　6. c　7. a　8. c　9. d　10. c
11. b　12. c　13. a　14. c　15. d　16. b　17. a　18. a　19. d　20. b

### 6.4 进阶思考题

1. 不能。税收负担由供给与需求的相对弹性决定。税收负担主要落在缺乏弹性的市场一方。这就是说,税收负担落在当价格发生不利变动时,最不愿意离开市场的一方。
2. 无论向买者征税还是向卖者征税,税收负担都主要落在食物购买者身上。因为食物是必需品,所以食物需求较为缺乏弹性。当价格由于税收上升时,人们仍然需要吃饭。而当杂货店得到的价格由于税收而下降时,杂货店可以出售其他类别的物品。

# 第 3 篇　市场和福利

# 第7章
# 消费者、生产者与市场效率

## 目　标

**在本章中你将**
- 考察买者对一种物品的支付意愿与需求曲线之间的联系
- 学习如何定义并衡量消费者剩余
- 考察卖者生产一种物品的成本与供给曲线之间的联系
- 学习如何定义并衡量生产者剩余
- 理解供给与需求均衡使市场上总剩余最大化

## 效　果

**在实现这些目标之后，你应该能**
- 从一组单个买者的支付意愿表中推导出需求曲线
- 在供求图上确定消费者剩余的位置
- 从一组单个卖者的生产成本表中推导出供给曲线
- 在供求图上确定生产者剩余的位置
- 说明为什么除均衡数量以外的所有其他数量都不能使市场的总剩余最大化

## 7.1 本章概述

### 7.1.1 本章复习

在本章中我们分析**福利经济学**——研究资源配置如何影响经济福利。我们衡量买者和卖者从参与市场中得到的利益,并发现市场的均衡价格和数量使买者和卖者得到的利益最大化。

**1. 消费者剩余**

消费者剩余衡量买者从参与市场中得到的利益。市场上每个潜在买者对一种物品都有某种**支付意愿**。这种支付意愿是买者愿意为某种物品支付的最高价格。如果我们(在价格和数量图上)画出为第一单位支付的最大意愿值,再画出为第二单位支付的次大意愿值,以此类推,我们就得到了物品的市场需求曲线。这就是说,需求曲线的高度衡量边际买者的支付意愿。由于一些买者对一种物品的评价高于另一些买者,因此,需求曲线向右下方倾斜。

**消费者剩余**是买者的支付意愿减去其实际支付的量。例如,如果你愿意为你所喜爱的音乐家的一张新 CD 支付 20 美元,而你仅用 15 美元就买到了它,那么你在那张 CD 上就获得了 5 美元的消费者剩余。一般来说,由于需求曲线的高度用买者对此物品的支付意愿衡量了他们对物品的评价,因此,市场上的消费者剩余是需求曲线以下和价格以上的面积。

当一种物品价格下降时,消费者剩余由于两个原因而增加:第一,现有的买者由于他们可以减少的支付量而得到了更多剩余;第二,新的买者由于现在的价格低于他们的支付意愿而进入市场。

要注意,由于需求曲线的高度是用支付意愿衡量买者对一种物品的评价,消费者剩余衡量买者自己感觉到的利益。因此,如果决策者尊重买者的偏好,消费者剩余就是买者利益的一种恰当衡量。经济学家普遍认为,除了吸毒等例外情况,买者通常是理性的,而且买者的偏好应该受到尊重。

**2. 生产者剩余**

生产者剩余衡量卖者从参与市场中得到的利益。市场上每个潜在卖者都有某种生产成本。这种成本是生产者为了生产一种物品所必须放弃的所有东西的价值,并应该解释为生产者生产的机会成本——钱包里的实际支出加生产者的时间价值。生产成本是卖者为了生产物品所愿意接受的最低价格。如果我们(在价格和数量图上)画出最低成本生产者生产第一单位物品的成本,再画出次低成本生产者生产第二单位物品的成本,以此类推,我们就得到了物品的市场供给曲线。这就是说,供给曲线的高度衡量边际卖者的生产成本。由于一些卖者的成本比另一些卖者低,供给曲线向右上方倾斜。

**生产者剩余**是卖者出售一种物品得到的量减去其生产成本。例如,一个音乐家可以以 10 美元的成本生产一张 CD,并以 15 美元出售,音乐家就从那张 CD 中得到了 5 美元的生产者剩余。一般来说,由于供给曲线的高度衡量卖者的成本,因此,市场上的生产者剩余是价格以下和供给曲线以上的面积。

当一种物品价格上升时,生产者剩余由于两个原因而增加:第一,现有的卖者由于可以将现有量卖到更高价格而得到了更多剩余;第二,新的卖者由于现在的价格高于他们的成本而进入市场。

### 3. 市场效率

我们用**总剩余**——消费者剩余和生产者剩余之和——来衡量经济福利。

总剩余 =（买者的评价 – 买者支付的量）+（卖者得到的量 – 卖者的成本）

总剩余 = 买者的评价 – 卖者的成本

从图形上看,总剩余是需求曲线以下和供给曲线以上的面积。如果资源配置使所有社会成员得到的总剩余最大化,就可以说这种资源配置表现出**效率**。自由市场均衡有效率就是因为它使总剩余最大。我们可以用以下的发现来证明这种效率:

- 自由市场把物品的供给配置给对其评价最高的买者——那些支付意愿大于或等于均衡价格的买者。因此,无法通过把消费从现在的买者转给其他非买者来增加消费者剩余。
- 自由市场把物品的需求配置给能以最低成本生产的卖者——那些以低于或等于均衡价格的成本生产的卖者。因此,无法通过把生产从现在的卖者转给其他非卖者来增加生产者剩余。
- 自由市场生产出使消费者剩余和生产者剩余之和或总剩余最大化的物品量。如果生产的数量小于均衡数量,我们就不能生产出边际买者评价大于边际卖者成本的所有单位;如果生产的数量大于均衡数量,我们就生产了一些边际卖者成本大于边际买者评价的单位。

经济学家普遍支持自由市场是因为它是有效率的。由于市场是有效率的,许多人认为,政府的政策应该是**自由放任**,其含义是"让人们自由行事吧"。在市场中,亚当·斯密所说的"看不见的手"指引买者与卖者达到使总剩余最大化的资源配置。有效率的结果无法通过一个仁慈的社会计划者得到改善。除效率外,决策者也许还关心**平等**——福利在社会成员中分配的公平性。

### 4. 结论:市场效率与市场失灵

自由市场无效率的可能原因主要有两个:

- **市场是不完全竞争的**。如果个别买者或卖者(或者他们中的一小群人)可以影响价格,那么他们就有**市场势力**,而且他们也许可以使价格和数量背离均衡位置。
- **市场会引起副作用**,或外部性,这会影响那些根本没有参与市场的人。市场上的买者和卖者没有考虑污染之类的副作用,所以,从整个社会的角度来看,市场均衡可能是无效率的。

市场势力和外部性是**市场失灵**——某些无管制的市场不能有效地配置资源——的两种类型。

## 7.1.2 有益的提示

(1) 为了更好地理解买者的"支付意愿"和卖者的"成本",我们可以以"回头"看看需求和供给。这就是说,我们可以从数量轴到价格轴来理解需求和供给。当我们从数量到价格看需求时,我们发现,第一单位的潜在买者有极高的支付意愿,因为买者对该物品评价极高。当我们一直沿着数量轴移动时,这些数量的买者的支付意愿低了一些,从而需求曲线向右下方倾斜。当我们从数量到价格看供给时,我们发现,第一单位的潜在卖者极有效率,从而生产成本极低。当我们一直沿着数量轴移动时,这些数量的卖者的成本高了一些,从而供给曲线向右上方倾斜。在供给与需求达到均衡时,只有引起买者评价高于生产者成本的数量被生产出来。

(2)存在消费者剩余的部分原因是在竞争市场上只有一种价格,而且所有参与者都是价格接受者。当许多买者和卖者相互作用决定唯一的市场价格时,个别买者的支付意愿会高于价格,结果一些买者就得到了消费者剩余。但是,如果卖者认识到买者的支付意愿并且实行价格歧视,这就是说,向每个买者收取其愿意支付的价格,那么就没有消费者剩余。每个买者都被迫按照他们的个人支付意愿进行支付。这个问题将在本书后面的章节中论述。

### 7.1.3 术语与定义

为每个关键术语选择一个定义。

| 关键术语 | 定 义 |
| --- | --- |
| _____ 福利经济学 | 1. 买者愿意为一种物品支付的量减去其为此实际支付的量 |
| _____ 支付意愿 | 2. 资源配置使社会所有成员得到的总剩余最大化的性质 |
| _____ 消费者剩余 | 3. 研究资源配置如何影响经济福利的一门学问 |
| _____ 成本 | 4. 一些不受管制的市场不能有效率地配置资源 |
| _____ 生产者剩余 | 5. 在社会成员中平均地分配经济成果的性质 |
| _____ 效率 | 6. 卖者出售一种物品得到的量减去其生产成本 |
| _____ 平等 | 7. 买者愿意为某种物品支付的最高量 |
| _____ 市场失灵 | 8. 卖者为了生产一种物品而必须放弃的所有东西的价值 |

## 7.2 应用题与简答题

### 7.2.1 应用题

1. 下面的信息反映了房东 Lori 对粉刷她的五套公寓房的评价。她对粉刷每套公寓房评价的不同取决于需要粉刷的房子状况差到什么程度。

| | |
| --- | --- |
| 对新粉刷第一套公寓房的评价 | 5 000 美元 |
| 对新粉刷第二套公寓房的评价 | 4 000 美元 |
| 对新粉刷第三套公寓房的评价 | 3 000 美元 |
| 对新粉刷第四套公寓房的评价 | 2 000 美元 |
| 对新粉刷第五套公寓房的评价 | 1 000 美元 |

a. 在图 7-1 中画出房东 Lori 的支付意愿。
b. 如果粉刷她公寓房的价格是每套 5 000 美元,Lori 将粉刷多少套?她的消费者剩余值是多少?

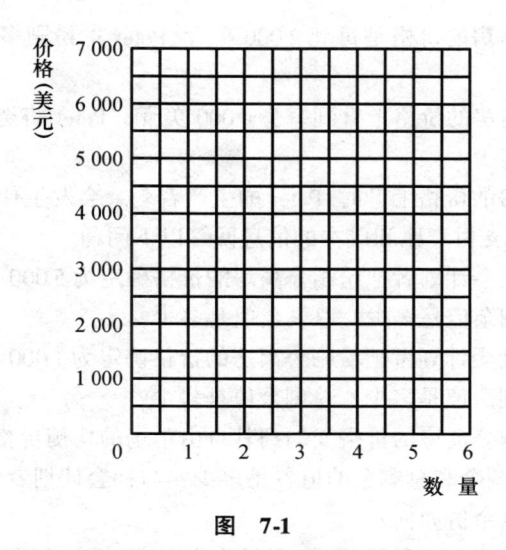

图 7-1

c. 假设粉刷她公寓房的价格下降到每套 2 000 美元,Lori 将选择粉刷多少套?她的消费者剩余值是多少?

d. 当粉刷她的公寓房的价格下降时,Lori 的消费者剩余值会发生什么变动?为什么?

2. 以下信息表示粉刷工 Peter 在粉刷公寓房时发生的成本。由于粉刷房子是一件力气活,他粉刷得越多,花在止疼和按摩上的成本就越高。

| | |
|---|---|
| 粉刷第一套公寓房的成本 | 1 000 美元 |
| 粉刷第二套公寓房的成本 | 2 000 美元 |
| 粉刷第三套公寓房的成本 | 3 000 美元 |
| 粉刷第四套公寓房的成本 | 4 000 美元 |
| 粉刷第五套公寓房的成本 | 5 000 美元 |

a. 在图 7-2 中画出粉刷工 Peter 的成本。

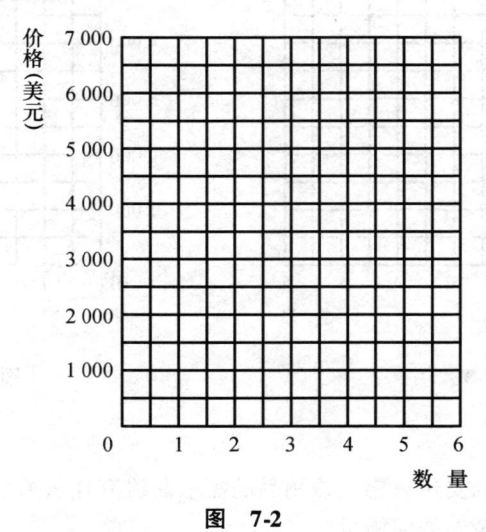

图 7-2

b. 如果粉刷公寓房的价格是每套2 000美元，Peter将粉刷多少套？他的生产者剩余是多少？

c. 假设粉刷公寓房的价格上升到每套4 000美元。Peter将选择粉刷多少套？他的生产者剩余是多少？

d. 当粉刷公寓房的价格上升时，Peter的生产者剩余会发生什么变动？为什么？

3. 用以上两题关于支付意愿和成本的信息回答以下问题。

a. 如果仁慈的社会计划者把粉刷公寓房的价格确定为5 000美元，消费者剩余值是多少？生产者剩余值是多少？总剩余值是多少？

b. 如果仁慈的社会计划者把粉刷公寓房的价格确定为1 000美元，消费者剩余值是多少？生产者剩余值是多少？总剩余值是多少？

c. 如果允许粉刷公寓房的价格变动到其自由市场的均衡价格3 000美元，那么消费者剩余、生产者剩余和总剩余的值各是多少？与社会计划者创造的总剩余值相比，自由市场的总剩余值如何？

4. 在图7-3中，画出第1题和第2题中隐含的粉刷公寓房的线性供给和需求曲线（画出这两条线，使之与纵轴相交）。说明自由市场均衡价格与数量下的消费者剩余和生产者剩余。这种资源配置有效率吗？为什么？

5. 假设房东Lori难以把她破损的公寓租出去，以至于她对粉刷每套公寓房的支付意愿增加了2 000美元。在图7-4中同时画出Peter的成本和Lori的新支付意愿。如果均衡价格上升到4 000美元，消费者剩余、生产者剩余和总剩余的值各是多少？在图中说明消费者剩余和生产者剩余。比较你对本题的答案与第3题中c的答案。

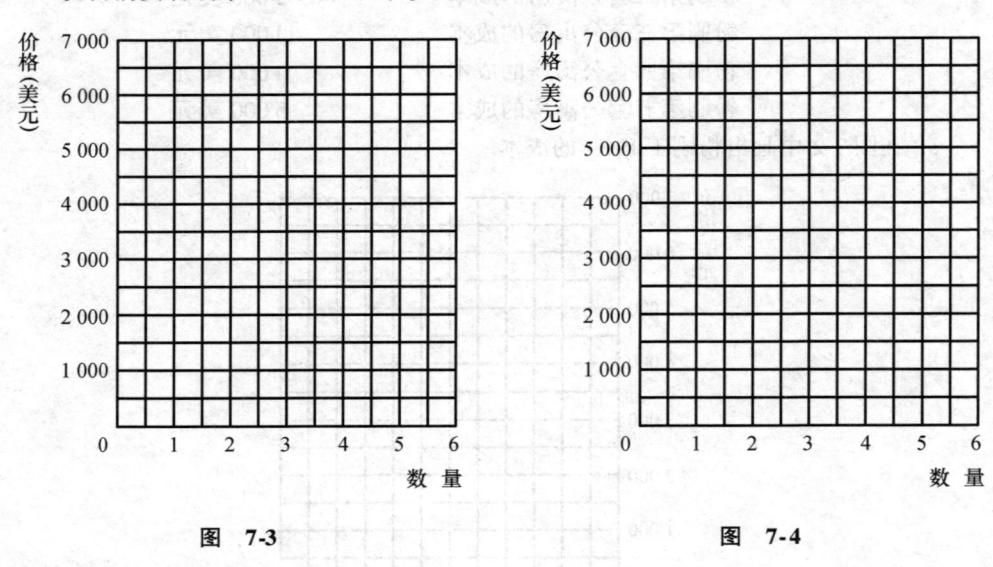

图 7-3

图 7-4

## 7.2.2 简答题

1. 买者对一种物品的支付意愿与该物品的需求曲线有什么关系？
2. 什么是消费者剩余？如何衡量？
3. 边际买者的消费者剩余值是多少？为什么？

4. Moe 修剪草坪的成本是 5 美元,Larry 修剪草坪的成本是 7 美元,而 Curly 修剪草坪的成本是 9 美元。如果每个人都修剪草坪,而且修剪草坪的价格是 10 美元,那么他们的生产者剩余值是多少?
5. 卖者生产一种物品的成本与该物品的供给曲线有什么关系?
6. 什么是生产者剩余?如何衡量?
7. 当一种物品价格上升时,生产者剩余会发生什么变动?为什么?
8. 仁慈的社会计划者能否选择生产量使得比竞争市场中产生的均衡数量所提供的经济福利更大?为什么?
9. 经济学家说的"效率"是什么意思?
10. 竞争市场有效率吗?为什么?
11. 竞争市场如何选择由哪一个生产者生产并销售一种物品?

## 7.3 自我测试题

### 7.3.1 判断正误题

_____ 1. 消费者剩余是买者的支付意愿减去卖者的生产成本。
_____ 2. 如果一个市场上的需求曲线是不变的,那么当该市场价格上升时,消费者剩余减少。
_____ 3. 如果你对一个汉堡包的支付意愿是 3 美元,而汉堡包的价格是 2 美元,那么你的消费者剩余是 5 美元。
_____ 4. 生产者剩余衡量市场上供给者未售出的存货。
_____ 5. 如果买者是理性的,消费者剩余就是对买者收益的一种良好衡量。
_____ 6. 卖者的成本包括卖者时间的机会成本。
_____ 7. 供给曲线的高度是边际卖者的成本。
_____ 8. 总剩余是卖者的成本减去买者的评价。
_____ 9. 自由市场是有效率的,因为它把物品配置给支付意愿低于价格的买者。
_____ 10. 生产者剩余是供给曲线以上和价格以下的面积。
_____ 11. 允许自由市场配置资源的主要优点是配置的结果有效率。
_____ 12. 竞争市场上的均衡使总剩余最大化。
_____ 13. 市场失灵的两个主要类型是市场势力和外部性。
_____ 14. 外部性是市场上买者和卖者没有考虑到的副作用,如污染。
_____ 15. 生产更多的物品总会增加总剩余。

### 7.3.2 单项选择题

1. 消费者剩余是_____。
   a. 在供给曲线以上和价格以下的面积
   b. 在供给曲线以下和价格以上的面积
   c. 在需求曲线以上和价格以下的面积
   d. 在需求曲线以下和价格以上的面积
   e. 在需求曲线以下和供给曲线以上

的面积
2. 买者的支付意愿是_____。
   a. 买者的消费者剩余
   b. 买者的生产者剩余
   c. 买者愿意为一种物品支付的最大量
   d. 买者愿意为一种物品支付的最小量
   e. 以上各项都不对
3. 如果一个买者对一辆新本田汽车的支付意愿是30 000美元，而她实际以28 000美元的价格买到了这辆车，那么她的消费者剩余是_____。
   a. 0美元
   b. 2 000美元
   c. 28 000美元
   d. 30 000美元
   e. 58 000美元
4. 一种物品的价格沿着一条不变的需求曲线上升将_____。
   a. 增加消费者剩余
   b. 减少消费者剩余
   c. 增加买者的物质福利
   d. 提高市场效率
5. 假设有三个相同的花瓶可供购买。买者1愿意为一个花瓶支付30美元，买者2愿意为一个花瓶支付25美元，买者3愿意为一个花瓶支付20美元。如果一个花瓶的价格是25美元，那么将卖出多少花瓶？这个市场上的消费者剩余值是多少？
   a. 将卖出一个花瓶，消费者剩余值为30美元。
   b. 将卖出一个花瓶，消费者剩余值为5美元。
   c. 将卖出两个花瓶，消费者剩余值为5美元。
   d. 将卖出三个花瓶，消费者剩余值为0美元。
   e. 将卖出三个花瓶，消费者剩余值为80美元。

6. 生产者剩余是_____。
   a. 在供给曲线以上和价格以下的面积
   b. 在供给曲线以下和价格以上的面积
   c. 在需求曲线以上和价格以下的面积
   d. 在需求曲线以下和价格以上的面积
   e. 在需求曲线以下和供给曲线以上的面积
7. 如果仁慈的社会计划者选择的生产量低于一种物品的均衡数量，那么_____。
   a. 生产者剩余最大化
   b. 消费者剩余最大化
   c. 总剩余最大化
   d. 买者对生产的最后一单位的评价大于生产成本
   e. 最后一单位的生产成本大于买者对它的评价
8. 如果仁慈的社会计划者选择的生产量高于一种物品的均衡数量，那么_____。
   a. 生产者剩余最大化
   b. 消费者剩余最大化
   c. 总剩余最大化
   d. 买者对生产的最后一单位的评价大于生产成本
   e. 最后一单位的生产成本大于买者对它的评价
9. 卖者的生产成本是_____。
   a. 卖者的消费者剩余
   b. 卖者的生产者剩余
   c. 卖者愿意为一种物品接受的最高价格
   d. 卖者愿意为一种物品接受的最低价格
   e. 以上各项都不对
10. 总剩余是_____。
    a. 在供给曲线以上和价格以下的

面积
　b. 在供给曲线以下和价格以上的面积
　c. 在需求曲线以上和价格以下的面积
　d. 在需求曲线以下和价格以上的面积
　e. 在需求曲线以下和供给曲线以上的面积

11. 一种物品的价格沿着一条不变的供给曲线上升将_____。
　a. 增加生产者剩余
　b. 减少生产者剩余
　c. 促进市场平等
　d. 以上各项都对

12. 亚当·斯密"看不见的手"的概念表明,竞争市场的结果_____。
　a. 使总剩余最小化
　b. 使总剩余最大化
　c. 引起社会成员的平等
　d. b 和 c 都对

13. 一般来说,仁慈的社会计划者若想使市场上买者和卖者得到的总收益最大化,计划者就应该_____。
　a. 选择高于市场均衡价格的价格
　b. 选择低于市场均衡价格的价格
　c. 允许市场自己寻找均衡
　d. 选择任何一种计划者想要的价格,因为卖者(买者)从价格的任何变动中产生的亏损都正好由买者(卖者)得到的收益抵消了

14. 如果买者是理性的,而且没有市场失灵,那么_____。
　a. 自由市场的解是有效率的
　b. 自由市场的解是平等的
　c. 自由市场的解使总剩余最大化
　d. 以上各项都对
　e. a 和 c 是正确的

15. 如果生产者有市场势力(可以影响市场上物品的价格),那么,自由市场的解_____。

　a. 是平等的
　b. 是有效率的
　c. 是无效率的
　d. 使消费者剩余最大化

16. 如果市场是有效率的,那么_____。
　a. 市场把产量配置给了对它评价最高的买者
　b. 市场把买者配置给了能以最低成本生产物品的生产者
　c. 市场生产的量使消费者和生产者剩余之和最大
　d. 以上各项都对
　e. 以上各项都不对

17. 如果市场引起了副作用或外部性,那么,自由市场的解_____。
　a. 是平等的
　b. 是有效率的
　c. 是无效率的
　d. 使生产者剩余最大化

18. 医疗显然延长了人的寿命。因此,我们的医疗消费应该一直增加到_____。
　a. 每个人想要多少就有多少
　b. 买者从医疗中得到的收益等于生产它的成本
　c. 再增加一单位医疗,买者不会获得收益
　d. 我们必须减少其他物品的消费

19. Joe 有 10 副棒球手套,而 Sue 没有。生产棒球手套的成本为 50 美元。如果 Joe 对增加一副棒球手套的评价是 100 美元,而 Sue 对一副棒球手套的评价是 40 美元,那么,为了_____。
　a. 使效率最大化,Joe 应该得到手套
　b. 使效率最大化,Sue 应该得到手套
　c. 使消费者剩余最大化,双方都应该得到一副手套
　d. 使平等最大化,Joe 应该得到手套

20. 假设一辆新自行车的价格是 300 美元。Sue 对一辆新自行车的评价是

400 美元。卖者生产一辆新自行车的成本是 200 美元。如果 Sue 购买一辆新自行车,总剩余值是_____。
a. 100 美元
b. 200 美元
c. 300 美元
d. 400 美元
e. 500 美元

## 7.4 进阶思考题

假设你与你的室友争论联邦政府是否应该补贴食物生产。你的室友认为,由于食物肯定是一种好东西(与酒、枪支和毒品这些会被一些社会成员本能地认为是罪恶的东西不同),显然我们不能说拥有的食物太多了。这就是说,由于食物显然是好的,所以拥有更多的食物总会增加我们的经济福利。

1. 你认为"不会过多拥有一种好东西"这种观点正确吗?相反,过多地生产食物、服装、住房这类确定无疑的好东西可能吗?为什么?
2. 在图 7-5 中,用食物的供求图说明你对第 1 题的答案,说明生产量超过均衡数量对经济福利的影响。

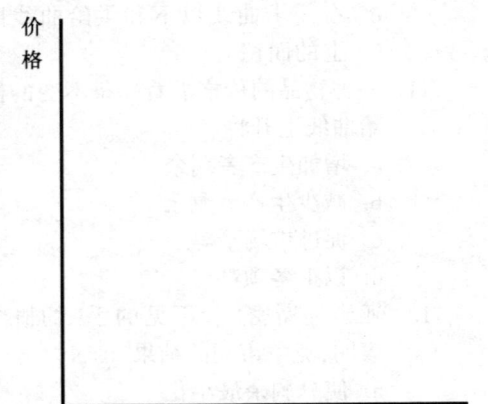

图 7-5

## 习 题 答 案

### 7.1.3 术语与定义

____3____ 福利经济学　　　　　____6____ 生产者剩余
____7____ 支付意愿　　　　　　____2____ 效率
____1____ 消费者剩余　　　　　____5____ 平等
____8____ 成本　　　　　　　　____4____ 市场失灵

### 7.2.1 应用题

1. a. 参看图 7-6。
   b. 粉刷一套公寓房。消费者剩余 = 5 000 美元 − 5 000 美元 = 0,因此,她没有消费者剩余。
   c. 粉刷四套公寓房。消费者剩余 = (5 000 美元 − 2 000 美元) + (4 000 美元 − 2 000 美元) + (3 000 美元 − 2 000 美元) + (2 000 美元 − 2 000 美元) = 6 000 美元。
   d. 她的消费者剩余增加,因为她从按原来价格已经购买的单位中获得一部分剩余,还从她由于价格下降而购买的新单位中获得另一部分剩余。
2. a. 参看图 7-7。
   b. 两套公寓房。生产者剩余 = (2 000 美元 − 1 000 美元) + (2 000 美元 − 2 000 美元) = 1 000 美元。

c. 四套公寓房。生产者剩余 =（4 000 美元 – 1 000 美元）+（4 000 美元 – 2 000 美元）+（4 000 美元 – 3 000 美元）+（4 000 美元 – 4 000 美元）= 6 000 美元。

d. 他的生产者剩余增加，因为他从已经粉刷的公寓中获得了更多的生产者剩余，再加上现在由于价格上升他去粉刷更多的公寓而获得另一部分生产者剩余。

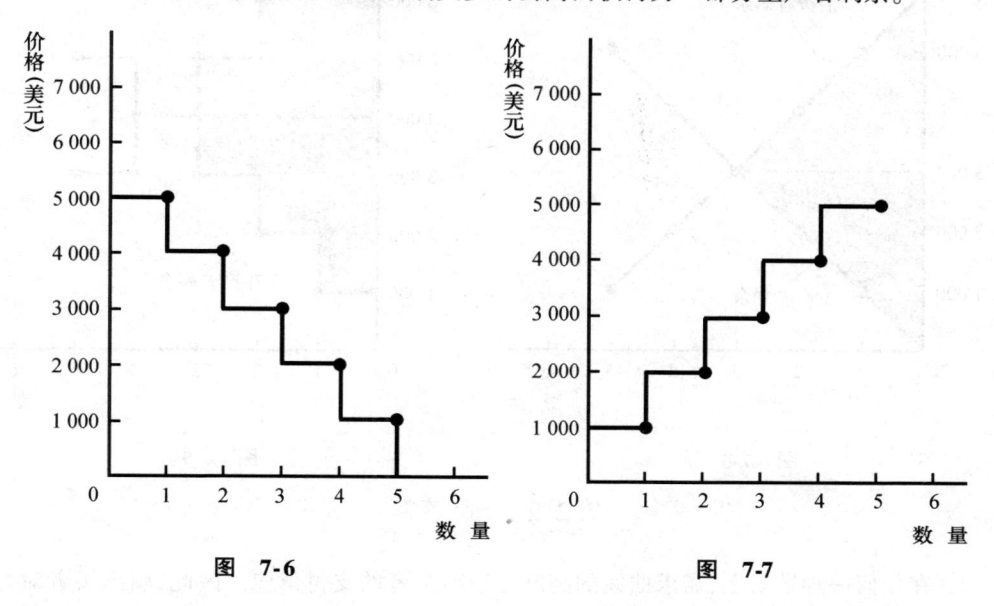

图 7-6　　　　　　　　　图 7-7

3. a. 只购买一单位，因此，消费者剩余 = 5 000 美元 – 5 000 美元 = 0，生产者剩余 = 5 000 美元 – 1 000 美元 = 4 000 美元，总剩余 = 0 + 4 000 美元 = 4 000 美元。

   b. 只生产一单位，因此，消费者剩余 = 5 000 美元 – 1 000 美元 = 4 000 美元，生产者剩余 = 1 000 美元 – 1 000 美元 = 0，总剩余 = 0 + 4 000 美元 = 4 000 美元。

   c. 消费者剩余 =（5 000 美元 – 3 000 美元）+（4 000 美元 – 3 000 美元）+（3 000 美元 – 3 000 美元）= 3 000 美元。生产者剩余 =（3 000 美元 – 1 000 美元）+（3 000 美元 – 2 000 美元）+（3 000 美元 – 3 000 美元）= 3 000 美元。总剩余 = 3 000 美元 + 3 000 美元 = 6 000 美元。自由市场的总剩余大于社会计划者的总剩余。

4. 参看图 7-8。是的，它有效率是因为在小于均衡数量的数量时，我们不能生产出买者评价高于成本的所有单位。在大于均衡数量的数量时，我们生产了一些成本低于买者对物品评价的单位。在均衡时，我们生产了买者评价高于成本的所有可能单位，这使总剩余最大化。

5. 参看图 7-9。消费者剩余 = 3 000 美元 + 2 000 美元 + 1 000 美元 + 0 = 6 000 美元。
   生产者剩余 = 3 000 美元 + 2 000 美元 + 1 000 美元 + 0 = 6 000 美元。
   总剩余 = 6 000 美元 + 6 000 美元 = 12 000 美元。
   消费者剩余、生产者剩余和总剩余都增加了。

图 7-8

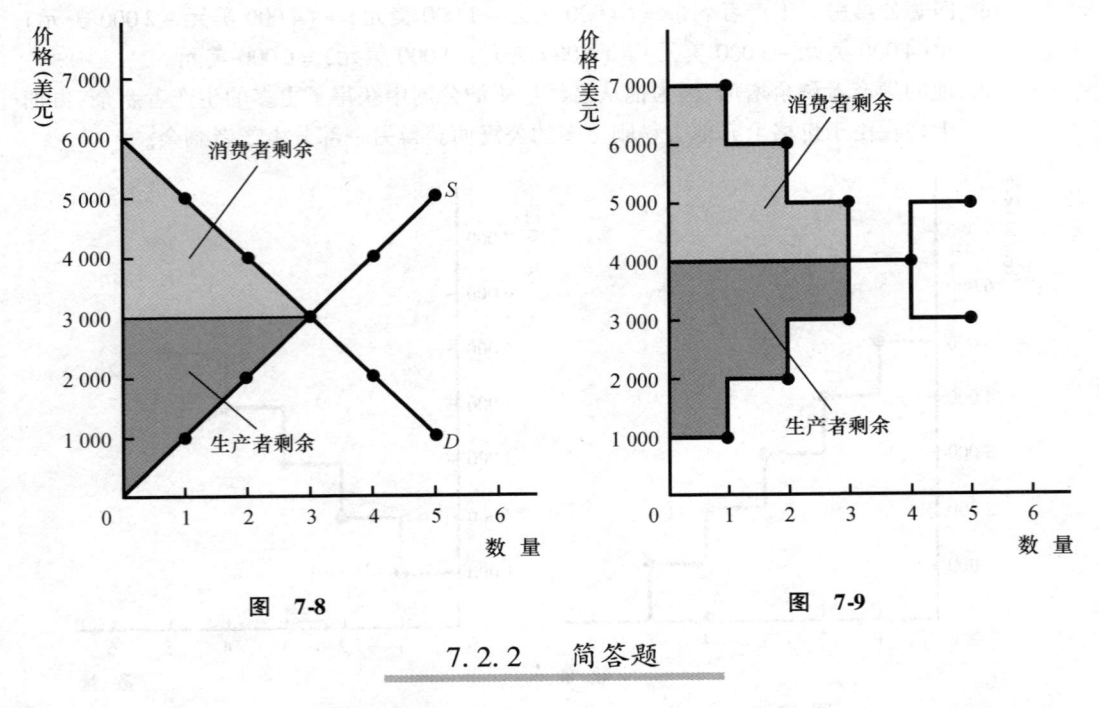

图 7-9

### 7.2.2 简答题

1. 在任何一种数量上,需求曲线的高度是边际买者的支付意愿。因此,画出买者对每种数量的支付意愿就得到了需求曲线。
2. 消费者剩余是买者的支付意愿减去买者实际支付的量。它用需求曲线以下和价格以上的面积来衡量。
3. 0,因为边际买者是价格稍有提高就会离开市场的买者,所以他们实际支付的价格就是其支付意愿,并没有得到剩余。
4. (10 美元 – 5 美元) + (10 美元 – 7 美元) + (10 美元 – 9 美元) = 9 美元。
5. 在任何一种数量上,供给曲线的高度是边际卖者的成本。因此,画出卖者每种数量的成本就得到了供给曲线。
6. 生产者剩余是卖者从一种物品中得到的量减去卖者的成本。它用价格以下和供给曲线以上的面积来衡量。
7. 生产者剩余增加,因为现有的卖者从要出售的单位中得到的剩余增加了,而且有新的卖者进入市场,因为现在的价格高于其成本。
8. 一般来说不能。在任何一种低于均衡数量的数量上,市场不能生产出买者评价大于成本的数量。在任何一种高于均衡数量的数量上,市场生产了成本大于买者评价的数量。
9. 它是指使所有社会成员总剩余最大化的资源配置。
10. 是的,因为它使需求曲线以下和供给曲线以上的面积最大化,或总剩余最大化。
11. 只有那些成本等于或低于市场价格的生产者才能生产并出售这种物品。

### 7.3.1 判断正误题

1. 错误；消费者剩余是买者的支付意愿减去买者实际支付的量。
2. 正确。
3. 错误；3美元 − 2美元 = 1美元。
4. 错误；它衡量市场上卖者参与市场的收益。
5. 正确。
6. 正确。
7. 正确。
8. 错误；总剩余是买者的评价减去卖者的成本。
9. 错误；自由市场把物品配置给那些支付意愿高于价格的买者。
10. 正确。
11. 正确。
12. 正确。
13. 正确。
14. 正确。
15. 错误；生产高于均衡数量的物品会减少总剩余，因为该部分物品的成本高于买者的评价。

### 7.3.2 单项选择题

1. d  2. c  3. b  4. b  5. c  6. a  7. d  8. e  9. d  10. e
11. a  12. b  13. c  14. e  15. c  16. d  17. c  18. b  19. a  20. b

### 7.4 进阶思考题

1. 你可以拥有过多的好东西。是的，任何有正的成本和消费者支付意愿递减的东西都可能被过度生产。这是因为在某个生产点上，每单位的成本将大于买者的评价，而且过度生产将会带来总剩余损失。

2. 参看图7-10。

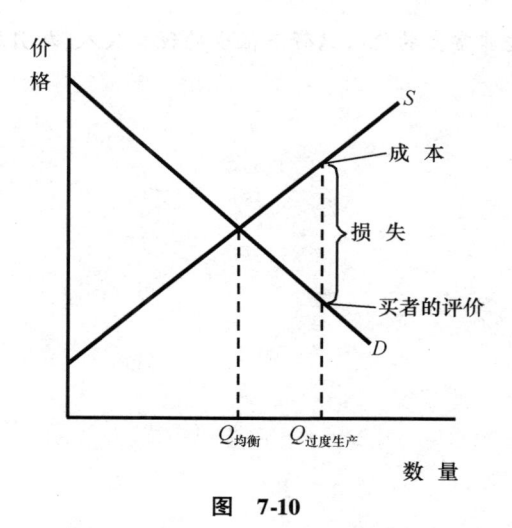

图 7-10

# 第8章
# 应用:税收的代价

## 目 标

**在本章中你将**

- 考察税收如何减少消费者剩余和生产者剩余
- 学习税收无谓损失的含义和原因
- 思考为什么一些税收的无谓损失大于另一些税收的无谓损失
- 考察税收收入和无谓损失如何随税收的规模而变动

## 效 果

**在实现这些目标之后,你应该能**

- 把税收楔子表示在供求图中,并确定税收收入、消费者剩余与生产者剩余的水平
- 把税收楔子表示在供求图中,并确定无谓损失的值
- 说明为什么一种既定的税收在供给和需求富有弹性时比缺乏弹性时将引起更大的无谓损失
- 说明为什么某些非常高的税收只带来很少的税收收入,却引起很大的无谓损失

## 8.1 本章概述

### 8.1.1 本章复习

税收提高了买者支付的价格,降低了卖者得到的价格,并减少了交易量。显然,买者和卖者的福利减少了,而政府的福利增加了。但是,整体福利也减少了,因为税收给买者和卖者带来的成本大于政府筹集到的收入。

**1. 税收的无谓损失**

回想一下第 6 章,税收是嵌入买者所支付的量和卖者所得到的量之间的一个楔子,而且,无论是向买者收税还是向卖者收税,都会减少销售量。就福利而言,回想一下第 7 章,消费者剩余是买者的支付意愿减去他们实际支付的价格,而生产者剩余是卖者实际得到的价格减去他们的成本。政府从税收中得到的福利或利益就是其从税收中得到的收入,是对一种物品征税后的销售量乘以每单位物品的税收,这种利益实际上归于那些花费税收收入的人。

根据图 8-1,没有税收时,价格是 $P_0$,而数量是 $Q_0$。因此,消费者剩余是 $A + B + C$,生产者剩余是 $D + E + F$。税收收入是零。总剩余是 $A + B + C + D + E + F$。

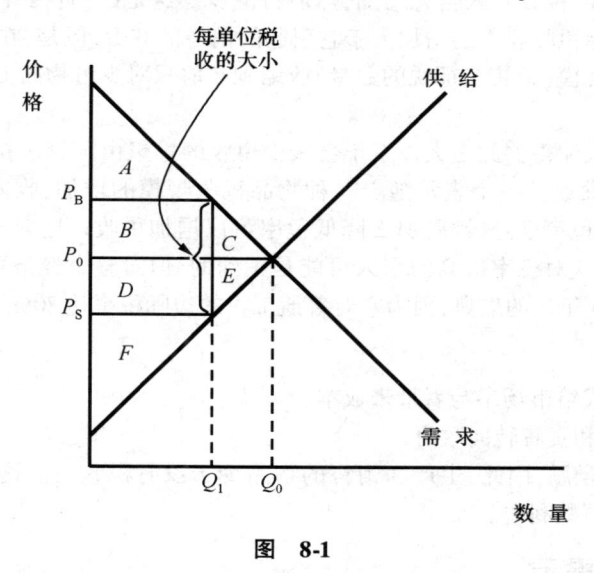

**图 8-1**

有税收时,买者支付的价格上升到 $P_B$,卖者得到的价格下降到 $P_S$,数量减少到 $Q_1$。消费者剩余现在是 $A$,生产者剩余现在是 $F$,税收收入是 $B + D$。总剩余现在是 $A + B + D + F$。消费者剩余和生产者剩余减少了,税收收入增加了。但是,消费者剩余和生产者剩余一共减少了 $B + C + D + E$,而政府收入只增加了 $B + D$。因此,买者和卖者的税收损失大于政府筹集到的税收收入。由税收引起的总剩余的减少称为**无谓损失**,在本例中等于 $C + E$。

税收引起无谓损失是因为税收使买者和卖者不能实现某些贸易的好处。这就是说,税收扭曲了激励,因为税收提高了买者支付的价格,减少了需求量,而且税收降低了卖者得到的价格,减少了供给量。市场规模缩减到其最优水平之下,而且卖者不能生产并销售买者的收益大于生产者成本的所有物品。无谓损失是贸易潜在好处的损失。

### 2. 决定无谓损失的因素

税收的无谓损失的大小取决于供给和需求的弹性。税收的无谓损失是由买者和卖者所面临的价格扭曲引起的。当对一种物品征税时,买者对物品价格的上升越敏感(富有弹性的需求),需求量减少得越多;卖者对物品价格的下降越敏感(富有弹性的供给),供给量减少得越多。市场上交易量减少得越多,引起的无谓损失就越大。因此,供给和需求的弹性越大,税收的无谓损失就越大。

在美国经济中,最重要的税收是劳动税——联邦和各州的收入所得税以及社会保障税。劳动税鼓励工人减少工作时间、家里的第二个赚钱者不工作、老年人早退休,以及一些不法分子从事地下经济活动。劳动的供给越富有弹性,税收的无谓损失越大,从而,任何一项依靠所得税收入提供资金的政府计划的成本就越大。经济学家和政治家在劳动的供给弹性有多大以及这些影响有多大等问题上存在争议。

### 3. 税收变动时的无谓损失和税收收入

随着税收的增加,无谓损失也在随之增加。实际上,无谓损失增加的比例高于税收增加的比例。无谓损失的增加是税收增加倍数的平方。例如,如果税收增加到 2 倍,那么无谓损失增加到 4 倍;如果税收增加到 3 倍,那么无谓损失增加到 9 倍;等等。

随着税收的增加,税收收入会先增加,然后再减少。这是因为:在开始阶段,税收的增加所带来的每单位物品税收收入的增加大于它引起的销售额减少,但是,在某一点时,由于一直增加的税收使市场规模(销售与征税的数量)收缩到政府只对少量物品征收高税收的水平,税收收入开始减少。

高税率使市场收缩得如此之大以至于会减少税收的思想由阿瑟·拉弗(Arthur Laffer)于 1974 年提出。**拉弗曲线**是一个表示随着一种物品税收规模的增加,收入先增加后减少的图形。其含义是,如果税率已经极高,那么降低税率可以增加税收。这属于供给学派经济学的一部分。证据表明,这对税率极高的个人可能是正确的,但对整个经济可能不太正确。可能的例外是 20 世纪 80 年代的瑞典,因为它对普通工人的边际税率达 80% 左右。

### 4. 结论

税收以两种方式给市场参与者带来成本:

- 资源从买者和卖者转向政府。
- 税收扭曲了激励,因此,生产和销售的物品少于没有税收时。这就是说,税收使社会失去了有效市场的一些利益。

## 8.1.2 有益的提示

(1) 随着税收增加,它减少的市场规模越来越大。在某一点上,税收如此之高,以至于它大于或等于从第一单位物品中得到的潜在剩余。在那一点时,税收就成为禁止性税收,因为它连市场都消灭了。要注意,当一种税收成为禁止性税收时,政府根本无法从税收中得到收入,因为没有物品的销售。市场到了拉弗曲线上不利的一面。

(2) 随着税收增加,无谓损失以递增的比率增加,因为无谓损失有两个来源,而且这两个来源都引起无谓损失随税收增加而增加。第一,税收增加减少了交易量,并增加了无谓损失。第二,随着交易量由于税收而减少,以后每一个未被生产并出售的单位都有与之相关的更高的总剩余。这进一步增加了税收的无谓损失。

### 8.1.3 术语与定义

为每个关键术语选择一个定义。

| 关键术语 | 定　义 |
|---|---|
| _____ 税收楔子 | 1. 税收引起的总剩余减少 |
| _____ 无谓损失 | 2. 一个表示税收规模与所得到的税收收入之间关系的图形 |
| _____ 拉弗曲线 | 3. 当在市场上征税时，买者支付的价格和卖者得到的价格之间的差额 |

## 8.2　应用题与简答题

### 8.2.1　应用题

1. 图 8-2 表示轮胎市场。假设对出售的每个轮胎征收 12 美元的道路使用税。
   a. 在图 8-2 中标出消费者剩余、生产者剩余、税收收入和无谓损失。
   b. 为什么在征税之后，轮胎市场上出现了无谓损失？
   c. 政府得到的税收收入是多少？为什么政府不能对所销售的 60 个轮胎（原来的均衡量）中的每一个征收 12 美元的税？
   d. 从买者得到的税收收入是多少？从卖者得到的税收收入是多少？税收负担更多地落到了买者身上还是卖者身上？为什么？
   e. 假设随着时间推移，轮胎的买者可以找到汽车轮胎的替代品（他们步行或骑自行车）。由于这个原因，他们对轮胎的需求变得更富有弹性。轮胎市场上无谓损失的大小会发生什么变动？为什么？

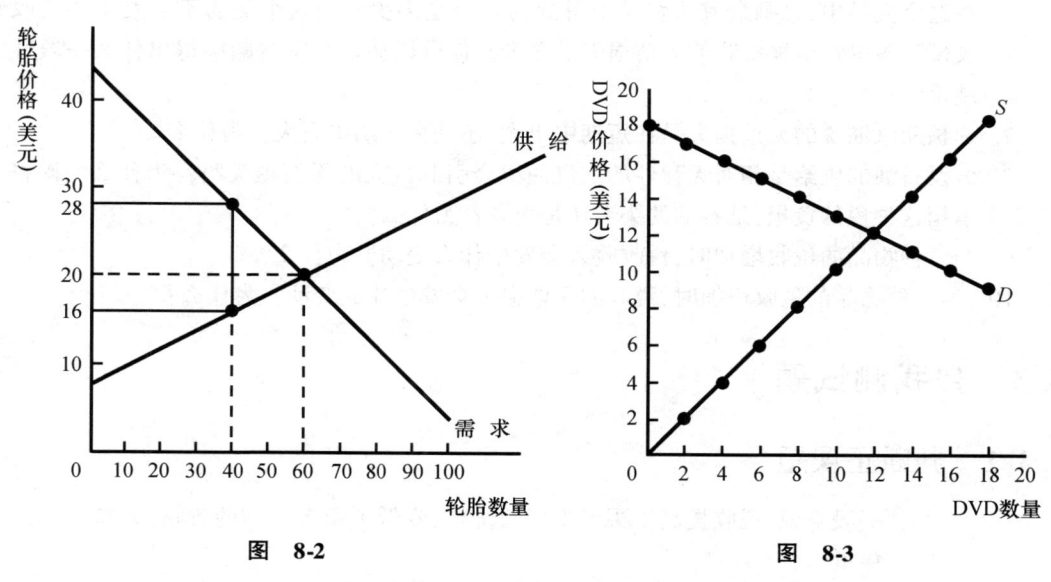

图　8-2

图　8-3

2. 图 8-3 表示 DVD 市场，用其回答下列问题。
   a. 将下表填写完整（计算无谓损失时，注意三角形面积是 1/2×底×高）。

| 每单位的税收(美元) | 筹集的税收收入(美元) | 无谓损失(美元) |
|---|---|---|
| 0 | —— | —— |
| 3 | —— | —— |
| 6 | —— | —— |
| 9 | —— | —— |
| 12 | —— | —— |
| 15 | —— | —— |
| 18 | —— | —— |

  b. 随着每单位税收的增加，筹集的税收收入量发生了什么变动？为什么？
  c. 在每张 DVD 的税收为 18 美元时，政府得到的税收收入是多少？为什么？
  d. 如果政府想使税收收入最大化，每单位应该征收多少税？
  e. 如果政府想使效率(总剩余)最大化，每单位应该征收多少税？
  f. 随着税收增加，由税收引起的无谓损失会发生什么变动？为什么？

### 8.2.2 简答题

1. 为什么税收减少了消费者剩余？
2. 为什么税收减少了生产者剩余？
3. 为什么税收通常都产生了无谓损失？
4. 在什么条件下，税收不会产生无谓损失？
5. 当对一种物品征税时，政府得到的收入等于税收引起的总剩余损失吗？为什么？
6. 假设 Rachel 对粉刷她的住房的评价为 1 000 美元。Paul 粉刷住房的成本是 700 美元。在这个交易中，总剩余或从贸易中得到的好处是多少？使这个交易不会发生的税收规模是多少？这种税收的无谓损失是多少？你可以从这个练习题中得出什么一般性结论？
7. 你预期汽油税的无谓损失是在短期中更大，还是在长期中更大？为什么？
8. 假设石油的供给是相对无弹性的。汽油税会引起巨大的无谓损失吗？为什么？谁将承担这种税的负担，是石油的买者还是卖者？为什么？
9. 当一种物品的税收增加时，税收收入会发生什么变动？为什么？
10. 当一种物品的税收增加时，税收的无谓损失会发生什么变动？为什么？

## 8.3 自我测试题

### 8.3.1 判断正误题

_____ 1. 一般来说，税收提高了买者支付的价格，降低了卖者得到的价格，并减少了销售量。

_____ 2. 如果对一种物品征税，并减少了销售量，税收就必定有无谓损失。

_____ 3. 无谓损失是由税收引起的消费者剩余减少。

_____ 4. 当对一种物品征税时，政府得到的收入正好等于税收引起的消费者剩余和生产者剩余的损失。

_____ 5. 如果 John 对理发的评价为 20 美元，Mary 提供理发服务的成本是 10 美元，那么任何一种大于 10 美元的理发税都会消除贸易的好处，并引起总剩余 20 美元的损失。

_____ 6. 如果对市场上一种供给完全无弹性的物品征税，那么就没有无谓损失，而且卖者承担全部税收负担。

_____ 7. 香烟税引起的无谓损失可能大于豪华游艇税引起的无谓损失。

_____ 8. 如果供给和需求都缺乏弹性，那么税收引起的无谓损失就大。

_____ 9. 税收引起无谓损失是因为它消除了一些潜在的贸易好处。

_____ 10. 较高的税收总引起更多的税收收入。

_____ 11. 较高的税收总引起较大的无谓损失。

_____ 12. 如果所得税税率相当高，那么降低税率可以增加税收收入。

_____ 13. 向买者征税引起的无谓损失小于向卖者征税引起的无谓损失。

_____ 14. 如果税收翻一番，那么税收的无谓损失大于原来的两倍。

_____ 15. 当税收引起市场参与者不能生产并销售买者的收益大于卖者的成本的物品数量时，就产生了无谓损失。

## 8.3.2 单项选择题

**用图 8-4 回答第 1—10 题。**

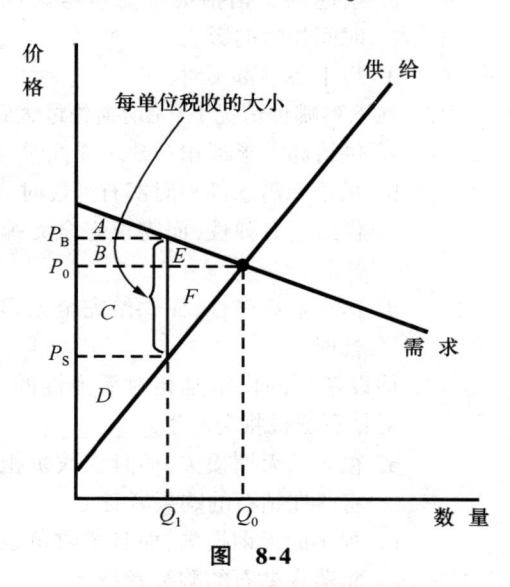

图 8-4

1. 如果不对这个市场上的物品征税，消费者剩余的面积是_____。
   a. $A + B + C$
   b. $D + C + B$
   c. $A + B + E$
   d. $C + D + F$
   e. $A$

2. 如果不对这个市场上的物品征税，生产者剩余的面积是_____。
   a. $A + B + C + D$
   b. $C + D + F$
   c. $D$
   d. $C + F$
   e. $A + B + E$

3. 如果对这个市场上的物品征税，消费者剩余的面积是_____。
   a. $A$
   b. $A + B$
   c. $A + B + E$
   d. $A + B + C + D$
   e. $D$

4. 如果对这个市场上的物品征税，生产者剩余的面积是_____。
   a. $A$

b. $A+B+E$
c. $C+D+F$
d. $D$
e. $A+B+C+D$

5. 如果对这个市场上的物品征税,买者支付的税收收入的面积是_____。
   a. $A$
   b. $B$
   c. $C$
   d. $B+C$
   e. $B+C+E+F$

6. 如果对这个市场上的物品征税,卖者支付的税收收入的面积是_____。
   a. $A$
   b. $B$
   c. $C$
   d. $C+F$
   e. $B+C+E+F$

7. 如果不对这个市场上的物品征税,总剩余的面积是_____。
   a. $A+B+C+D$
   b. $A+B+C+D+E+F$
   c. $B+C+E+F$
   d. $E+F$
   e. $A+D+E+F$

8. 如果对这个市场上的物品征税,总剩余的面积是_____。
   a. $A+B+C+D$
   b. $A+B+C+D+E+F$
   c. $B+C+E+F$
   d. $E+F$
   e. $A+D$

9. 如果对这个市场上的物品征税,无谓损失的面积是_____。
   a. $B+C$
   b. $B+C+E+F$
   c. $A+B+C+D$
   d. $E+F$
   e. $A+D$

10. 关于图 8-4 中的税收负担,以下哪一种说法是正确的?
    a. 买者支付了更大部分的税收,因为需求比供给缺乏弹性。
    b. 买者支付了更大部分的税收,因为需求比供给富有弹性。
    c. 卖者支付了更大部分的税收,因为供给比需求富有弹性。
    d. 卖者支付了更大部分的税收,因为供给比需求缺乏弹性。

11. 下列哪一种税会引起最大的无谓损失?
    a. 香烟税。
    b. 盐税。
    c. 邮轮票税。
    d. 汽油税。

12. 汽油税很可能_____。
    a. 与短期相比,在长期中引起更大的无谓损失
    b. 与长期相比,在短期中引起更大的无谓损失
    c. 引起的无谓损失不受所考虑的时间长短的影响
    d. 以上各项都不对

13. 在下列哪种情况下,无谓损失最大?
    a. 供给和需求都相对缺乏弹性时。
    b. 供给和需求都相对富有弹性时。
    c. 供给富有弹性,而需求完全无弹性时。
    d. 需求富有弹性,而供给完全无弹性时。

14. 假设钻石的供给是相对无弹性的。对钻石征税将会产生_____。
    a. 很大的无谓损失,而且税收负担将落在钻石的购买者身上
    b. 很小的无谓损失,而且税收负担将落在钻石的购买者身上
    c. 很大的无谓损失,而且税收负担将落在钻石的销售者身上
    d. 很小的无谓损失,而且税收负担将落在钻石的销售者身上

15. 劳动所得税往往会鼓励_____。
    a. 工人工作时间更短
    b. 第二个赚钱者留在家里
    c. 老年人提前退休
    d. 不法分子从事地下经济活动
    e. 以上各项都对

16. 当一种物品税开始较低并逐渐增加时,税收收入将_____。
    a. 增加
    b. 减少
    c. 先增加后减少
    d. 先减少后增加
    e. 以上各项都不对

17. 表示税收规模和政府得到的税收收入之间关系的图形被称为_____。
    a. 无谓损失曲线
    b. 税收收入曲线
    c. 拉弗曲线
    d. 里根曲线
    e. 以上各项都不对

18. 如果对一种物品的税收翻一番,那么税收的无谓损失_____。
    a. 仍然不变
    b. 翻一番
    c. 增加到四倍
    d. 可能增加或减少

19. 税收减少_____。
    a. 可以增加税收收入,如果之前税收极高
    b. 总会减少税收收入,无论以前税收规模如何
    c. 对税收收入没有影响
    d. 使市场变得更无效率

20. 当税收扭曲了买者和卖者的激励,以致生产和销售的物品少于没有税收时的数量,税收就会_____。
    a. 提高效率
    b. 降低买者支付的价格
    c. 导致没有税收收入
    d. 引起无谓损失

## 8.4 进阶思考题

你与你的室友正在看地方台的新闻报道。新闻主持人报道说,本州预算有1亿美元的赤字。由于该州现在从其5%的销售税中正好得到1亿美元,因此,你的室友就说:"我可以告诉他们如何消除这个赤字。他们应该简单地把销售税翻一番,提高到10%。这样就可以使税收收入翻一番,从1亿美元增加到2亿美元,从而提供所需要的1亿美元。"

1. 税收翻一番,税收收入也总会翻一番正确吗?为什么?
2. 销售税翻一番对所有市场的税收收入和无谓损失的影响程度都相同吗?解释之。

## 习 题 答 案

### 8.1.3 术语与定义

___3___ 税收楔子　　　　　___2___ 拉弗曲线
___1___ 无谓损失

### 8.2.1 应用题

1. a. 参看图 8-5。

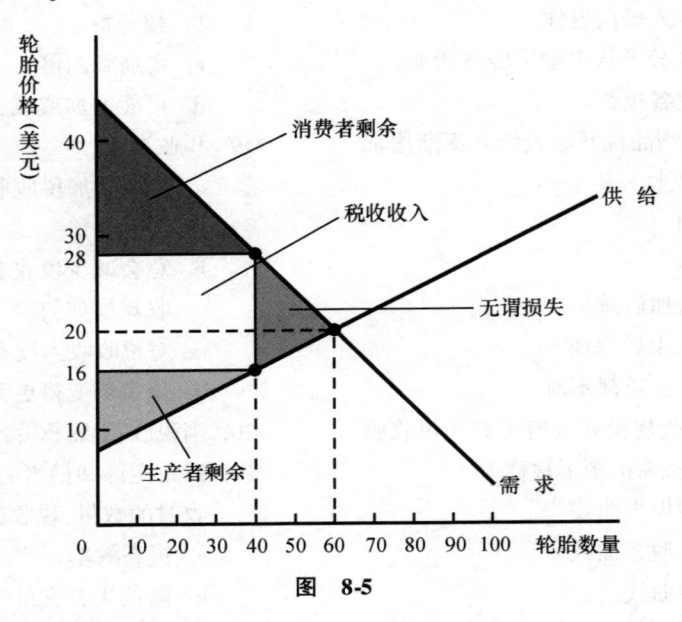

**图 8-5**

b. 税收提高了买者支付的价格,并降低了卖者得到的价格,这就使他们减少了需求量和供给量。因此,他们不能生产并交易买者评价大于卖者成本的单位。

c. 12 美元 × 40 = 480 美元。税收扭曲了买者和卖者的价格,因此,有税收时的供给量和需求量从 60 单位减少为 40 单位。

d. 从买者得到的税收收入 = 8 美元 × 40 = 320 美元。从卖者得到的税收收入 = 4 美元 × 40 = 160 美元。负担更多地落到买者身上,因为轮胎的需求比轮胎的供给缺乏弹性。

e. 无谓损失将增加,因为当买者对(由于税收引起的)价格上升更敏感时,他们减少的需求量更大,而且市场的收缩也更大。这样,更少的买者评价大于成本的单位将被售出。

2. a.

| 每单位的税收(美元) | 筹集的税收收入(美元) | 无谓损失(美元) |
| --- | --- | --- |
| 0 | 0 | 0 |
| 3 | 30 | $(3 \times 2)/2 = 3$ |
| 6 | 48 | $(6 \times 4)/2 = 12$ |
| 9 | 54 | $(9 \times 6)/2 = 27$ |
| 12 | 48 | $(12 \times 8)/2 = 48$ |
| 15 | 30 | $(15 \times 10)/2 = 75$ |
| 18 | 0 | $(18 \times 12)/2 = 108$ |

b. 它先增加,然后减少。在开始时,随着税收增加,税收收入增加。达到某一点时,税

收使市场规模缩小到政府只能对少量物品征收高税收的水平,这使税收收入开始减少。

c. 得不到税收收入,因为税收与第一单位物品的总剩余相等。因此,即使生产与消费一单位物品的激励都不存在,整个市场消除了。

d. 每单位9美元。

e. 每单位0美元,这使市场回到自由市场均衡。

f. 无谓损失将增加。实际上,它以递增的比率增加。这是因为,随着税收增加,税收所导致的交易量减少带来了更大的潜在剩余。

## 8.2.2 简答题

1. 消费者剩余是买者购买一种物品愿意支付的价格减去买者实际支付的价格,而税收提高了买者实际支付的价格。

2. 生产者剩余是卖者出售一种物品愿意接受的价格减去卖者的成本,而税收减少了卖者从一种物品上得到的价格。

3. 税收提高了买者支付的价格,并降低了卖者得到的价格。这种价格扭曲减少了需求量和供给量,因此,我们不能生产并消费买者的收益大于卖者的成本的数量。

4. 如果供给和需求都是完全无弹性的(对价格变动不敏感),那么税收就不会减少交易量,而且市场不会收缩,此时不会产生无谓损失。

5. 不等于。税收扭曲了买者和卖者的价格,并减少了他们的需求量与供给量。只能对征税后所销售的物品数量征税。那些不再生产并销售的单位没有税收收入,但这些单位本可以增加总剩余,因为买者对它们的评价大于卖者的成本。总剩余的减少是无谓损失。

6. 总剩余为300美元。任何一种税收规模大于300美元的税都可以消除这一贸易。无谓损失将是300美元。大于潜在贸易好处的税收将消除这种贸易,并引起与失去的贸易好处相等的无谓损失。

7. 长期中的无谓损失更大。这是因为长期中消费者和生产者可以在价格向不利方向变动时用替代品替代进而离开该市场,所以需求和供给更富有弹性。因此在长期中税收引起的市场收缩越大,无谓损失也越大。

8. 不会。因为石油的供给是非常缺乏弹性的,所以供给量不会对卖者得到的价格下降做出反应。由于同样的原因——石油的供给非常缺乏弹性,卖者将承担税收负担。

9. 税收收入先增加。当税收达到某一点时,由于买者和卖者的价格扭曲引起市场收缩,只能从少量的交易物品中征收高税收,从而税收收入减少。

10. 随着税收增加,税收引起的价格扭曲使得市场一直收缩,因此无谓损失一直增加。所以,我们不能生产越来越多的买者收益大于卖者成本的东西。

## 8.3.1 判断正误题

1. 正确。
2. 正确。
3. 错误;无谓损失是税收引起的总剩余的减少。
4. 错误;生产者剩余和消费者剩余的损失大于税收收入。差额是无谓损失。
5. 错误;总剩余的损失是买者的评价减

卖者的成本,或者20美元-10美元=10美元。

6. 正确。
7. 错误;需求曲线越有弹性,无谓损失越大,而香烟(必需品)的需求应该比豪华游艇(奢侈品)更为缺乏弹性。
8. 错误;当供给和需求更富有弹性时,税收引起更大的无谓损失。
9. 正确。
10. 错误;随着税收增加,税收收入先增加,而后开始下降,因为最终税收使市场收缩到所有贸易都被消除而税收收入为零的一点。
11. 正确。
12. 正确。
13. 错误;向买者或卖者征税是相同的。这就是经济学家为什么在分析税收时简单地使用税收楔子从而完全回避了这个问题。
14. 正确。
15. 正确。

### 8.3.2 单项选择题

1. c　2. b　3. a　4. d　5. b　6. c　7. b　8. a　9. d　10. d
11. c　12. a　13. b　14. d　15. e　16. c　17. c　18. c　19. a　20. d

## 8.4 进阶思考题

1. 不正确。通常来说,税收增加将减少市场规模,因为税收提高了买者付出的价格,这使他们减少了需求量,而且税收降低了卖者得到的价格,这使他们减少了供给量。当税收翻一番时,政府从少得多的单位中得到了每单位双倍的税收。因此,税收收入不会增加到原来的两倍,在某些极端情况下,税收收入甚至减少。
2. 不相同。一些市场的供给曲线和需求曲线可能极其富有弹性。在这些市场上,税收增加引起市场参与者离开市场,此时税收增加带来的税收收入增加很少,但无谓损失增加了很多。另一些市场的供给曲线和需求曲线可能缺乏弹性。在这些市场上,税收增加不会引起市场参与者离开市场,从而会使税收收入大量增加,但无谓损失却几乎不增加。

# 第 9 章
# 应用:国际贸易

## 目　标

### 在本章中你将

- 思考一国是进口还是出口一种物品由什么决定
- 考察在国际贸易中谁获利谁受损
- 了解国际贸易中赢家的好处大于输家的损失
- 分析关税的福利影响
- 考察人们用来支持贸易限制的各种观点

## 效　果

### 在实现这些目标之后,你应该能

- 决定如果世界价格高于贸易前的国内价格,一国是进口还是出口一种物品
- 说明当一国进口一种物品时消费者获益而生产者受损
- 用消费者剩余与生产者剩余说明,当一国进口一种物品时消费者的好处大于生产者的损失
- 说明与关税相关的无谓损失
- 驳斥支持贸易限制的观点

## 9.1 本章概述

### 9.1.1 本章复习

本章运用福利经济学来分析以下问题：
- 国际贸易如何影响经济福利？
- 谁从自由国际贸易中获益？谁受损？
- 如何比较贸易的好处与贸易的损失？

**1. 决定贸易的因素**

在没有国际贸易时，市场产生了使国内供给量与国内需求量相等的国内价格。**世界价格**是一种物品在世界市场上通行的价格。价格代表机会成本。因此，比较贸易前一种物品的世界价格和国内价格可以分析一国是否有较低的机会成本，即是本国在该物品的生产上有比较优势，还是其他国家在该物品的生产上有比较优势。

- 如果一种物品的世界价格高于国内价格，那么该国生产该物品有比较优势，而且如果允许贸易，则应该出口该物品。
- 如果一种物品的世界价格低于国内价格，那么外国生产该物品有比较优势，而且如果允许贸易，则应该进口该物品。

**2. 贸易的赢家和输家**

假定所分析的国家是一个小国，那么其在世界市场上是一个**价格接受者**。这意味着，该国只能接受既定的世界价格，并不能影响世界价格。

图 9-1 描述了世界价格高于贸易前国内价格的状况。这个国家在这种物品的生产上有比较优势。如果允许自由贸易，国内价格将上升到世界价格，并出口国内供给量与国内需求量之间的差额。

就贸易对出口国的好处与损失而言，贸易前消费者剩余是 $A+B$，生产者剩余是 $C$，因此，总剩余是 $A+B+C$。在贸易之后，消费者剩余是 $A$，生产者剩余是 $B+C+D$（价格以下和供给曲线以上的面积）。由于贸易好处的面积是 $D$，总剩余现在是 $A+B+C+D$。这种分析得出了两个结论：

- 当一国允许贸易并成为一种物品的出口国时，国内该物品生产者的状况变好，而国内该物品消费者的状况变坏。
- 从赢家收益超过了输家损失的意义上说，贸易使一国的经济福利增加了。

图 9-2 描述了世界价格低于贸易前国内价格时的状况。其他国家在这种物品的生产上有比较优势。如果允许自由贸易，国内价格将下降到世界价格，并进口国内供给量与国内需求量之间的差额。

图 9-1

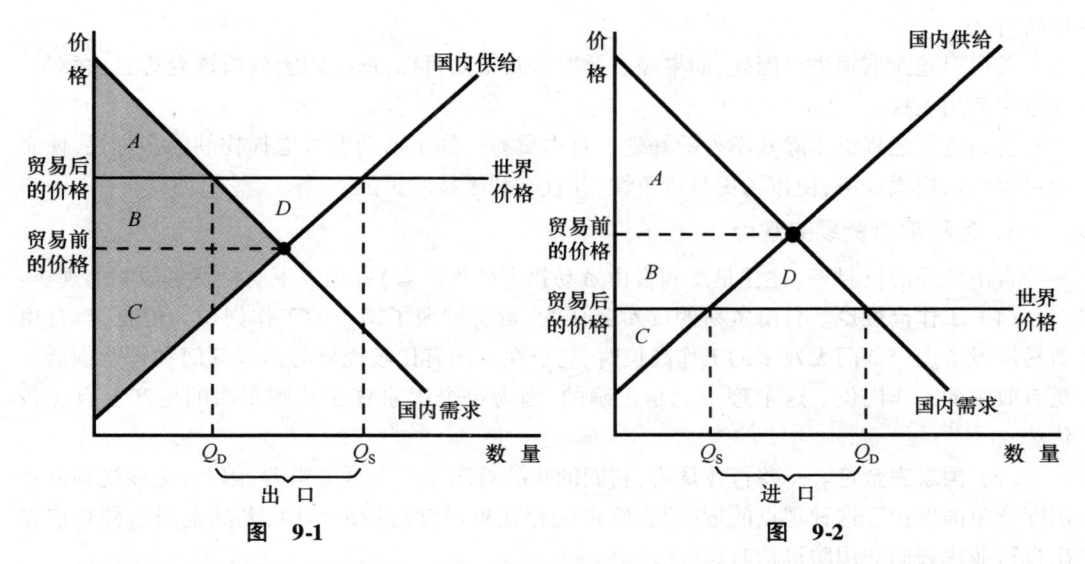

图 9-2

就贸易对进口国的好处与损失而言,贸易前消费者剩余是 $A$,生产者剩余是 $B+C$,因此,总剩余是 $A+B+C$。在贸易之后,消费者剩余是 $A+B+D$(需求曲线以下和价格以上的面积),生产者剩余是 $C$。由于贸易好处的面积是 $D$,总剩余现在是 $A+B+C+D$。这种分析得出了两个结论:

- 当一国允许贸易并成为一种物品的进口国时,国内该物品消费者状况变好,而国内该物品生产者状况变坏。
- 从赢家收益超过了输家损失的意义上说,贸易使一国的经济福利增加了。

如果赢家补偿输家,贸易就可以使每一个人的状况都变好。但赢家很少支付补偿,因此,输家会为实行贸易限制,比如关税,而进行游说。

关税限制了国际贸易。**关税**是对在国外生产并在国内销售的物品征收的税。因此,只有当一国是某物品的进口国时才对该物品征收关税。关税提高了物品的价格,减少了国内需求量,增加了国内供给量,从而减少了进口量。关税使市场接近于无贸易时的均衡。

关税增加了生产者剩余,增加了政府收入,但其所减少的消费者剩余量大于生产者剩余和政府收入的增加。因此,关税由于减少了总剩余而引起了无谓损失。无谓损失产生于两个来源:关税引起的价格上升导致生产者生产其成本高于世界价格的单位(过度生产),并且导致消费者不能消费其评价高于世界价格的单位(消费不足)。

进口配额确定了在国外生产并在国内销售的一种物品的数量限额。为了实现这一点,一个政府可以分配数量有限的进口许可证。与关税一样,进口配额减少了进口量,提高了该物品的国内价格,减少了国内消费者的福利,增加了国内生产者的福利,产生了无谓损失。它使市场变动到接近于没有贸易时的均衡。

要注意,关税与进口配额的结果几乎是一样的,唯一的区别是政府能从关税中获益。如果进口许可证被免费发放,那么许可证持有者将从低于国内价格的世界价格中获得剩余。如果政府出售最大可能量的进口许可证,那么它得到的收入将等于关税收入,从而关税和配额的作用就完全相同。如果配额是由出口国"自愿"实行的,那么配额的收入就归外国企业或政府所有。

关税引起无谓损失。因此,如果经济效率是政策的目标,那么国家就应该允许自由贸易,并避免使用关税。

自由贸易还提供了除效率外的好处。自由贸易增加了消费者可选择物品的多样性,使企业可以利用规模经济,使市场更具竞争性,并且有利于技术扩散。

### 3. 各种限制贸易的观点

自由贸易的反对者(往往是受到自由贸易损害的生产者)提出以下支持贸易限制的观点:

(1) **工作岗位论**。自由贸易的反对者认为,贸易摧毁了国内的工作岗位。但是,当自由贸易摧毁了进口部门无效率的工作岗位时,它也在一国有比较优势的出口部门和行业创造了更有效率的工作岗位。这个理由总是正确的,因为每个国家总在某些东西的生产上有比较优势。

(2) **国家安全论**。一些行业认为,它们的物品对国家安全至关重要,因此,应该受到避免国际竞争的保护。这种观点的危险是,它可能存在被过度使用的风险,尤其是当这种观点是出自行业代表而非国防机构时。

(3) **幼稚产业论**。一些新产业认为它们需要避开国际竞争的暂时保护,直至成熟得足以进行竞争。但是,选择哪一个新产业来给予保护是一个问题,而且,一旦受到保护,这种暂时保护往往就会成为持久的保护。此外,政府真正预期未来能有竞争力的产业其实并不需要保护,因为所有者能承受短期亏损。

(4) **不公平竞争论**。自由贸易的反对者认为,其他国家为自己的行业提供了一些不公平的优势,例如补贴、税收减免,以及较松的环境限制。但是,进口国消费者的好处将大于该国生产者的损失,而且,当进口有补贴的物品时,进口国将获益。

(5) **作为讨价还价筹码的保护论**。自由贸易的反对者认为,贸易限制的威胁会使其他国家降低其贸易限制。但是,如果这种策略不起作用,做出威胁的国家就必须让步或减少贸易——其中任何一种都是不合意的。

当各国选择降低贸易限制时,可以采用单边的方法,自己取消贸易限制。此外,它们也可以采用多边的方法,与其他国家共同减少贸易限制。多边方法的例子是北美自由贸易协定(NAFTA)和关贸总协定(GATT)。关贸总协定的规则由世界贸易组织(WTO)实施。多边方法的优点在于,许多国家一起这样做时,会带来总体上更自由的贸易,并且有时在政治上更容易实现。但是,如果各国的谈判破裂,它也会失败。许多经济学家建议使用单边方法,因为这样可以使一国的国内经济获益,而且也会促使其他国家加以仿效。

### 4. 结论

绝大多数经济学家支持自由贸易。美国各州之间的自由贸易通过允许不同地区专门从事自己有比较优势的物品的生产而增加了福利。同样,各国之间的自由贸易也使各国可以享受比较优势的收益,并从贸易中获益。

## 9.1.2 有益的提示

(1) 限制自由贸易的国家通常限制进口,而不限制出口。这是因为生产者从进口中受损,而从出口中获益,而且生产者更容易组织起来游说政府保护他们的利益。例如,当一国进口一种物品时,消费者获益,而生产者受损。消费者不太可能像受影响的生产者那样组织起来游说政府,因此,进口可能会受到限制。当一国出口一种物品时,生产者获益,而消费者受损。但是,消费者又不大可能组织起来游说政府去限制出口,因此,出口很少受到限制。

(2)绝大多数经济学家发现,反对自由贸易的经济学观点都是站不住脚的。唯一无法用经济学反驳的反对自由贸易的观点是"国家安全论"。这是因为它是唯一不基于经济学而基于其他战略目标的反对自由贸易的观点。

(3)禁止性关税或进口配额是如此具有限制性,以至于使市场回到原来没有贸易时的均衡。如果关税大于或等于世界价格与无贸易时国内价格之间的差额,或者进口配额确定为零,就会出现这种情况。

### 9.1.3　术语与定义

为每个关键术语选择一个定义。

| 关键术语 | 定　义 |
|---|---|
| _____世界价格 | 1. 不能影响价格,因此把价格作为既定价格的市场参与者 |
| _____价格接受者 | 2. 一种物品在世界市场上通行的价格 |
| _____关税 | 3. 对在国外生产而在国内销售的物品征收的一种税 |

## 9.2　应用题与简答题

### 9.2.1　应用题

1. 用图9-3回答以下问题。

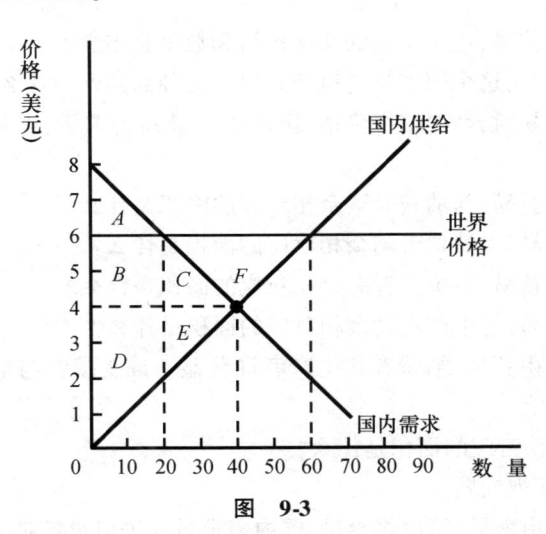

图　9-3

a. 如果不允许贸易,这个市场的均衡价格和数量是多少?

b. 如果允许贸易,这个国家是进口还是出口这种商品？为什么？
c. 如果允许贸易,物品的销售价格、国内供给量与需求量,以及进口量或出口量各是多少？
d. 如果不允许贸易,与消费者剩余相对应的面积是什么？
e. 如果允许贸易,与消费者剩余相对应的面积是什么？
f. 如果不允许贸易,与生产者剩余相对应的面积是什么？
g. 如果允许贸易,与生产者剩余相对应的面积是什么？
h. 如果允许自由贸易,消费者和生产者谁获益？谁受损？与他们获益或受损相对应的面积是什么？
i. 与贸易好处相对应的面积是什么？

2. 用图 9-4 回答下列问题。

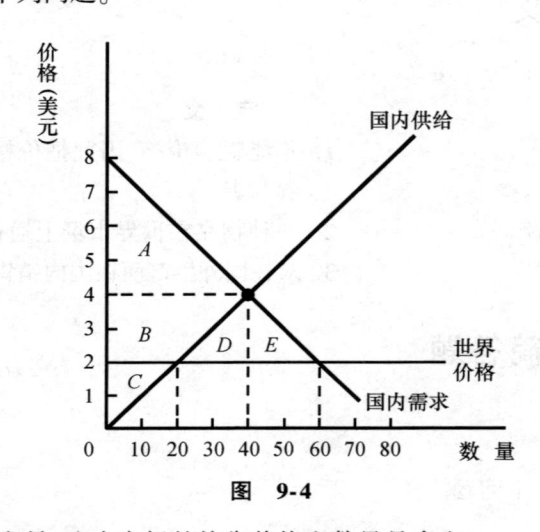

图 9-4

a. 如果不允许贸易,这个市场的均衡价格和数量是多少？
b. 如果允许贸易,这个国家是进口还是出口这种商品？为什么？
c. 如果允许贸易,物品的销售价格、国内供给量和需求量,以及进口量或出口量各是多少？
d. 如果不允许贸易,与消费者剩余相对应的面积是什么？
e. 如果允许贸易,与消费者剩余相对应的面积是什么？
f. 如果不允许贸易,与生产者剩余相对应的面积是什么？
g. 如果允许贸易,与生产者剩余相对应的面积是什么？
h. 如果允许自由贸易,消费者和生产者谁获益？谁受损？与他们受益或受损相对应的面积是什么？
i. 与贸易好处相对应的面积是什么？

3. 用图 9-5 回答下列问题。
a. 如果允许自由贸易,国内供给量、国内需求量和进口量各是多少？
b. 如果对这种物品征收 1 美元关税,国内供给量、国内需求量和进口量各是多少？

图 9-5

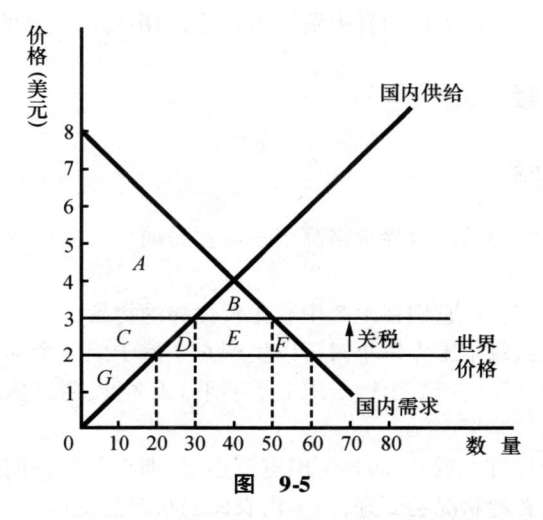

c. 在实施关税之前,与消费者剩余和生产者剩余相对应的面积是什么?
d. 在实施关税之后,与消费者剩余、生产者剩余以及政府收入相对应的面积是什么?
e. 与关税带来的无谓损失相对应的面积是什么?
f. 用文字描述关税带来的无谓损失的来源。
g. 完全取消贸易(即使市场回到没有贸易时的国内解)的关税是多少?

## 9.2.2 简答题

下表表明了 Partyland 国和 Laborland 国每个工人每小时可以生产的产量。

|  | 啤酒 | 比萨饼 |
| --- | --- | --- |
| Partyland 国 | 2 | 4 |
| Laborland 国 | 4 | 12 |

1. 如果允许自由贸易,两个国家将互相出口哪一种物品?为什么?(根据每个国家生产的机会成本解释。)
2. 如果一种物品的世界价格高于一国贸易前的国内价格,这个国家将进口还是出口这种物品?为什么?
3. 如果允许一国居民进口一种物品,与贸易前的均衡相比,生产者和消费者谁将获益?谁将受损?为什么?
4. 用文字描述一个出口国从贸易中获得的好处(增加的总剩余)的来源。
5. 用文字描述一个进口国从贸易中获得的好处(增加的总剩余)的来源。
6. 用文字描述限制贸易引起的无谓损失的来源。
7. 对于每一种关税,都存在一个可以引起类似结果的进口配额。与关税相比,使用进口配额限制贸易的缺点是什么?
8. 有哪些支持贸易限制的观点?
9. 从支持自由贸易的立场,对以下观点做出回应:应该限制一国国家安全所需物品的进口。
10. 如果关税减少了总剩余,从而减少了经济福利,为什么政府还要这样做?

11. 除了我们用标准分析提出的自由贸易的好处,列出自由贸易的其他好处。

## 9.3 自我测试题

### 9.3.1 判断正误题

_____ 1. 如果一种物品的世界价格高于一国贸易前该物品的国内价格,该国应该进口该物品。

_____ 2. 各国应该进口它们在生产中有比较优势的物品。

_____ 3. 如果巴西每个工人每小时可以生产 6 个橙子或 2 个苹果,而墨西哥每个工人每小时可以生产 2 个橙子或 1 个苹果,那么,巴西就应该出口橙子,而墨西哥应该出口苹果。

_____ 4. 如果允许自由贸易,而且一国进口小麦,那么与贸易前的国内均衡相比,国内面包买者的状况会变好,而国内农民的状况会变坏。

_____ 5. 如果允许自由贸易,而且一国出口一种物品,那么与贸易前的国内均衡相比,国内该物品生产者的状况会变坏,而国内该物品消费者的状况会变好。

_____ 6. 如果允许自由贸易,而且一国出口一种物品,那么国内生产者的好处大于国内消费者的损失,总剩余增加。

_____ 7. 贸易使每一个人的状况都变好。

_____ 8. 如果贸易的赢家补偿贸易的输家,那么贸易可以使每一个人的状况都变好。

_____ 9. 贸易增加了一国的经济福利,因为赢家的好处大于输家的损失。

_____ 10. 关税往往会有利于消费者。

_____ 11. 关税提高了一种物品的价格,减少了国内需求量,增加了国内供给量,并增加了进口量。

_____ 12. 即使政府免费发放进口许可证,进口配额所增加的政府收入也与对进口有同样程度限制的等量关税一样。

_____ 13. 自由贸易的反对者往往认为,自由贸易减少了国内的工作岗位。

_____ 14. 如果外国补贴出口行业,那么它的纳税人将为提高进口国消费者福利而付钱。

_____ 15. 关税引起无谓损失是因为进口物品价格上升,并引起进口国该物品的过度生产和消费不足。

### 9.3.2 单项选择题

1. 如果允许自由贸易,一国将在一种物品的世界价格为何种情况时出口该物品?
   a. 低于贸易前该物品的国内价格。
   b. 高于贸易前该物品的国内价格。
   c. 等于贸易前该物品的国内价格。
   d. 以上各项都不对。

2. 假定世界价格低于贸易前一种物品的国内价格。如果一国允许这种物品的自由贸易,_____。
   a. 消费者将受益,而生产者将受损
   b. 生产者将受益,而消费者将受损
   c. 生产者和消费者都受益
   d. 生产者和消费者都受损

下表表示美国和加拿大一个工人每小时可以生产的产量。

|  | 钢笔 | 铅笔 |
| --- | --- | --- |
| 美国 | 8 | 4 |
| 加拿大 | 8 | 2 |

3. 下列哪一个关于美国和加拿大之间自由贸易的表述是正确的？
   a. 美国将出口铅笔，但钢笔没有贸易，因为没有一个国家在钢笔的生产上有比较优势。
   b. 美国将出口钢笔，而加拿大将出口铅笔。
   c. 美国将出口铅笔，而加拿大将出口钢笔。
   d. 美国既出口钢笔，又出口铅笔。

4. 如果一种物品的世界价格高于贸易前该物品的国内价格，那么，该国就应该_____。
   a. 在生产该物品上具有绝对优势。
   b. 在生产该物品上具有绝对劣势。
   c. 在生产该物品上具有比较优势。
   d. 在生产该物品上具有比较劣势。

**参看图 9-6，回答第 5—9 题。**

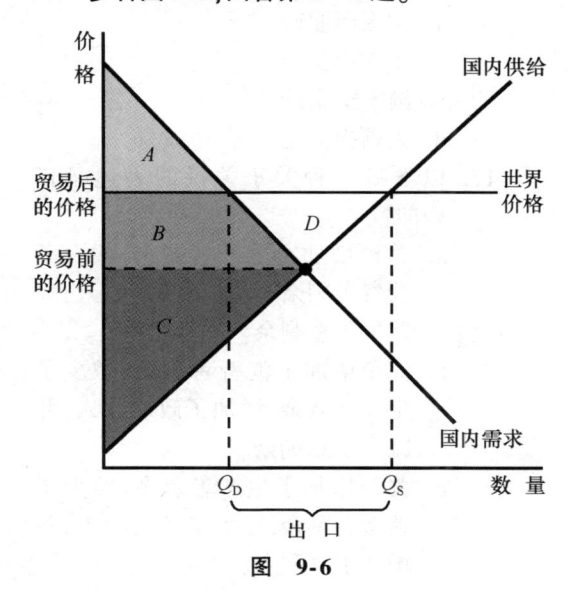

图 9-6

5. 如果不允许贸易，消费者剩余的面积是_____。
   a. $A$
   b. $A + B$
   c. $A + B + C$
   d. $A + B + D$
   e. $A + B + C + D$

6. 如果允许自由贸易，消费者剩余的面积是_____。
   a. $A$
   b. $A + B$
   c. $A + B + C$
   d. $A + B + D$
   e. $A + B + C + D$

7. 如果不允许贸易，生产者剩余的面积是_____。
   a. $C$
   b. $B + C$
   c. $B + C + D$
   d. $A + B + C$
   e. $A + B + C + D$

8. 如果允许自由贸易，生产者剩余的面积是_____。
   a. $C$
   b. $B + C$
   c. $B + C + D$
   d. $A + B + C$
   e. $A + B + C + D$

9. 与贸易收益相对应的面积是_____。
   a. $A$
   b. $B$
   c. $C$
   d. $D$
   e. $B + D$

10. 当一国允许贸易并出口一种物品时，_____。
    a. 国内消费者状况变好，国内生产者状况变坏，而且，一国由于输家的损失大于赢家的好处而状况变坏了

b. 国内消费者状况变好,国内生产者状况变坏,而且,一国由于赢家的好处大于输家的损失而状况变好了
c. 国内生产者状况变好,国内消费者状况变坏,而且,一国由于输家的损失大于赢家的好处而状况变坏了
d. 国内生产者状况变好,国内消费者状况变坏,而且,一国由于赢家的好处大于输家的损失而状况变好了

**参看图 9-7,回答第 11—15 题。**

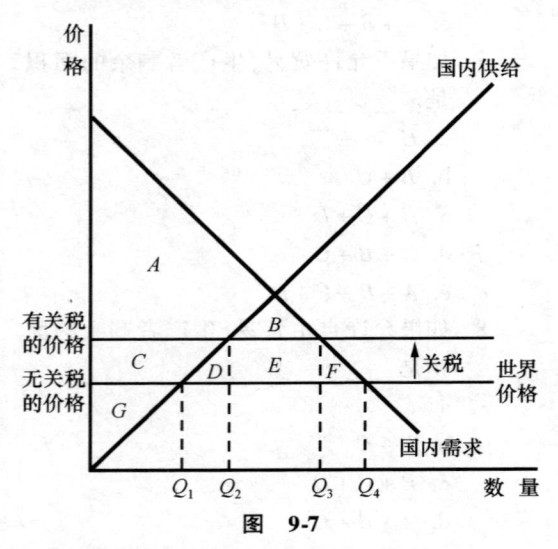

图 9-7

11. 如果允许贸易,消费者剩余的面积是_____。
   a. $A$
   b. $A + B$
   c. $A + B + C$
   d. $A + B + C + D + E + F$
   e. $A + B + C + D + E + F + G$

12. 如果对这种物品征收关税,消费者剩余的面积是_____。
   a. $A$
   b. $A + B$
   c. $A + B + C$
   d. $A + B + C + D + E + F$
   e. $A + B + C + D + E + F + G$

13. 政府关税收入的面积是_____。
   a. $C + D + E + F$
   b. $D + E + F$
   c. $D + F$
   d. $G$
   e. $E$

14. 如果对这种物品征收关税,生产者剩余的面积是_____。
   a. $G$
   b. $G + C$
   c. $G + C + D + E + F$
   d. $G + C + D + E + F + B$
   e. $G + C + E$

15. 关税的无谓损失的面积是_____。
   a. $B + D + E + F$
   b. $B$
   c. $D + E + F$
   d. $D + F$
   e. $E$

16. 当政治家认为戴尔电脑公司向印度外包技术支持会有损美国经济时,他们运用了以下哪种限制贸易的观点?
   a. 幼稚产业论。
   b. 工作岗位论。
   c. 国家安全论。
   d. 无谓损失论。

17. 以下哪一种关于关税的表述是正确的?
   a. 关税增加了生产者剩余,减少了消费者剩余,增加了政府收入,并减少了总剩余。
   b. 关税增加了消费者剩余,减少了生产者剩余,增加了政府收入,并减少了总剩余。
   c. 关税增加了生产者剩余,减少了消费者剩余,增加了政府收入,并增加了总剩余。
   d. 关税增加了消费者剩余,减少了

生产者剩余,增加了政府收入,并增加了总剩余。

18. 以下哪一种关于进口配额的表述是正确的?
    a. 进口配额优于关税,因为它们使政府收入增加得更多。
    b. 出口国确定的自愿配额不会对进口国造成无谓损失。
    c. 对每一种关税,都存在一种可以引起相似结果的进口配额。
    d. 进口配额降低了对国内消费者的价格。
19. 以下哪一种观点没有被用来支持贸易限制?
    a. 自由贸易摧毁了国内工作岗位。
    b. 如果至关重要的物品是进口的,那么自由贸易就有损于国家安全。
    c. 如果外国补贴它们的出口行业,自由贸易就不利于进口国。
    d. 自由贸易既损害了国内生产者,又损害了国内消费者,因此减少了总剩余。
    e. 自由贸易损害了进口国的幼稚产业。
20. 由于生产者能比消费者更好地组织起来,因此,我们预期存在引起_____的政治压力。
    a. 自由贸易
    b. 进口限制
    c. 出口限制
    d. 以上各项都不对

## 9.4 进阶思考题

你正在看晚间新闻。一位政治候选人在接受采访时解释说:"我支持自由贸易,但必须是公平的贸易。如果我们的国外竞争对手不提高环境管制,不减少对其出口行业的补贴,不降低他们进口我们物品的关税,我们就应该通过对他们的物品征收关税和实施进口限额进行报复,以告诉他们,我们不是傻瓜!"

1. 如果外国通过放松环境管制和直接补贴人为地降低了其生产者的生产成本,然后向我们出口物品,那么在我们国家,生产者和消费者谁获益?谁受损?
2. 接着上题回答,我们国家获益还是受损?为什么?
3. 如果外国对一种向我国出口的物品的生产提供补贴,那么谁来承担他们的错误政策?
4. 如果我们对补贴其出口行业的国家进行贸易限制,我们的整体经济福利会发生什么变动?解释之。
5. 我们是以生产成本还是以补贴的价格进口一种物品有区别吗?为什么?
6. 为了使外国政府减少其贸易限制而以贸易限制相威胁是一种好政策吗?解释之。

## 习 题 答 案

### 9.1.3 术语与定义

__2__ 世界价格  __3__ 关税
__1__ 价格接受者

### 9.2.1 应用题

1. a. 价格 = 4 美元,数量 = 40 单位。
   b. 出口,因为世界价格高于国内价格,意味着这个国家在这种物品的生产上有比较优势。
   c. 价格 = 6 美元,供给量 = 60 单位,需求量 = 20 单位,出口量 = 40 单位。
   d. $A + B + C$
   e. $A$
   f. $D + E$
   g. $B + C + D + E + F$
   h. 消费者损失 $B + C$,生产者获益 $B + C + F$。
   i. $F$

2. a. 价格 = 4 美元,数量 = 40 单位。
   b. 进口,因为世界价格低于国内价格,这表明其他国家在这种物品的生产上有比较优势。
   c. 价格 = 2 美元,供给量 = 20 单位,需求量 = 60 单位,进口量 = 40 单位。
   d. $A$
   e. $A + B + D + E$
   f. $B + C$
   g. $C$
   h. 消费者获益 $B + D + E$,生产者损失 $B$。
   i. $D + E$

3. a. 供给量 = 20 单位,需求量 = 60 单位,进口量 = 40 单位。
   b. 供给量 = 30 单位,需求量 = 50 单位,进口量 = 20 单位。
   c. 消费者剩余 = $A + B + C + D + E + F$,生产者剩余 = $G$。
   d. 消费者剩余 = $A + B$,生产者剩余 = $C + G$,政府收入 = $E$。
   e. $D + F$
   f. 第一,关税带来的价格上升引起过度生产,因为生产出来的单位的成本高于世界价格。第二,价格上升引起消费不足,因为消费者不能消费其评价高于世界价格的单位。
   g. 2 美元关税将使价格上升到 4 美元(无贸易时的国内价格),并消除贸易。

### 9.2.2 简答题

1. 在 Partyland 国,1 瓶啤酒的机会成本是 2 个比萨饼。在 Laborland 国,1 瓶啤酒的机会成本是 3 个比萨饼。Partyland 国啤酒的机会成本较低,从而在啤酒生产中有比较优势,并出口啤酒。在 Laborland 国,1 个比萨饼的机会成本是 1/3 瓶啤酒。在 Partyland 国,1 个比萨饼的机会成本是 1/2 瓶啤酒。Laborland 国比萨饼的机会成本较低,从而在比萨饼生产中有比较优势,并出口比萨饼。Laborland 国在两种物品上都更有效率的事实是不相关的。

2. 出口,因为国内生产的机会成本低于其他国家生产的机会成本。
3. 消费者获益而生产者受损,因为如果允许贸易,国内价格将下降到世界价格。
4. 好处的来源是世界其他国家买者对出口物品的评价大于国内生产成本的部分。
5. 好处的来源是国内买者对进口物品的评价大于世界其他国家生产成本的部分。
6. 限制贸易带来的价格上升引起物品过度生产(生产这些物品的成本大于世界价格),以及该物品消费不足(消费者没有得到其评价高于世界价格的数量)。
7. 除非国内政府以最大的可能量出售进口许可证,否则进口配额的收益将归于进口许可证持有者,或者外国企业与政府。
8. 自由贸易将减少国内工作岗位,降低国家安全,损害幼稚产业,迫使国内生产者与有不公平优势的外国公司竞争,而且,在本国不进行贸易限制时使其他国家可以进行贸易限制。
9. 国家安全论的危险是,几乎任何一种物品(远远超过了标准的军事物品)都可以被行业代表认为是国家安全所必需的。
10. 关税损害了国内消费者,而帮助了国内生产者。但生产者可以比消费者更好地组织起来,从而他们可以为自己的利益游说政府。
11. 自由贸易增加了可消费物品的品种,使企业可以利用规模经济,使市场更具竞争性,并有利于技术扩散。

## 9.3.1 判断正误题

1. 错误;该国应该出口那种物品。
2. 错误;各国应该出口自己在生产中有比较优势的物品。
3. 正确。
4. 正确。
5. 错误;生产者获益,消费者受损。
6. 正确。
7. 错误;有人获益,有人受损,但赢家的收益大于输家的损失。
8. 正确。
9. 正确。
10. 错误;关税有利于生产者。
11. 错误;关税减少了进口。
12. 错误;如果政府以最大可能量(世界价格与国内价格之间的差额)出售进口许可证,那么配额最多可以筹集同样的收入。
13. 正确。
14. 正确。
15. 正确。

## 9.3.2 单项选择题

1. b  2. a  3. c  4. c  5. b  6. a  7. a  8. c  9. d  10. d
11. d  12. b  13. e  14. b  15. d  16. b  17. a  18. c  19. d  20. b

## 9.4 进阶思考题

1. 消费者获益,生产者受损。
2. 本国获益,因为消费者的好处大于生产者的损失。
3. 外国纳税人。
4. 生产者获益,消费者受损,但消费者的损失大于生产者的收益,因此,总剩余减少,并产生无谓损失。其结果与当外国生产者没有不公平优势时我们限制贸易的结果没有什么不同。

5. 没有区别。在这两种情况下，世界价格都低于贸易前的国内价格，这使消费者从贸易中获益，而生产者受损。此外，无论物品的生产有没有补贴，对贸易进行限制所引起的消费者的损失都大于生产者的收益。

6. 通常不是一种好政策。如果其他国家没有把威胁当回事，威胁国就不得不在让步和减少贸易之间做出选择——这两种情况都不合意。

# 第4篇 公共部门经济学

公孫龍子

第十集

# 第10章
# 外 部 性

## 目 标

**在本章中你将**
- 学习什么是外部性
- 理解为什么外部性会使市场结果无效率
- 考察旨在解决外部性问题的各种政府政策
- 考察人们有时如何自己解决外部性问题
- 思考为什么外部性的私人解决方法有时不起作用

## 效 果

**在实现这些目标之后,你应该能**
- 区分正负外部性
- 说明为什么当存在外部性时最优数量往往会不同于市场数量
- 说明矫正税和污染许可证的潜在相等性
- 定义科斯定理
- 解释交易成本会如何阻碍外部性的私人解决

## 10.1 本章概述

### 10.1.1 本章复习

**外部性**是一个人的行为对旁观者福利的无补偿的影响。如果这种影响是有利的,就称为**正外部性**。如果这种影响是不利的,就称为**负外部性**。市场使市场上买者与卖者的总剩余最大化,而且市场通常是有效率的。但是,如果市场引起了外部性,市场均衡就可能无法使整个社会的总利益最大化,从而市场是无效率的。政府政策可能提高效率。负外部性的例子是能耗和噪声的污染。正外部性的例子是对历史建筑的修复与对新技术的研究。

#### 1. 外部性和市场无效率

需求曲线的高度衡量边际消费者对物品的评价。供给曲线的高度衡量边际生产者的成本。如果没有政府干预,价格会自发调整,使供求达到平衡。生产的数量使消费者剩余和生产者剩余最大化。如果没有外部性,则市场解是有效率的,因为它使市场上买者和卖者的福利最大化,而且他们的福利就是全部相关的。然而,如果有外部性,而且旁观者受这个市场的影响,则市场就不能使整个社会的总利益最大化,因为除了市场上的买者与卖者,市场之外的人也受到了影响。

外部性有两种类型:

- 负外部性:例如,当生产一种物品产生了污染时,它给社会带来的成本超过了生产企业的成本。因此,污染的**社会成本**大于私人生产成本。从图形上看,社会成本曲线在供给曲线(私人成本曲线)之上。总剩余是消费者的评价减去生产的真实社会成本。因此,使总剩余最大化的最优数量小于市场产生的均衡数量。

- 正外部性:例如,教育这类物品给人们带来的利益大于仅仅给教育买者带来的利益。因此,教育的社会价值大于私人价值。从图形上看,社会价值曲线在需求曲线(私人价值曲线)之上。总剩余是真实社会价值减去生产者的成本。因此,使总剩余最大化的最优数量大于市场产生的均衡数量。

**外部性内在化**是改变激励,以使人们考虑到自己行为的外部效应。为了使外部性内在化,政府可以使用税收和补贴,以使供给曲线和需求曲线分别一直移动到真实社会成本曲线与社会评价曲线的位置。这将使均衡数量与最优数量相同,并使市场变得有效率。负外部性可以用税收内在化,而正外部性可以用补贴内在化。

高技术生产(机器人等)对其他生产者引起的正外部性称为技术溢出。一些经济学家认为这种溢出效应如此普遍,以至于他们相信政府应该制定产业政策——以政府干预来促进技术进步行业。另一些经济学家对此持怀疑态度。目前,美国政府以专利保护的形式为新发明提供产权保护,为用于研究和开发的支出提供特殊的税收减免。

#### 2. 针对外部性的公共政策

政府有时可以用以下两种方式之一来改善结果:命令与控制政策或以市场为基础的政策。

- 命令与控制政策是要求或禁止(或限制)特定行为的管制。这里的问题是,管制者为了建立有效的规则,必须了解一个行业的所有细节以及可供选择的技术。如果某种污染的成本特别高,那么最好的方法是完全禁止这种行为。
- 以市场为基础的政策是使个人激励与社会效率一致。有两种以市场为基础的政策:矫正税和补贴、可交易的污染许可证。

用于纠正负外部性效应的税称为**矫正税**或庇古税。一种理想的矫正税或补贴应该等于有外部性的活动所引起的外部成本或外部收益。矫正税可以以低于管制的成本减少负外部性,因为税收在本质上是为某种负外部性(比如污染)制定了一个价格。那些可以以最低成本减少自己污染的企业会大量减少污染,而另一些减少污染成本较高的企业减少的污染很少。当用税收和管制两种手段所减少的污染总量相等时,前者的成本更低。此外,税收还使企业有开发更清洁技术的激励,从而减少的污染还会多于管制所规定的。与其他的税不同,矫正税提高了效率,而不是降低了效率。例如,汽油税是一种矫正税,因为它不会引起无谓损失,而是使交通不太拥挤,道路更安全,以及环境更清洁。但是,汽油税在政治上并不受欢迎。

可交易的污染许可证允许许可证的持有者有一定的污染量。那些减少污染成本较高的企业愿意为许可证支付高价格,而那些可以以低成本减少污染的企业将出售它们的许可证,并减少自己的污染。许可证在不同行业之间的最初配置并不影响有效率的结果。这种方法类似于矫正税。矫正税确定污染的价格(税收),可交易的污染许可证确定允许污染的量。在污染市场上,上述两种方法都可以实现有效率的结果。可交易的污染许可证的效果可能更好,因为管制者不需要为了把污染限制在某个数量上而了解污染的需求。美国环境保护署(EPA)正越来越多并且成功地用污染许可证来减少污染。现在,为减少碳排放量,缓解全球变暖,美国将针对碳排放推出类似于碳排放税的碳排放总量管制与交易系统。

一些人反对关于污染的经济学分析。他们感到,任何一种污染都太多了,而且给污染定价是不道德的。由于所有经济活动都会引起某种程度的污染,而且所有活动都涉及权衡取舍,因此,经济学家对这种观点不敢苟同。生产率高的富国需要清洁的环境,而且以市场为基础的政策以低于其他方式的成本减少了污染,这就进一步增加了对清洁环境的需求。

### 3. 外部性的私人解决方法

解决外部性问题并不总需要政府行为。一些外部性的私人解决方法是:
- 道德规范和社会约束:人们"做正确的事",并不扔垃圾。
- 慈善行为:人们把免税的捐款捐给环保组织、私人学院与大学。
- 利用利己并引起有效合并的私人市场:养蜂人与苹果园合并,并使企业生产更多苹果和更多蜂蜜。
- 利用利己并创造受影响各方合约的私人市场:苹果园和养蜂人可以就共同生产的最优苹果量和蜂蜜量达成协议。

**科斯定理**是认为如果私人各方可以无成本地就资源配置进行谈判,他们就可以自己解决外部性问题的命题。换句话说,无论最初的权利如何分配,利益各方总可以达成一个使每个人状况都变好而且结果有效率的协议。例如,如果和平与安静的价值高于拥有一只爱叫的狗的价值,希望安静的一方就会向狗的主人购买安静的权利,并使狗的主人放弃狗,或者狗的主人就无法向安静空间的所有者购买制造噪声的权利以拥有一只爱叫的狗。无论是一方有安静的权利还是另一方有制造噪声的权利,都没有爱叫的狗了,在这种情况下,这是有效率的。反之,如果拥有狗的价值大于和平与安静的价值,结果就正好相反,而且也是有效率的。

但是,私人各方往往由于**交易成本**的存在而不能达成有效的协议。交易成本是各方在达

成与遵守协议的过程中所发生的成本。如果交易成本大于协议潜在的收益,就不会有私人解决方法。高交易成本的一些来源是:
- 起草协议的律师费;
- 实施协议的费用;
- 当存在一个有效率的价格范围时,谈判很容易破裂;
- 利益各方人数众多。

### 4. 结论

市场使市场上买者与卖者的总剩余最大化,而且这通常是有效率的。但是,如果市场引起了外部性,市场均衡就不能使整个社会的总利益最大化,从而市场是无效率的。科斯定理认为,人们可以自己谈判,并达到有效率的解决方法。但是,如果交易成本很高,就需要政府政策来提高效率。矫正税和污染许可证优于命令与控制政策,因为它们以较低的成本减少污染,从而增加了清洁环境的需求量。

### 10.1.2 有益的提示

(1) 为什么我们用"外部性"这个词来指一个人的行为对旁观者福利的无补偿影响? 一种简单的方法是,回忆一下就可以知道,外部性这个词指一种市场交易的"外部效应",或者加在处于"市场之外"的旁观者身上的成本与收益。

(2) 负外部性使一种物品的社会最优数量小于市场生产的数量。正外部性使一种物品的社会最优数量大于市场生产的数量。为了解决这个问题,政府可以对有负外部性的物品征收等于外部成本的税,并对有正外部性的物品给予等于外部收益的补贴。

### 10.1.3 术语与定义

为每个关键术语选择一个定义。

| 关键术语 | 定 义 |
|---|---|
| _____ 外部性 | 1. 认为如果私人各方可以无成本地就资源配置进行协商,那么,他们就可以自己解决外部性问题的观点 |
| _____ 正外部性 | 2. 各方在达成协议与遵守协议过程中所发生的成本 |
| _____ 负外部性 | 3. 当一个人的行为对旁观者有不利影响时的情况 |
| _____ 社会成本 | 4. 旨在引导私人决策者考虑负外部性引起的社会成本的税收 |
| _____ 外部性内在化 | 5. 一个人的行为对旁观者福利的无补偿的影响 |
| _____ 矫正税 | 6. 改变激励,以使人们考虑到自己行为的外部效应 |
| _____ 科斯定理 | 7. 私人成本和外部成本之和 |
| _____ 交易成本 | 8. 当一个人的行为对旁观者有有利影响时的情况 |

## 10.2 应用题与简答题

### 10.2.1 应用题

1. 以下信息提供了一个假设的汽车防冻液市场上的价格和数量。

| 价格(美元/加仑) | 需求量(加仑) | 供给量(加仑) |
| --- | --- | --- |
| 1 | 700 | 300 |
| 2 | 600 | 400 |
| 3 | 500 | 500 |
| 4 | 400 | 600 |
| 5 | 300 | 700 |
| 6 | 200 | 800 |
| 7 | 100 | 900 |
| 8 | 0 | 1 000 |

a. 在图 10-1 中画出防冻液的供给和需求曲线。

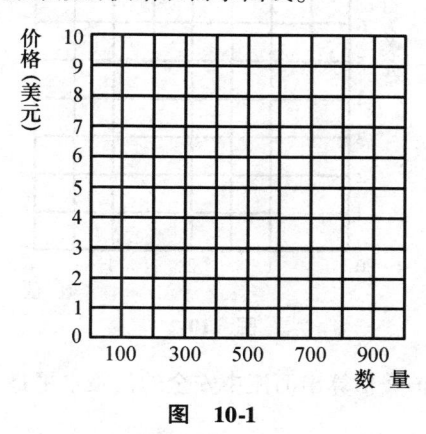

图 10-1

b. 市场上由买者和卖者产生的均衡价格和数量是多少？
c. 假设防冻液的生产会以化学成分溢出的形式产生污染，而且，每生产一加仑防冻液，其污染都会增加 2 美元社会成本。在图 10-1 中画出社会成本曲线。
d. 防冻液最优的生产量是多少？防冻液市场是存在过度生产，还是生产不足？
e. 如果政府为了使这个市场有效率而进行干预，应该征收矫正税还是给予补贴？适当的税收或补贴值是多少？

2. 假设生活在首都机场附近的市民对安静的评价是 30 亿美元。
   a. 如果民航公司使飞机减轻噪声的成本是 40 亿美元(民航公司对噪声的评价为 40 亿美元)，政府规定飞机必须消除噪声是有效率的吗？为什么？
   b. 如果民航公司使飞机减轻噪声的成本是 20 亿美元，政府规定飞机必须消除噪声是有效率的吗？为什么？
   c. 假设没有交易成本，再假设人们有权要求安静。如果民航公司使其飞机减轻噪声的成本是 20 亿美元，私人解决这个问题的方法是什么？
   d. 假设没有交易成本，再假设民航公司有权想制造多少噪声就制造多少噪声。如果民航公司使其飞机减轻噪声的成本是 20 亿美元，私人解决这个问题的方法是什么？
   e. 比较你对 c 和 d 的答案。有什么相似和不同之处吗？你能从这种比较中得出什么一般性规律？

f. 假设民航公司使其飞机减轻噪声的成本是 20 亿美元。如果用私人方法解决噪声问题要增加 20 亿美元交易成本（由于法律费用、受影响各方人数多以及实施成本等所产生），可以用私人方法解决这个问题吗？为什么？

3. 假设有 4 个企业，每个企业都希望把 1 桶化学废物倒入河中。企业 1 生产的物品的社会评价高，并以高价格出售，它愿意为倒 1 桶废物支付 800 万美元。企业 2 生产的物品价值略低一些，只愿意为倒 1 桶废物支付 600 万美元。类似地，假设企业 3 愿意为倒 1 桶废物支付 400 万美元，企业 4 只愿意为倒 1 桶废物支付 200 万美元。

a. 在图 10-2 中画出污染权的需求。

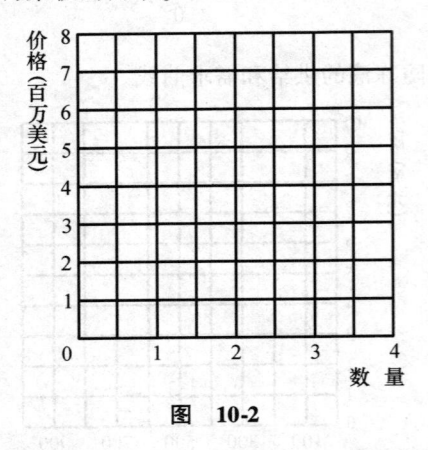

图 10-2

b. 假设美国环境保护署估算出河流中安全的污染水平是 3 桶废物。它应该把矫正税定为多少？

c. 假设美国环境保护署估算出河流中安全的污染水平是 3 桶废物。它应该配置多少可交易的污染许可证？许可证将以多高的价格被交易？

d. 比较你对 b 和 c 的答案。在两种情况下各倾倒多少桶废物？为污染支付的价格各是多少？在外部性内在化的问题上，其中一种方法比另外一种方法更有优势吗？

## 10.2.2 简答题

**用下列信息回答第 1—3 题。**

假设一个商业性苹果园在苹果生产中使用杀虫剂。在这个过程中，有害的气味飘向附近的居民区。

1. 这是正外部性还是负外部性的例子？解释之。
2. 如果这种外部性没有内在化，市场是过度生产苹果，还是苹果生产不足？一种物品的过度生产或生产不足是什么意思？
3. 为了把这种外部性内在化，政府应该对苹果征税还是补贴？为什么？
4. 应对外部性的两种公共政策是什么？描述这些政策。经济学家偏爱哪一种？为什么？
5. 矫正税降低还是提高了效率？为什么？
6. 为什么可以认为在减少污染中可交易的污染许可证优于矫正税？

7. 假设一个人非常喜欢草坪护理和园艺。他用杀虫剂控制病虫害,有害的残留物会殃及邻居。他对使用杀虫剂的评价为 1 万美元,邻居对清洁空气的评价为 1.5 万美元。利用科斯定理分析可能出现的结果。
8. 在第 7 题中,为了保证找不到这个问题的私人解决方法,需要多大的交易成本?
9. 当受影响各方努力消除外部性时,交易成本的来源是什么?
10. 解决外部性的私人方法有哪些类型?

## 10.3 自我测试题

### 10.3.1 判断正误题

_____ 1. 正外部性是市场中买者产生的外部收益,而负外部性是市场中卖者产生的外部成本。

_____ 2. 如果一个市场引起负外部性,那么社会成本曲线在供给曲线(私人成本曲线)之上。

_____ 3. 如果一个市场引起正外部性,那么社会价值曲线在需求曲线(私人价值曲线)之上。

_____ 4. 未将负外部性内在化的市场产生的均衡数量小于最优数量。

_____ 5. 如果市场引起负外部性,那么矫正税就将使市场向更有效率的结果变动。

_____ 6. 根据科斯定理,外部性总是要求政府为了使外部性内在化而进行干预。

_____ 7. 为了减少一定数量的污染,最有效率的办法是让每个污染企业都等量地减少其污染。

_____ 8. 当斯莫基熊(Smokey the Bear)说"只有你能防止森林火灾"时,社会是在努力用道德规范与社会约束把与野营时用火相关的外部性内在化。

_____ 9. 税收总使市场更无效率。

_____ 10. 如果 Bob 对在餐馆吸烟的评价是 10 美元,而 Sue 对她吃饭时清洁空气的评价是 15 美元,根据科斯定理,只有 Sue 拥有清洁空气的权利,Bob 才会不在餐馆吸烟。

_____ 11. 如果交易成本大于受影响各方对外部性达成协议的潜在收益,就没有解决外部性的私人方法。

_____ 12. 矫正税确定了污染的价格,而可交易的污染许可证确定了污染量。

_____ 13. 用可交易的污染许可证减少污染的好处是管制者不需要了解污染权的需求。

_____ 14. 大多数经济学家不喜欢给污染环境定价这个想法。

_____ 15. 在任何一种既定的污染需求曲线下,管制者可以用矫正税或发放可交易的污染许可证达到同样的污染水平。

### 10.3.2 单项选择题

1. 外部性是_____。
   a. 归市场上买者的收益
   b. 归市场上卖者的成本
   c. 一个人的行为对旁观者福利无补

偿的影响
d. 对企业外部顾问支付的报酬
e. 以上各项都不对

2. 负外部性引起_____。
   a. 一种物品的社会成本曲线高于供给曲线（私人成本曲线）
   b. 一种物品的社会成本曲线低于供给曲线（私人成本曲线）
   c. 一种物品的社会价值曲线高于需求曲线（私人价值曲线）
   d. 以上各项都不对

3. 正外部性引起_____。
   a. 一种物品的社会成本曲线高于供给曲线（私人成本曲线）
   b. 一种物品的社会价值曲线高于需求曲线（私人价值曲线）
   c. 一种物品的社会价值曲线低于需求曲线（私人价值曲线）
   d. 以上各项都不对

4. （没有内在化的）负外部性引起_____。
   a. 最优数量大于均衡数量
   b. 均衡数量大于最优数量
   c. 均衡数量等于最优数量
   d. 均衡数量大于或小于最优数量

5. （没有内在化的）正外部性引起_____。
   a. 最优数量大于均衡数量
   b. 均衡数量大于最优数量
   c. 均衡数量等于最优数量
   d. 均衡数量大于或小于最优数量

6. 为了使负外部性内在化，适当的公共政策的反应将是_____。
   a. 禁止所有引起负外部性的物品的生产
   b. 政府控制引起外部性的物品的生产
   c. 补贴这种物品
   d. 对这种物品征税

7. 政府实行产业政策是_____。
   a. 为了使与工业污染相关的负外部性内在化

   b. 为了使与技术进步行业相关的正外部性内在化
   c. 为了有助于刺激解决技术外部性的私人方法
   d. 通过向高技术行业发放可交易的技术许可证

8. 当一个人在一个拥挤的城区买了一辆汽车时，这就引起了_____。
   a. 有效率的市场结果
   b. 技术溢出
   c. 正外部性
   d. 负外部性

9. 最有效率的污染控制系统应该确保_____。
   a. 每个污染者等量地减少其污染
   b. 减少污染成本最低的污染者减少的污染量最多
   c. 对环境的任何污染都不能被容忍
   d. 管制者决定每个污染者应该减少多少污染

10. 根据科斯定理，在以下哪种情况下私人可以自己解决外部性问题？
    a. 受影响的各方在谈判中有相等的力量。
    b. 受外部性影响的一方有不受影响的初始产权。
    c. 没有交易成本。
    d. 政府要求他们相互谈判。
    e. 有大量受影响的各方。

11. 为了使正外部性内在化，适当的公共政策的反应应该是_____。
    a. 禁止生产引起外部性的物品
    b. 政府生产物品直至增加一单位的价值为零
    c. 补贴这些物品
    d. 对这些物品征税

12. 以下哪一种情况不是在消除污染外部性的谈判过程中各方引起的交易成本？
    a. 减少污染引起的成本。

b. 由律师费引起的成本。
c. 实施协议引起的成本。
d. 由受外部性影响的各方人数太多引起的成本。
e. 以上各项都可以作为交易成本。

13. Bob 和 Tom 住在同一间大学宿舍里。Bob 对大声放音乐的评价为 100 美元，Tom 对安静的评价为 150 美元。以下哪一种表述是正确的？
a. Bob 继续大声放音乐是有效率的。
b. 只要 Tom 有安静的产权，Bob 停止大声放音乐就是有效率的。
c. 只要 Bob 有大声放音乐的产权，Bob 停止大声放音乐就是有效率的。
d. 无论谁有关于声音大小的产权，Bob 停止大声放音乐都是有效率的。

14. Bob 和 Tom 住在同一间大学宿舍里。Bob 对大声放音乐的评价为 100 美元，Tom 对安静的评价是 150 美元。如果 Bob 有大声放音乐的权利，而且如果没有交易成本，下列哪一种关于这个外部性问题有效解决方案的表述是正确的？
a. Bob 将支付 Tom 100 美元，Bob 将停止大声放音乐。
b. Tom 将支付 Bob 100—150 美元，Bob 将停止大声放音乐。
c. Bob 将支付 Tom 150 美元，Bob 继续大声放音乐。
d. Tom 将支付 Bob 100—150 美元，Bob 将继续大声放音乐。

15. 以下哪一个关于可交易的污染许可证和矫正税的表述是正确的？
a. 矫正税比可交易的污染许可证更能使污染减少到目标量。
b. 只有把可交易的污染许可证最初分配给能以最低成本减少污染的企业，才可以有效率地减少污染。
c. 为了用可交易的污染许可证确定污染量，管制者必须了解污染权需求的方方面面。
d. 矫正税和可交易的污染许可证都创造了一个有效率的污染市场。
e. 以上各项都正确。

16. 对行驶里程极短的新车征收汽油消耗税是以下哪一项的例子？
a. 可交易的污染许可证。
b. 科斯定理的应用。
c. 试图把正外部性内在化。
d. 试图把负外部性内在化。

17. 污染的矫正税_____。
a. 确定了污染的价格
b. 确定了污染量
c. 决定了污染权的需求
d. 削弱了进一步减少污染的技术创新的激励

18. 可交易的排污许可证_____。
a. 确定了污染价格
b. 确定了污染量
c. 决定了污染权的需求
d. 削弱了进一步减少污染的技术创新的激励

19. 富有的校友向母校提供了慈善捐助，以减少现在学生支付的学费。这是以下哪一项的例子？
a. 试图把正外部性内在化。
b. 试图把负外部性内在化。
c. 矫正税。
d. 命令与控制政策。

20. 假设一个行业产生了污染这类负外部性，而且可能把外部性内在化的方法包括命令与控制政策、矫正税和可交易的污染许可证。如果要经济学家根据效率、实施的容易程度以及对该行业在未来进一步减少污染的激励对这些负外部性内在化的方法排序，他们很可能按以下顺序给这些方

法排序(从最有利到最不利):
a. 矫正税,命令与控制政策,可交易的污染许可证。
b. 命令与控制政策,可交易的污染许可证,矫正税。
c. 可交易的污染许可证,矫正税,命令与控制政策。
d. 可交易的污染许可证,命令与控制政策,矫正税。
e. 所有方法排序相同,因为任何一种政策都可以达到同样的结果。

## 10.4 进阶思考题

你期中放假在家。你父亲打开邮件。一封信是你父母的财产税单。在财产税单上,如果房产所有者对自己的房产做了任何美化工作,就会有一定的扣除。房产所有者所做的类似美化景观的任何一种支出都可以在计算财产税时扣除50%。例如,如果你父母在美化景观上花了2 000美元,他们的税单就可以减少0.5×2 000美元=1 000美元,这样,美化景观的真实成本只是1 000美元。你的父亲说:"这真令人气愤。如果哪个人想改善自己的住房,那也不是别人的事,而是他自己的事。我想起了在大学学到的一些经济学内容,而且我知道,税收和补贴总是无效率的。"

1. 市政府想用这种税收减免去补贴什么?
2. 这种补贴想把什么外部性内在化?
3. 税收和补贴通常都引起无效率,但税收和补贴总是无效率的吗?为什么?

## 习 题 答 案

### 10.1.3 术语与定义

__5__ 外部性　　　　　　　__6__ 外部性内在化
__8__ 正外部性　　　　　　__4__ 矫正税
__3__ 负外部性　　　　　　__1__ 科斯定理
__7__ 社会成本　　　　　　__2__ 交易成本

### 10.2.1 应用题

1. a. 参看图10-3。
   b. 价格=3美元,数量=500单位。
   c. 参看图10-4。
   d. 400单位。市场过度生产,因为市场数量是500单位,而最优数量是400单位。
   e. 政府应该征收每单位2美元的矫正税。

图 10-3

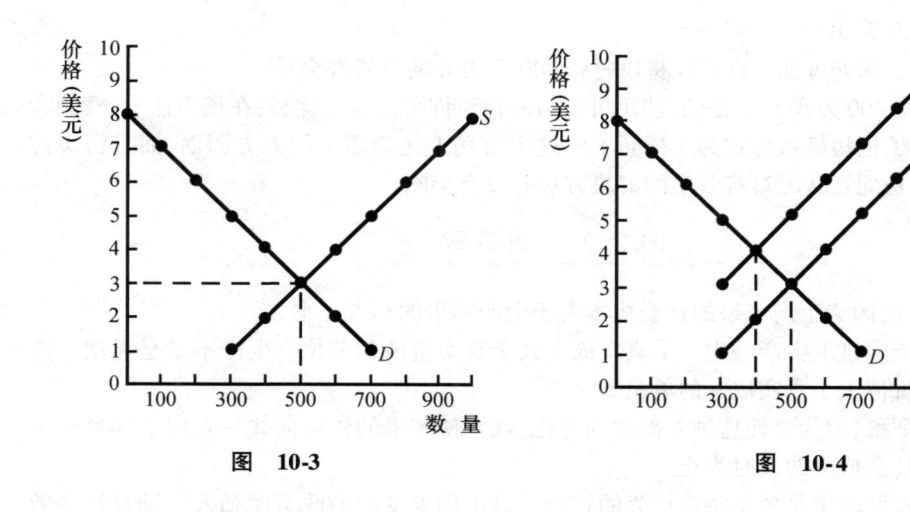

图 10-4

2. a. 不是,因为纠正外部性的成本大于受影响各方对它的评价。
   b. 是的,因为对安静的评价大于消除飞机噪声的成本。
   c. 民航公司可以花20亿美元使飞机噪声减弱,或用30亿美元购买制造噪声的权利,因此,民航公司将选择用20亿美元减弱飞机噪声。
   d. 受影响的市民必须至少支付20亿美元,而且其最高愿意支付30亿美元,以使民航公司减弱飞机的噪声。
   e. 相似之处:无论产权的初始配置状况如何,飞机必须减弱噪声,因为这是有效率的。不同之处:如果市民有安静权,公民受益,而民航公司受损。如果民航公司有制造噪声的权利,民航公司受益,而市民受损。
   f. 不可以,因为交易成本大于潜在的贸易好处。(潜在的好处是安静的价值30亿美元减去消除飞机噪声的成本20亿美元,即10亿美元。)

3. a. 参看图10-5。

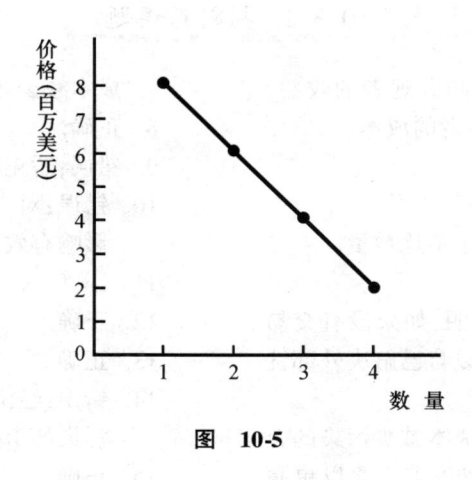

图 10-5

第 10 章 外部性 135

b. 每桶400万美元。
c. 应该出售三张许可证。许可证将以每张400万美元的价格被交易。
d. 3桶。每桶400万美元。是的,使用可交易的污染许可证更有优势,在该方法中,管制者不需要为了把污染目标定为3桶而了解这个市场上污染需求的方方面面,而且污染许可证的最初配置状况对有效率的解决方法并没有影响。

### 10.2.2 简答题

1. 负外部性,因为生产苹果的社会成本大于生产苹果的私人成本。
2. 过度生产。过度生产是生产了真实成本大于真实价值的单位。生产不足是无法生产出真实价值大于真实成本的单位。
3. 对苹果征税,因为要使这种外部性内在化,就要使苹果的供给曲线一直向上移动到等于真实社会成本曲线时为止。
4. 命令与控制政策是禁止特定行为的管制。以市场为基础的政策使私人激励与社会效率一致。经济学家偏爱以市场为基础的政策,因为这些政策更有效率,而且为进一步减少外部性,比如通过技术进步减少污染,提供了激励。
5. 矫正税通过把供给曲线或需求曲线移动到真实社会成本曲线或价值曲线来提高效率,从而使市场解决方案等于最优或有效率的解决方案。
6. 管制者并不需要为了达到所设定的污染目标而去了解有关污染需求的方方面面。
7. 无论个人拥有使用杀虫剂的权利,还是邻居拥有清洁空气的权利,结果都是不用杀虫剂,而且空气将是清洁的。个人将不能购买污染的权利,或者是邻居将对个人进行支付,使其不再污染空气。
8. 潜在收益是15 000美元 – 10 000美元 = 5 000美元。如果交易成本大于这个量,就没有私人解决方法。
9. 律师费,实施成本,当有效率的价格是一个区间时谈判破裂,以及利益方人数众多。
10. 道德规范和社会约束,慈善事业,受影响企业的合并,以及受影响企业之间的合同。

### 10.3.1 判断正误题

1. 错误;正外部性是归旁观者的收益,负外部性是归旁观者的成本。
2. 正确。
3. 正确。
4. 错误;均衡数量大于最优数量。
5. 正确。
6. 错误;科斯定理表明,如果没有交易费用,私人各方可以自己解决外部性问题。
7. 错误;可以以更低成本减少污染的企业减少污染的量应该多于要以更高成本减少污染的企业。
8. 正确。
9. 错误;矫正税可以使市场更有效率。
10. 错误;对空气产权的初始分配并不影响有效率的解决方案。
11. 正确。
12. 正确。
13. 正确。
14. 错误;经济学家普遍认为,一个针对污染的市场将最有效地减少污染。
15. 正确。

## 10.3.2 单项选择题

1. c　2. a　3. b　4. b　5. a　6. d　7. b　8. d　9. b　10. c
11. c　12. a　13. d　14. b　15. d　16. d　17. a　18. b　19. a　20. c

## 10.4 进阶思考题

1. 在改善住房方面的支出。
2. 当一个房屋得到很好的维护时，它提高了附近房产的价值（或者不使其价值减少）。房屋维护市场上的个别买者与卖者在选择维修住房的数量时，并不考虑这一点，从而最优数量大于均衡数量。
3. 不是。适当的矫正税和补贴使市场接近于有效率，因为开始时的市场均衡是无效率的。

# 第 11 章
# 公共物品和公共资源

## 目　标

**在本章中你将**

- 学习公共物品和公共资源的特征
- 考察为什么私人市场不能提供公共物品
- 思考我们经济中一些重要的公共物品
- 理解为什么公共物品的成本——收益分析既是必要的又是困难的
- 考察为什么人们往往会过多地使用公共资源
- 思考我们经济中的一些重要公共资源

## 效　果

**在实现这些目标之后,你应该能**

- 把物品归入公共物品、私人物品、公共资源或俱乐部物品的范畴之内
- 解释为什么公共物品的生产对私人行业是无利可图的
- 解释国防的公共物品性质
- 解释为什么通过调查来确定公共物品利益的评价方式不如私人物品价格准确
- 讲述"公地悲剧"的故事
- 解释为什么鱼和野生动物是公共资源

## 11.1 本章概述

### 11.1.1 本章复习

一些物品——海滩、湖泊、球场——对消费者是免费的。当物品免费时,正常配置资源的市场力量就不存在了。因此,免费物品(如球场和公园)的生产和消费数量可能并不是合适的。政府有可能解决这种市场失灵,并增进经济福利。

**1. 不同类型的物品**

在确定物品的类型时,物品的两个特征是有用的:

- **排他性**:可以阻止一个人使用一种物品的特征。如果卖者可以阻止不花钱的人使用一种物品,那么该物品就是排他性的(如杂货店中的食物)。如果卖者不能阻止不花钱的人使用一种物品,那么该物品就是非排他性的(如广播电视或无线电信号)。
- **消费中的竞争性**:一个人使用一种物品将减少其他人对该物品使用的特征。如果只有一个人可以消费某种物品(如食物),那么这种物品就具有消费中的竞争性。如果一种物品可以同时由一个以上的人消费(如路灯),那么这种物品就不具有消费中的竞争性。

根据这些特征,物品可以分为四类:

(1) **私人物品**:既有排他性又有消费中的竞争性的物品。像面包和牛仔裤这样的大多数物品都是私人物品,并由市场上的供求有效地进行配置。

(2) **公共物品**:既无排他性又无消费中的竞争性。例如,国防和路灯。

(3) **公共资源**:有消费中的竞争性但无排他性的物品。例如,海洋中的鱼。

(4) **俱乐部物品**:有排他性但无消费中的竞争性的物品。例如,消防和有线电视。俱乐部物品是自然垄断的一种类型。

本章考察没有排他性且因此而免费的两类物品:公共物品与公共资源。

**2. 公共物品**

公共物品是私人市场难以提供的物品,因为存在搭便车者问题。**搭便车者**是得到了一种物品的利益但避免为此付费的人。由于公共物品没有排他性,企业不能阻止不付费的人消费这种物品,因而企业没有生产公共物品的激励。公共物品的结果类似于正外部性,由于一种物品的消费者不能把给他人带来的利益考虑在内而导致其不能消费有效率的数量。

例如,一个路灯附近有 10 个房主,他们每个人对路灯的评价都为 1 000 美元。如果成本是 5 000 美元,那么没有一个人会买路灯,因为没有一个人可以以每人 1 000 美元的价格把使用路灯的权利卖给邻居。这是因为在安装路灯之后,其邻居无论是否付费都可以消费灯光。尽管邻居对路灯的总评价为 10 000 美元,而路灯的成本只是 5 000 美元,但私人市场也无法提供路灯。公共物品与正外部性相关,因为每个邻居在决定是否购买路灯时忽视了向其他人提供的外部利益。政府通常会介入并提供路灯这类物品,这时收益大于成本,可用税收收入为之支付。在这种情况下,政府可以提供路灯,并向每个居民收取 500 美元的税收,而且每个人的状况都变好了。

一些重要的公共物品是国防、基础研究和反贫困计划。

一些物品可以在公共物品与私人物品之间转换,这取决于环境。如果灯塔的所有者无法向通过灯塔的每只船收费,灯塔就是公共物品。如果灯塔的所有者可以向船只经过的港口收费,灯塔就成了私人物品。

当一个私人市场不能生产一种公共物品时,政府必须决定是否生产这种物品。它的决策工具通常是**成本—收益分析**:比较提供一种公共物品的社会成本与社会收益的研究。成本—收益分析有两个问题:

- 使用问卷调查的结果来把收益定量化是非常困难的。
- 回答者没有如实回答的激励。

当政府决定是否把钱用于增加路灯和路标这类安全措施的时候,它们必须考虑一个人生命的价值,因为这种支出的收益是挽救生命的概率乘以生命的价值。研究表明,一个人生命的价值约为1 000万美元。

### 3. 公共资源

公共资源没有排他性但有消费中的竞争性(如海洋中的鱼)。因此,公共资源是免费的,但当一个人使用它时,就减少了其他人对它的使用。公共资源的结果与负外部性类似,因为一种物品的消费者不考虑自己的消费对其他人的负面影响。结果是公共资源被过度使用。

**公地悲剧**是一个寓言,说明了从整个社会的角度看,为什么公共资源的使用大于合意的水平。城镇的公地(对放牧开放)会因被过度放牧而变得贫瘠,是因为既然它免费,私人激励表明每个人就应该尽可能多地放羊,但从社会的角度看,这是过度放牧。可能的解决方法是规定可放牧的羊的数量、对羊征税、拍卖放羊许可证,或者把土地分开并向每个养羊者出售,以使牧场成为私人物品。

一些重要的公共资源包括清洁的空气和水,拥挤的不收费道路,鱼、鲸和其他野生动物。私人决策者过多地使用公共资源,因此,政府应该管制这种行为或进行收费,以减少过度使用问题。例如,对拥堵路段征收通行费会缓解拥堵和缩短通行时间。

### 4. 结论:产权的重要性

在公共物品和公共资源的情况下,市场不能有效地配置资源,因为没有明确地界定产权。在私人市场上,没有人拥有清洁的空气,因此没有一个人能对污染空气的人收费。结果导致人们过度地污染(外部性的例子)或过度地使用清洁的空气(公共资源的例子)。此外,没有一个人可以向那些受到国防保护的人收费,以至于人们提供的国防太少(公共物品的例子)。

政府可以潜在地通过出售污染许可证、管制私人行为,或提供公共物品来解决这些问题。

## 11.1.2 有益的提示

(1) 一般来说,公共物品生产不足,而公共资源消费过度,这是因为它们是免费的。由于公共物品是免费的,生产它们(路灯和国防)就无利可图。由于公共资源是免费的,人们就过度消费它们(清洁的空气和海洋中的鱼)。

(2) 公共物品根据其特征定义,而不是根据谁提供它们来定义。路灯是一种公共物品,因为它既没有排他性,又没有消费中的竞争性。即使我作为个人选择买一个路灯并放在前院,这也是正确的。一旦我的前院安了路灯,我就不能由于你站在路灯附近而向你收费。而且,当你站在附近时,并不会减少我使用它的利益。因此,一个路灯,无论是我买还是市政府买,都是一种公共物品。此外,如果市政府建了一个食品店并出售热狗,即使热狗是由政府提供的,它也仍然是私人物品,因为热狗既有排他性又有消费中的竞争性。

（3）当政府把成本—收益分析作为帮助其决定是否生产一种公共物品的工具时，我们要注意，收集人们从一种公共物品中得到的真实收益数据是困难的。这是因为，如果他们使用公共物品，就有夸大其收益的激励；如果他们并不打算充分使用这种公共物品，就有低估其收益的激励。这有时被称为说谎者问题。

### 11.1.3 术语与定义

为每个关键术语选择一个定义。

| 关键术语 | 定　　义 |
|---------|---------|
| ＿＿＿＿排他性 | 1. 既有排他性又有消费竞争性的物品 |
| ＿＿＿＿消费中的竞争性 | 2. 一个人使用一种物品将减少其他人对该物品的使用的特性 |
| ＿＿＿＿私人物品 | 3. 得到一种物品的收益但避免为此付费的人 |
| ＿＿＿＿公共物品 | 4. 比较提供一种公共物品的社会成本与社会收益的研究 |
| ＿＿＿＿公共资源 | 5. 有消费竞争性但无排他性的物品 |
| ＿＿＿＿俱乐部物品 | 6. 一种物品具有的可以阻止一个人使用该物品的特性 |
| ＿＿＿＿搭便车者 | 7. 一个说明从整个社会的角度看，为什么公共资源的使用大于其合意水平的寓言 |
| ＿＿＿＿成本—收益分析 | 8. 既无排他性又无消费竞争性的物品 |
| ＿＿＿＿公地悲剧 | 9. 有排他性但无消费竞争性的物品 |

## 11.2 应用题与简答题

### 11.2.1 应用题

1. 考虑以下每一种物品消费中的竞争性和排他性。用这一信息确定这些物品是公共物品、私人物品、公共资源，还是俱乐部物品。解释之。
   a. 私人鱼塘中的鱼
   b. 海洋中的鱼
   c. 广播电视信号
   d. 有线电视信号
   e. 有关生活方式和胆固醇水平的基础研究
   f. 可以获得专利的降低胆固醇药物的特定研究
   g. 一条不拥挤的高速公路（不收费）
   h. 一条拥挤的高速公路（不收费）
   i. 一条不拥挤的收费道路
   j. 一个私人聚会上提供的热狗
   k. 在由市政府拥有的店中出售的热狗
2. 假设 Roadville 市正在争论是否修建一条从机场到市区的新高速公路。市政府对公民进行了民意调查并发现，100 万居民中，平均而言每个人对新高速公路的评价为 50 美元，而修建高速公路的成本是 4 000 万美元。

a. 假设调查是准确的,修建这条新高速公路有效率吗?为什么?
　　b. 在什么条件下私人企业会修建这条路?
　　c. 私人企业有可能修建这条路吗?为什么?
　　d. 市政府应该修建这条路吗?平均而言,每个居民的税会因这条公路增加多少?
　　e. 可以肯定修建这条高速公路是有效率的吗?也就是说,如果把成本—收益分析作为决定是否提供一种公共物品的工具,那么与其相关的问题是什么?

### 11.2.2　简答题

1. 说一种物品具有排他性是什么意思?
2. 为什么私人企业提供公共物品是困难的?
3. 路灯(一种公共物品)如何与正外部性相关?
4. 假设一个人生命的价值是1 000万美元,而安全气囊使人在车祸时死亡的概率从0.2%下降到0.1%。再假设一生中使用安全气囊一般要耗费消费者12 000美元。如果这些数字是准确的,政府要求汽车要有安全气囊有效率吗?为什么?
5. 打猎与钓鱼许可证的目的是要减少哪一类问题?解释之。
6. 海洋中的鱼(一种公共资源)如何与负外部性相关?
7. 建立个人产权如何消除与公共资源相关的问题?
8. 对公众来说,食物比道路更重要,但政府向公众提供道路而很少提供食物。为什么?
9. 为什么野牛几乎绝种了,而奶牛(一种类似的动物)不可能绝种?
10. 猎杀野牛的人几乎使野牛绝种,这种行为是理性的吗?解释之。

## 11.3　自我测试题

### 11.3.1　判断正误题

_____ 1. 公共物品既有消费中的竞争性又有排他性。
_____ 2. 公共资源既无消费中的竞争性也无排他性。
_____ 3. 在杂货店出售的苹果是一种私人物品。
_____ 4. 俱乐部物品对该物品的消费者是免费的。
_____ 5. 私人市场难以提供公共物品是由于搭便车者问题。
_____ 6. 如果市政府在路边店中出售苹果,苹果就是公共物品,因为它们是由政府提供的。
_____ 7. 公共物品与正外部性相关是因为,公共物品的潜在买者在做出是否购买公共物品的决策时忽视了这些物品向其他消费者提供的外部利益。
_____ 8. 公共资源被过度使用是因为公共资源对消费者是免费的。
_____ 9. 钓鱼许可证的社会最优价格是零。
_____ 10. 政府应该不断通过增加支出来提高高速公路的安全性,直至没有因车祸引起的死亡为止。
_____ 11. 公共资源与负外部性相关是因为公共资源的消费者没有考虑到他们的消费对其他公共资源消费者的负面影响。

_____ 12. 如果某人拥有了清洁空气的产权,那么这个人就可以在清洁空气市场上对清洁空气收费,从而可以使空气的污染减少到最优水平。

_____ 13. 在私人娱乐公园表演的烟火是一种由自然垄断提供的物品。

_____ 14. 当政府用成本—收益分析决定是否提供一种公共物品时,很容易通过调查该公共物品的潜在消费者而确定该公共物品的潜在收益。

_____ 15. 国防是公共资源的一个经典例子。

## 11.3.2 单项选择题

1. 如果一个人消费一种物品减少了其他人对该物品的使用,可以说这种物品是_____。
   a. 公共资源
   b. 俱乐部物品
   c. 消费中竞争的
   d. 排他的

2. 公共物品_____。
   a. 既有消费中的竞争性又有排他性
   b. 既无消费中的竞争性又无排他性
   c. 有消费中的竞争性但无排他性
   d. 无消费中的竞争性但有排他性

3. 私人物品_____。
   a. 既有消费中的竞争性又有排他性
   b. 既无消费中的竞争性又无排他性
   c. 有消费中的竞争性但无排他性
   d. 无消费中的竞争性但有排他性

4. 俱乐部物品_____。
   a. 既有消费中的竞争性又有排他性
   b. 既无消费中的竞争性又无排他性
   c. 有消费中的竞争性但无排他性
   d. 无消费中的竞争性但有排他性

5. 公共资源_____。
   a. 既有消费中的竞争性又有排他性
   b. 既无消费中的竞争性又无排他性
   c. 有消费中的竞争性但无排他性
   d. 无消费中的竞争性但有排他性

6. 私人市场难以提供公共物品是由于_____。
   a. 公共物品问题
   b. 竞争性问题
   c. 公地悲剧
   d. 搭便车者问题

7. 假设一条路边的20户居民每户对修复道路的评价都是3 000美元。修复道路的成本是40 000美元。下列哪一种表述是正确的?
   a. 修复道路无效率。
   b. 每户居民花3 000美元修复自己家门前的那一段路是有效率的。
   c. 政府向每户居民征收2 000美元税并修复这条路是有效率的。
   d. 以上各项都不对。

8. 搭便车者是_____。
   a. 得到了一种物品的利益,但避免为此付费的人
   b. 生产一种物品,但没有得到对这种物品的支付的人
   c. 为一种物品付费,但没有从这种物品中得到任何利益的人
   d. 不生产物品但被允许消费物品的人

9. 以下哪一种情况是公共物品的例子?
   a. 海洋中的鲸鱼。
   b. 公园树上的苹果。
   c. 野餐时的热狗。
   d. 国防。

10. 正外部性以类似于下列哪一种情况的方式影响市场效率?
    a. 私人物品。

b. 公共物品。
c. 公共资源。
d. 竞争性物品。

11. 假设摩托车驾驶员要戴头盔的规定使摩托车驾驶员的死亡概率在他们的一生中从0.3%下降到0.2%,而一生中头盔供给的成本是500美元。人的生命价值为多少时,政府规定驾驶时戴头盔才是有效率的?
    a. 100 美元以上。
    b. 150 美元以上。
    c. 500 美元以上。
    d. 50 000 美元以上。
    e. 500 000 美元以上。

12. 负外部性以类似于下列哪一种情况的方式影响市场效率?
    a. 私人物品。
    b. 公共物品。
    c. 公共资源。
    d. 排他性物品。

13. 当政府用成本—收益分析来决定是否提供一种公共物品时,衡量收益是困难的,因为_____。
    a. 人的生命或环境的价值难以估计
    b. 回答者没有如实回答的激励
    c. 对公众没有收益,因为公共物品并不是排他性的
    d. 收益无限大,因为公共物品没有消费中的竞争性,而且无数的人可以同时消费它

14. 以下哪一种情况是公共资源的例子?
    a. 国家公园。
    b. 烟火表演。
    c. 国防。
    d. 铁矿。

15. 公地悲剧是一个寓言,说明为什么_____。
    a. 公共物品生产不足。
    b. 私人物品消费不足。
    c. 公共资源被过度消费。
    d. 俱乐部物品被过度消费。

16. 以下哪一种情况是解决空气污染问题的潜在方法?
    a. 拍卖污染许可证。
    b. 赋予公民清洁空气的权利,以使企业必须购买污染权。
    c. 规定企业可以排向空气中的污染量。
    d. 以上各项都对。

17. 当市场不能有效地配置资源时,问题的最终来源通常是_____。
    a. 价格不够高以致人们过度消费
    b. 价格不够低以致企业过度生产
    c. 没有很好地界定产权
    d. 政府管制

18. 如果可以阻止一个人使用一种物品,可以说这种物品是_____。
    a. 公共资源
    b. 公共物品
    c. 消费中竞争的
    d. 排他的

19. 一条拥挤的收费道路是_____。
    a. 私人物品
    b. 公共物品
    c. 公共资源
    d. 俱乐部产品

20. 一个经常看公共频道,但没有为公共频道筹资做出贡献的人称为_____。
    a. 公共搭车者
    b. 浪费的搭车者
    c. 搭便车者
    d. 不受欢迎的搭车者
    e. 行李超重

## 11.4 进阶思考题

电视和广播的信号可以被无数收听者接收而不会降低其他信号消费者的接收质量,但向任何一个信号消费者收费都是不可能的。

1. 电视或广播信号是哪一种物品(私人物品、公共物品、公共资源、俱乐部物品)?解释原因。
2. 这种类型的物品通常是由私人行业提供的吗?为什么?
3. 自从媒体发明以来,私人公司就会提供电视和广播。如果它们不向信号接收者收费,那么它们如何使自己有利可图?
4. 与传统商业电视和商业广播"最接近"的替代选择是什么?
5. 这种较新类型的电视和音乐节目属于哪种类型的物品(私人物品、公共物品、公共资源、俱乐部物品)?

## 习 题 答 案

### 11.1.3 术语与定义

| 6 | 排他性 | 9 | 俱乐部物品 |
| --- | --- | --- | --- |
| 2 | 消费中的竞争性 | 3 | 搭便车者 |
| 1 | 私人物品 | 4 | 成本—收益分析 |
| 8 | 公共物品 | 7 | 公地悲剧 |
| 5 | 公共资源 | | |

### 11.2.1 应用题

1. a. 有消费中的竞争性和排他性,私人物品。只有一个人可以吃鱼。由于它是私人物品,不付费者就可以被排除在外。

   b. 有消费中的竞争性,但没有排他性,公共资源。只有一个人可以吃鱼,但海洋并不归私人所有,因此,无法排除不付费者。

   c. 没有消费中的竞争性,也没有排他性,公共物品。增加一个观众看电视并不减少其他消费者的利益,而且无法排除不付费者。

   d. 没有消费中的竞争性,但有排他性,俱乐部物品。把更多的房子接上电缆并不减少其他消费者的利益,但有线电视公司可以排除不付费者。

   e. 没有消费中的竞争性,也没有排他性,公共物品。一旦有新知识被发现,更多的人就可以从知识中获益,并不减少其他知识消费者的利益。而且,一旦公开内容,也无法排除不付费者。

   f. 没有消费中的竞争性,但有排他性,俱乐部物品。该知识的使用者增加并不减少其他消费者的利益,因此没有竞争性。如果可以获得专利,别人就不能生产降低胆固醇的药物,因此,它是有排他性的。

g. 没有消费中的竞争性,也没有排他性,公共物品。路上增加一辆汽车并不减少其他消费者的利益,而且也并不能强制增加的汽车交费。

h. 有消费中的竞争性,但没有排他性,公共资源。增加一辆汽车减少了现有使用者的利益,但无法迫使人们为使用高速公路交费。

i. 没有消费中的竞争性,但有排他性,俱乐部物品。增加一辆汽车并不减少现有使用者的利益,但如果他们不交费,就可以把他们排除在外。

j. 有消费中的竞争性,但没有排他性,公共资源。如果一个人吃了热狗,另一个人就吃不到了。但是,一旦提供了,聚会的参加者就不用为吃热狗而付费。

k. 有消费中的竞争性和排他性,私人物品。如果一个人吃了热狗,另一个人就吃不到了。尽管是由政府提供的,但它是被出售的,因此,可以排除不付费者。

2. a. 有效率,因为总收益是 50 美元 × 1 000 000 = 5 000 万美元,而成本是 4 000 万美元。

b. 如果这条路可以作为收费道路来修建,那么私人企业就可以使道路有排他性,并且是一个有利可图的项目。

c. 不可能。收费道路通常位于农村地区,并且可以作为限制进入的道路,从而有排他性。要使城区道路限制进入或具有排他性非常困难。

d. 应该修建。40 美元。

e. 不能肯定。用问卷调查的结果来定量分析收益是困难的,而且回答问卷的人没有如实回答的激励。因此,那些使用道路的人高估了他们的收益,而那些很少使用道路的人低估了他们的收益。

## 11.2.2 简答题

1. 这意味着可以排除那些不为物品付费的人消费该物品。
2. 因为公共物品没有排他性,所以搭便车者问题使私人企业生产公共物品无利可图。
3. 当人们考虑购买路灯时,他们没有考虑到路灯向其他人提供的外部利益,而只考虑了自己的个人利益。因此,公共物品和引起正外部性的物品都存在生产与消费不足。
4. 没有效率,因为安全气囊预期的收益是 $(0.002 - 0.001) \times 10\,000\,000$ 美元 $= 10\,000$ 美元,而成本是 12 000 美元。
5. 公共资源的过度消费。由于公共资源是免费的,人们就会过度使用。出售有限量的打猎或钓鱼许可证就限制了使用者的数量。
6. 公共资源是免费的,因此被过度消费。每一个鱼的消费者都没有考虑他们的消费对其他人造成的负面影响,即从社会的角度看引起了过度使用资源。
7. 人们过度使用公共资源,因为他们的收益是正的,而成本是零。如果存在资源的所有权,就实现了有成本地使用资源,并会产生社会的最优价格。
8. 食物既有消费中的竞争性又有排他性,因此可以由私人市场有效率地提供。道路往往既无消费中的竞争性又无排他性,因此不能由私人市场提供,而由政府提供可能最有效率。
9. 野牛是公共资源,并被过度消费。奶牛是私人物品,并以社会有效率的价格和数量生产并销售。

10. 不是,因为野牛是一种公共产权资源,是免费的。每个打猎者都追求自己的最大利益,但没有考虑他的行为对其他人的影响。

### 11.3.1 判断正误题

1. 错误;既无消费中的竞争性又无排他性。
2. 错误;有消费中的竞争性,但无排他性。
3. 正确。
4. 错误;它们有排他性,因此得到它们必须支付价格,但它们没有消费中的竞争性,因此可以有许多人同时享用它们。
5. 正确。
6. 错误;物品是根据其特征,而不是根据由谁提供来分类为公共物品或私人物品的。因此,无论由谁提供,卖给消费者的苹果都是私人物品。
7. 正确。
8. 正确。
9. 错误;正的价格是最优的,因为这种价格使鱼的需求量减少到社会最优水平。
10. 错误;在某一点时,提高安全性(减少高速公路上的死亡率)的成本大于生命的价值。
11. 正确。
12. 正确。
13. 正确。
14. 错误;定量分析收益是困难的,而且回答者没有讲真话的激励。
15. 错误;国防是一个公共物品的例子。

### 11.3.2 单项选择题

1. c    2. b    3. a    4. d    5. c    6. d    7. c    8. a    9. d    10. b
11. e   12. c   13. b   14. a   15. c   16. d   17. c   18. d   19. a   20. c

### 11.4 进阶思考题

1. 公共物品,因为广播信号既无消费中的竞争性又无排他性。
2. 不是,因为提供无法排除不付费者使用的物品是无利可图的。
3. 电台对在广播节目中插播的商业广告收费。这也是称之为商业电视或商业广播的原因。
4. 有线电视、付费电视、在线流媒体服务、DVD上的电视节目、有线电视中包含的有线音乐以及卫星电台。
5. 俱乐部物品,因为它没有消费中的竞争性,但有排他性。

# 第 12 章
# 税制的设计

## 目  标

**在本章中你将**
- 大致了解美国政府如何筹资
- 考察税收的效率成本
- 学习评价税制平等的不同方法
- 理解为什么研究税收归宿对评价税收平等是至关重要的
- 考察在设计税制时效率与平等之间的权衡取舍

## 效  果

**在实现这些目标之后,你应该能**
- 从大到小列出美国政府税收收入的四种最大来源
- 描述税收的管理负担
- 比较配置税收负担的受益原则与支付能力原则
- 解释为什么税收负担往往会落在纳税人之外的某个人身上
- 讨论定额税的效率与平等

## 12.1 本章概述

### 12.1.1 本章复习

税收是不可避免的,因为当政府弥补外部性、提供公共物品,或管制公共资源的使用时,需要税收收入来完成这些职能。在论述税收的前几章中,我们知道税收减少了市场上的销售量、税收负担的分配取决于供给和需求的相对弹性,以及税收引起无谓损失。现在我们将讨论美国政府如何筹资以及制定一个既有效率又平等的税制有多么困难。

**1. 美国政府的税收概况**

美国政府由联邦、州和地方政府组成。随着时间的推移,政府的税收收入占总收入的比例越来越大——从1902年的7%到近些年的30%左右。美国的税收负担(用政府税收收入占GDP的百分比来衡量)是25%。当与其他发达国家比较时,美国的税收负担低一些。欧洲国家的税收负担高于美国。

美国联邦政府收取了经济中三分之二的税收。在2014年,平均每个美国人向联邦政府支付了10 235美元的税收。联邦政府最大的税收收入来源是个人所得税(43%),接下来是社会保险税或工薪税(35%)、公司所得税(13%),以及所有其他税(9%)。家庭税收负担是扣除抚养人口数量和免税收入(住房抵押贷款利息支付、州和地方的税收支付以及慈善捐助)之后的收入的百分比。公司利润要缴两次税——一次是公司的收入,还有一次是当以股利形式支付利润时的个人收入。"其他税"的范畴包括特种物品销售税(特定物品的税)、不动产税以及关税。

美国州与地方政府筹集的税收占全部税收的三分之一左右,它们最大的收入来源是销售税(22%),接下来是财产税(21%)、个人所得税(16%)、公司所得税(2%)、联邦政府转移支付(24%),以及包括许可证收费、公路收费及公共交通收费在内的其他各项(14%)。

**2. 税收与效率**

税收系统应该既有效率,又能体现平等。现在我们论述效率。如果一种税制比另一种税制以更小的纳税人成本筹集了等量收入,那么这种税制就比另一种税制更有效率。税收的成本包括实际税收支付本身再加上:

- 当税收扭曲了私人决策时产生的无谓损失。
- 当纳税人遵照税法纳税时承担的管理负担。

回想一下第8章,税收的无谓损失是纳税人经济福利的减少超过了政府筹集到的收入的部分。当买者和卖者根据他们面临的税后价格而不是物品的真实成本和收益配置资源时,就产生了这种损失。由于有税收,我们不能生产并消费收益大于生产成本的物品。

许多欧洲国家征收增值税(value-added tax,VAT),这是在不同生产阶段征收的一种消费税。

所得税对利息收入征税,从而不鼓励储蓄。而消费税则不会扭曲人们的储蓄决策。

税收的管理负担包括填写税表花费的时间、一年中为税收目的保留记录所花费的时间,以及政府用以实施税法的资源。简化税法能降低管理负担,但这要求消除许多有利于纳税人的漏洞。

**平均税率**是支付的总税收除以总收入。**边际税率**是增加的一美元收入所支付的额外税收。平均税率对于了解纳税人所做出的牺牲是最合适的。而边际税率对于了解税制在多大程度上扭曲了激励从而导致了无效率是最合适的。由于人们考虑边际量，高边际税率不鼓励人们勤奋工作，从而引起严重的无谓损失。

**定额税**是不考虑收入而对每个人都必须征收的等量税。定额税是最有效率的税收，因为定额税：

- 使边际税率为零，因此没有扭曲决策，从而不会引起无谓损失。
- 引起最低的管理负担。

但定额税比较少见。因为它向富人和穷人征收等量的税额，而很多人认为这是不公正的。

### 3. 税收与平等

对于税收如何产生公平或平等，有不同的原则。**受益原则**认为，应该根据人们从政府服务中得到的利益来纳税。这个原则可以用来支持为使用公路而支付的汽油税，也可以用来支持富人纳的税应该比穷人多，因为富人从消防、警察保护、国防和法院体系中都获益较多。这个原则也可以用来支持富人为反贫困计划提供资金，因为富人从无贫困社会中得到的利益大于中产阶级。

**支付能力原则**认为，应该根据一个人可以承受的负担来对这个人征税。这个原则提出，所有纳税人应该为支持政府做出"平等的牺牲"。"平等的牺牲"的概念引出两种平等概念：纵向平等和横向平等。**纵向平等**认为，支付能力更强的纳税人应该缴纳更多的税；**横向平等**认为，有相似支付能力的纳税人应该缴纳等量的税。

**比例税**是高收入和低收入纳税人缴纳收入中同样比例的税。**累退税**是高收入纳税人缴纳的税在收入中的比例小于低收入纳税人的比例。**累进税**是高收入纳税人缴纳的税在收入中的比例大于低收入纳税人的比例。如果根据支付能力原则收税，那么纵向平等要求富人支付的税多于穷人，从而税收应该是累进的。美国的税制是累进的，因为收入最高的五分之一的美国家庭把收入中的23.4%用于缴税，而收入最低的五分之一的家庭只把收入的1.9%用于缴税。在考虑政府的转移支付之后，最穷的家庭缴纳的税是负的（他们得到的大于他们支付的）。

为了评价税收平等性，必须论述税收归宿。这是因为纳税的人往往并不是承担税收负担的人。税收负担的粘蝇纸理论忽视了税收的真实负担，并错误地假定纳税的人也就是承担税收负担的人。例如，公司所得税向公司征收，但它实际上由公司的所有者、顾客和工人共同承担。

### 4. 结论：平等与效率之间的权衡取舍

税制的平等与效率的目标往往是冲突的，而且人们对这两个目标的重要性有不同的评价。里根总统关注税制的效率，因此他主张降低边际税率。克林顿总统更关心税制的平等，因此他主张提高边际税率。乔治·W.布什把最高税率减少到35%。奥巴马则承诺提高最高边际税率。

## 12.1.2 有益的提示

（1）税收的受益原则表明，人们应该根据他们从政府服务中得到的利益来纳税。这类似于政府在提供公共物品时利用了使用者交费（政府对使用公共物品收取一个价格）。例如，当使用政府的收费公路时，政府可以向人们收取直接使用费，另一种方法是可以把汽油税作为支付整个道路体系的间接使用费。无论哪一种方法,都是从道路中获益的人为道路付费。

（2）要记住,只有人在纳税。当我们对一个公司征税时,公司是缴税人,但不是纳税人。税收负担将根据与公司相关的劳动、资本和物品市场的供给与需求弹性而转移给公司的所有者、顾客和工人。

### 12.1.3　术语与定义

为每个关键术语选择一个定义。

| 关键术语 | 定　义 |
|---|---|
| _____ 平均税率 | 1. 高收入纳税人和低收入纳税人缴纳收入中相同比例的税收 |
| _____ 边际税率 | 2. 认为应该根据一个人可以承受的负担来对这个人征税的思想 |
| _____ 定额税 | 3. 增加一美元收入所支付的额外税收 |
| _____ 受益原则 | 4. 对每个人等量征收的税收 |
| _____ 支付能力原则 | 5. 支付的总税收除以总收入 |
| _____ 纵向平等 | 6. 主张支付能力更强的纳税人应该缴纳更多税的思想 |
| _____ 横向平等 | 7. 高收入纳税人缴纳的税收在收入中所占的比例高于低收入纳税人的这一比例 |
| _____ 比例税 | 8. 高收入纳税人缴纳的税收在收入中所占的比例低于低收入纳税人的这一比例 |
| _____ 累退税 | 9. 主张有相似支付能力的纳税人应该缴纳等量税收的思想 |
| _____ 累进税 | 10. 认为人们应该根据他们从政府服务中得到的收益来纳税的思想 |

## 12.2　应用题与简答题

### 12.2.1　应用题

1. a. 假设政府对前3万美元的收入征收20%的税,对3万美元以上的所有收入征收50%的税,填写下表。

| 收入（美元） | 缴纳的税（美元） | 平均税率（%） | 边际税率（%） |
|---|---|---|---|
| 10 000 | _____ | _____ | _____ |
| 20 000 | _____ | _____ | _____ |
| 30 000 | _____ | _____ | _____ |
| 40 000 | _____ | _____ | _____ |
| 50 000 | _____ | _____ | _____ |

b. 比较a中赚了1万美元的人和赚了5万美元的人的税收。这种税制是累进的、累

退的,还是比例的？解释之。

2. a. 假设政府对每个人征收 6 000 美元的定额税,填写下表。

| 收入(美元) | 缴纳的税(美元) | 平均税率(%) | 边际税率(%) |
|---|---|---|---|
| 10 000 | —— | —— | —— |
| 20 000 | —— | —— | —— |
| 30 000 | —— | —— | —— |
| 40 000 | —— | —— | —— |
| 50 000 | —— | —— | —— |

b. 比较 a 中赚了 1 万美元的人和赚了 5 万美元的人的税收。这种税制是累进的、累退的,还是比例的？解释之。

3. a. 假设政府对所有收入征收 20% 的税,填写下表。

| 收入(美元) | 缴纳的税(美元) | 平均税率(%) | 边际税率(%) |
|---|---|---|---|
| 10 000 | —— | —— | —— |
| 20 000 | —— | —— | —— |
| 30 000 | —— | —— | —— |
| 40 000 | —— | —— | —— |
| 50 000 | —— | —— | —— |

b. 比较 a 中赚了 1 万美元的人和赚了 5 万美元的人的税收。这种税制是累进的、累退的,还是比例的？解释之。

4. a. 假设政府对前 1 万美元的收入征收 40% 的税,对 1 万美元以上的所有收入征收 10% 的税,填写下表。

| 收入(美元) | 缴纳的税(美元) | 平均税率(%) | 边际税率(%) |
|---|---|---|---|
| 10 000 | —— | —— | —— |
| 20 000 | —— | —— | —— |
| 30 000 | —— | —— | —— |
| 40 000 | —— | —— | —— |
| 50 000 | —— | —— | —— |

b. 比较 a 中赚了 1 万美元的人和赚了 5 万美元的人的税收。这种税制是累进的、累退的,还是比例的？解释之。

5. a. 假设税制的唯一目标是从赚到 3 万美元的人那里得到 6 000 美元。第 1—4 题中描述的哪一种税制是最好的？为什么？

b. 假设税制的唯一目标是效率。第 1—4 题中描述的哪一种税制是最好的？为什么？

c. 假设税制的唯一目标是基于支付能力原则的纵向平等。第 1—4 题中描述的哪一种税制是最好的？为什么？

## 12.2.2 简答题

1. 按从大到小的顺序列出美国联邦政府的收入来源。
2. 按从大到小的顺序列出美国州与地方政府的收入来源。

3. 说一种税收是有效率的是什么意思？什么使税收有效率？
4. 消费税有效率吗？解释之。
5. 定额税有效率吗？解释之。为什么我们在现实世界中很少看到定额税？
6. 解释税收的受益原则与支付能力原则之间的差别。哪一种税收原则强调了纵向平等？解释之。
7. 公司所得税真的是由公司支付吗？也就是说，税收负担是落在公司身上吗？解释之。
8. 在美国，收入最低的人口的所得税税率是多少？收入最高的人口的所得税税率又是多少？美国的所得税是累进的吗？

## 12.3 自我测试题

### 12.3.1 判断正误题

_____ 1. 美国联邦政府的最大收入来源是个人所得税。
_____ 2. 销售税是对收入征收的税。
_____ 3. 美国是世界上政府总税收占 GDP 的比例最高的国家之一。
_____ 4. 为了判断税制的纵向平等，应该观察不同收入水平的纳税人的平均税率。
_____ 5. 边际税率是判断某种税制在多大程度上扭曲了经济决策的一种合适的税率。
_____ 6. 定额税是一种累进税。
_____ 7. 定额税是平等的，但没有效率。
_____ 8. 美国州和地方政府征得的税收多于联邦政府。
_____ 9. 一种有效率的税收是引起无谓损失和管理负担最小的税收。
_____ 10. 美国的联邦所得税制是累退的。
_____ 11. 如果支付能力相似的纳税人实际上支付的税额也相等，那么这个税制就是横向平等的。
_____ 12. 公司承担了公司所得税的负担。
_____ 13. 与边际税率高的类似税制相比，边际税率低的税制引起的无谓损失更小，并更有效率。
_____ 14. 增值税实际上是对消费而不是对收入征税。
_____ 15. 边际税率是支付的总税收除以总收入。

### 12.3.2 单项选择题

1. 下面哪一项按从大到小的顺序列出了美国联邦政府的税收收入来源？
   a. 个人所得税、公司所得税、社会保险税。
   b. 公司所得税、个人所得税、社会保险税。
   c. 个人所得税、社会保险税、公司所得税。
   d. 社会保险税、个人所得税、公司所得税。
   e. 以上各项都不对。
2. 在美国，税制是_____。
   a. 累进的
   b. 累退的
   c. 比例的
   d. 定额的

3. 在2014年,平均每个美国人支付的联邦税收约为_____。
   a. 6 000美元
   b. 7 000美元
   c. 8 000美元
   d. 9 000美元
   e. 10 000美元

4. 在2014年,美国的边际所得税税率最高为_____。
   a. 39.6%
   b. 35%
   c. 33%
   d. 28%
   e. 10%

5. 以下哪一项关于美国州和地方政府的税收和支出的表述是正确的?
   a. 州和地方政府得到的税收收入大于联邦政府。
   b. 州和地方政府最大的支出是教育。
   c. 公司所得税作为州和地方政府税收收入来源大于个人所得税。
   d. 州和地方政府最大的税收收入来源是财产税。

6. 在美国,收入最高的前20%的人大约支付_____。
   a. 1%的联邦税收入
   b. 20%的联邦税收入
   c. 23%的联邦税收入
   d. 50%的联邦税收入

7. Susan对一条牛仔裤的评价为40美元。如果价格是35美元,Susan买一条牛仔裤并产生5美元的消费者剩余。假设对牛仔裤征税引起价格上升到45美元,Susan就不再买牛仔裤。这个例子证明了_____。
   a. 税收的管理负担
   b. 横向平等
   c. 支付能力原则
   d. 受益原则

   e. 税收的无谓损失

8. 高收入纳税人税收占收入的比例低于低收入纳税人的比例的税收称为_____。
   a. 比例税
   b. 累进税
   c. 累退税
   d. 平等税

9. 一种有效率的税收应该_____。
   a. 以尽可能低的成本增加筹集的收入
   b. 使税收的无谓损失最小化
   c. 使税收的管理负担最小化
   d. 以上各项都对

10. 边际税率是_____。
    a. 缴纳的总税收除以总收入
    b. 边际工人缴纳的税收
    c. 增加一美元收入缴纳的额外税收
    d. 总收入除以缴纳的总税收

11. 用来判断税制纵向平等的适当税率是_____。
    a. 边际税率
    b. 平均税率
    c. 比例税率
    d. 横向税率

12. 平均税率是_____。
    a. 支付的总税收除以总收入
    b. 边际工人缴纳的税
    c. 增加一美元收入缴纳的额外税收
    d. 总收入除以支付的总税收

13. 以下哪一种税是最有效率的税收?
    a. 比例所得税。
    b. 累进所得税。
    c. 消费税。
    d. 定额税。

14. 累进税制是_____。
    a. 边际税率低的税制
    b. 边际税率高的税制

c. 高收入纳税人纳的税多于低收入纳税人

d. 高收入纳税人收入中纳税的百分比高于低收入纳税人

**用以下关于税制的信息回答第 15—17 题。**

| 收入(美元) | 税收额(美元) |
|---|---|
| 10 000 | 1 000 |
| 20 000 | 2 000 |
| 30 000 | 5 000 |
| 40 000 | 15 000 |

15. 收入为 2 万美元的纳税人的平均税率是_____。
    a. 0
    b. 5%
    c. 10%
    d. 20%
    e. 以上各项都不对

16. 这种税制是_____。
    a. 累进的
    b. 定额的
    c. 累退的
    d. 比例的

17. 纳税人收入从 3 万美元增加到 4 万美元的边际税率是_____。
    a. 0
    b. 16.7%
    c. 37.5%

    d. 100%
    e. 以上各项都不对

18. 税收的支付能力原则提出,如果要使税制纵向平等,税收就应该是_____。
    a. 累退的
    b. 比例的
    c. 累进的
    d. 有效率的
    e. 定额的

19. 下面哪一种税会得到税收的受益原则的支持?
    a. 用于为道路支付的汽油税。
    b. 用于为国防支付的累进所得税。
    c. 用于为警察和法院体系支付的财产税。
    d. 用于为反贫困计划支付的累进所得税。
    e. 以上各项都会得到税收受益原则的支持。

20. 用于判断税制在多大程度上扭曲了激励和决策的适当税率是_____。
    a. 边际税率
    b. 平均税率
    c. 比例税率
    d. 横向税率
    e. 纵向税率

## 12.4 进阶思考题

你与朋友争论政治问题,争论的中心是税收。你让你的朋友看一些你的经济学教科书中的数据。这些数据表明,在 2011 年,美国人均缴纳了约 8 000 美元的联邦所得税。你的朋友说:"如果为了维持这个国家的运转需要每个人缴纳 8 000 美元,那么我认为如果我们给每个美国人只开一张 8 000 美元的账单,并取消复杂的税规,事情就会变得简单得多。"

1. 你的朋友建议的是哪一种类型的税?它的吸引力是什么?
2. 税收平等的"受益原则"支持这种类型的税吗?解释之。
3. 税收平等的"支付能力原则"支持这种类型的税吗?它是纵向平等的吗?它是横向平

等的吗？

4. 由于你的朋友承认她建议的税收是不平等的，现在她建议，我们简单地向富有的公司征税，因为它们显然可以承担得起，然后人们就不用缴纳任何税了。她的观点正确吗？实际上谁将纳税呢？解释她如何错误地运用了税收的粘蝇纸理论。

# 习 题 答 案

## 12.1.3 术语与定义

| | | | |
|---|---|---|---|
| 5 | 平均税率 | 6 | 纵向平等 |
| 3 | 边际税率 | 9 | 横向平等 |
| 4 | 定额税 | 1 | 比例税 |
| 10 | 受益原则 | 8 | 累退税 |
| 2 | 支付能力原则 | 7 | 累进税 |

## 12.2.1 应用题

1. a.

| 收入(美元) | 缴纳的税(美元) | 平均税率(%) | 边际税率(%) |
|---|---|---|---|
| 10 000 | 2 000 | 20 | 20 |
| 20 000 | 4 000 | 20 | 20 |
| 30 000 | 6 000 | 20 | 20 |
| 40 000 | 11 000 | 27.5 | 50 |
| 50 000 | 16 000 | 32 | 50 |

b. 累进税，因为一个赚5万美元的人的平均税率高于一个赚1万美元的人的平均税率。这就是说，富人收入中纳税的比例大于穷人。

2. a.

| 收入(美元) | 缴纳的税(美元) | 平均税率(%) | 边际税率(%) |
|---|---|---|---|
| 10 000 | 6 000 | 60 | 0 |
| 20 000 | 6 000 | 30 | 0 |
| 30 000 | 6 000 | 20 | 0 |
| 40 000 | 6 000 | 15 | 0 |
| 50 000 | 6 000 | 12 | 0 |

b. 累退税，因为一个赚1万美元的人的平均税率高于一个赚5万美元的人的平均税率。这就是说，穷人收入中纳税的比例大于富人。

3. a.

| 收入(美元) | 缴纳的税(美元) | 平均税率(%) | 边际税率(%) |
|---|---|---|---|
| 10 000 | 2 000 | 20 | 20 |
| 20 000 | 4 000 | 20 | 20 |
| 30 000 | 6 000 | 20 | 20 |
| 40 000 | 8 000 | 20 | 20 |
| 50 000 | 10 000 | 20 | 20 |

    b. 比例税,因为一个赚1万美元的人的平均税率等于一个赚5万美元的人的平均税率。

4. a.

| 收入(美元) | 缴纳的税(美元) | 平均税率(%) | 边际税率(%) |
|---|---|---|---|
| 10 000 | 4 000 | 40 | 10 |
| 20 000 | 5 000 | 25 | 10 |
| 30 000 | 6 000 | 20 | 10 |
| 40 000 | 7 000 | 17.5 | 10 |
| 50 000 | 8 000 | 16 | 10 |

    b. 累退税,因为一个赚1万美元的人的平均税率高于一个赚5万美元的人的平均税率。

5. a. 它们都同样适用,因为每种税制都从赚3万美元的人那里得到了6 000美元的税收收入。

   b. 如果税收引起的无谓损失小,而且管理负担小,那么这些税就更有效率。第2题中的定额税是零边际税率,不扭曲经济决策(没有无谓损失),而且它简单易行(管理负担小),因此它最有效率。但是,这种税是累退的。

   c. 第1题中的税制,因为它是唯一的累进税。

## 12.2.2 简答题

1. 个人所得税、社会保险税、公司所得税。
2. 销售税、财产税、个人所得税、公司所得税。它们还来自联邦政府和其他收费(许可证收费、道路收费、运费等)。
3. 如果一种税对纳税人来说以较少的成本筹集了等量收入,那么这种税就是有效率的。它引起的无谓损失和管理负担较小。
4. 有效率。它比所得税更有效率,因为消费税不对储蓄征税,所以它没有扭曲储蓄决策。所得税对储蓄征税,因此它扭曲了储蓄决策,并引起无谓损失。
5. 有效率。与定额税相关的边际税率是零,因此定额税并不扭曲根据边际量做出的决策,从而没有引起无谓损失。它很少被使用是因为它是累退的。
6. 受益原则认为,人们应该根据他们所得到的利益纳税;而支付能力原则认为,应该根据一个人能承担的负担征税。支付能力原则强调纵向平等,因为纵向平等要求纳税能力更强的人缴纳更多的税。
7. 不是。公司所得税向公司征收,但只有人在纳税。税收负担实际上在公司的股东、工人和顾客之间分摊。

8. 1.9%。23.4%。是的。

### 12.3.1 判断正误题

1. 正确。
2. 错误;销售税是对特定物品(如汽油或酒)征收的税。
3. 错误;美国的政府总税收占 GDP 的 25%,是世界上最低的国家之一。
4. 正确。
5. 正确。
6. 错误;定额税是累退的。
7. 错误;定额税有效率,但不平等。
8. 错误;美国州与地方政府征收的税款约占全部税款的三分之一。
9. 正确。
10. 错误;它是累进的,因为收入高的人的收入中用于纳税的百分比更大。
11. 正确。
12. 错误;公司股东、工人和公司物品的购买者共同承担公司所得税的负担。
13. 正确。
14. 正确。
15. 错误;边际税率是增加一美元收入所支付的额外税收。

### 12.3.2 单项选择题

1. c  2. a  3. e  4. a  5. b  6. c  7. e  8. c  9. d  10. c
11. b  12. a  13. d  14. d  15. c  16. a  17. d  18. c  19. e  20. a

### 12.4 进阶思考题

1. 定额税。这是最有效率的税收——它的边际税率是零,因此,它不扭曲激励,而且它带来的管理负担最小。
2. 不支持。如果富人从警察和国防这类公共服务中得到的利益更多,那么他们就应该缴纳更多的税收。
3. 不支持。富人有更强的支付能力,因此,它不是纵向平等的。然而,从有同样支付能力的人支付等量税收的意义上说,它是横向平等的,因为所有人支付的税收量都相同。
4. 不正确。只有人在纳税——公司只是被征税,公司的所有者、工人和顾客支付税收。税收的粘蝇纸理论错误地认为,税收负担落在被征税的人或公司身上。

# 第 5 篇 企业行为与产业组织

# 第 13 章
# 生 产 成 本

## 目　标

**在本章中你将**

- 考察企业的生产成本中包括哪些项目
- 分析企业生产过程与其总成本之间的关系
- 学习平均总成本和边际成本的含义，以及它们如何相关
- 思考一个典型企业的成本曲线的形状
- 考察短期成本和长期成本之间的关系

## 效　果

**在实现这些目标之后，你应该能**

- 解释经济利润和会计利润之间的差别
- 利用生产函数推导出总成本曲线
- 解释为什么边际成本曲线与平均总成本曲线必定在平均总成本曲线的最低点相交
- 解释为什么生产函数会在产量水平低时表现出边际产量递增，而在产量水平高时表现出边际产量递减
- 解释为什么随着企业扩大其运营规模，它倾向于首先表现出规模经济，然后是规模收益不变，最后是规模不经济

## 13.1 本章概述

### 13.1.1 本章复习

在前几章中,我们从供给曲线开始,总结了企业的生产决策。虽然这可以解决许多问题,但是现在为了论述经济学中称为**产业组织**——研究企业关于价格和数量的决策如何取决于它们所面临的市场状况——的这一部分内容,我们必须论述构成供给曲线基础的成本。

#### 1. 什么是成本

经济学家通常假设,企业的目的是**利润**最大化。

$$利润 = 总收益 - 总成本$$

**总收益**是企业生产的产量乘以其出售价格。**总成本**较为复杂。经济学家认为企业的生产成本包括生产其产出的所有机会成本。生产的总机会成本是显性和隐性生产成本之和。**显性成本**是需要企业支出货币的投入成本,例如,用于支付原材料、工人工资、租金等的货币流出。**隐性成本**是不需要企业支出货币的投入成本。隐性成本包括企业所有者放弃的为其他人工作所能赚到的收入加企业所有者投入企业的金融资本所放弃的利息。

会计师只关注企业的货币流出,因此他们只记录显性成本。经济学家关注企业的决策,因此他们关注总机会成本。总机会成本是显性成本和隐性成本之和。由于会计师和经济学家从不同的角度看成本,因此,他们也从不同的角度看利润:

- **经济利润** = 总收益 - (显性成本 + 隐性成本)
- **会计利润** = 总收益 - 显性成本

由于会计师忽略了隐性成本,因此会计利润大于经济利润。企业关于提供物品和服务的决策受经济利润驱动。

#### 2. 生产与成本

为了以下的讨论,我们假设生产设备(工厂)的规模在短期中是固定的。因此,这种分析描述了短期生产决策。

企业的成本反映了其生产过程。**生产函数**表示用于生产一种物品的投入量(用横轴表示)与该物品产量(用纵轴表示)之间的关系。任何一种投入的**边际产量**是增加一单位那种投入所增加的产量。可以用生产函数的斜率或"向上量比向前量"来衡量一种投入的边际产量。生产函数表现出**边际产量递减**——随着一种投入量增加,这种投入的边际产量减少——的性质。因此,随着增加到生产过程中的投入量越来越多,生产函数的斜率越来越平坦。

总成本曲线表示生产的产量与总生产成本之间的关系。由于生产过程表现出边际产量递减,随着我们生产的产量越来越多,生产相同产量增量所需要的投入量增加。因此,随着产量增加,总成本曲线以递增的比率上升,或者说越来越陡峭。

#### 3. 成本的各种衡量指标

可以从企业总成本的数据中得出成本的几种衡量指标。成本可以分为固定成本和可变成本。**固定成本**是不随产量变动而变动的成本——例如租金。**可变成本**是随产量变动而变动的成本——例如对原材料和临时工的支出。固定成本和可变成本之和等于总成本。

为了选择生产的最优产量,生产者需要知道典型一单位产量的成本,以及增加一单位产量的成本。典型一单位产量的成本用**平均总成本**来衡量,平均总成本是总成本除以产量,是**平均固定成本**(固定成本除以产量)和**平均可变成本**(可变成本除以产量)之和。**边际成本**是增加一单位产量所引起的成本。可以用增加一单位产量引起的总成本的增加来衡量边际成本。用符号来表示,如果 $Q$ = 产量,$TC$ = 总成本,$ATC$ = 平均总成本,$FC$ = 固定成本,$AFC$ = 平均固定成本,$VC$ = 可变成本,$AVC$ = 平均可变成本,$MC$ = 边际成本,就有:

$$ATC = TC/Q$$
$$AVC = VC/Q$$
$$AFC = FC/Q$$
$$MC = \Delta TC/\Delta Q$$

当在用纵轴表示成本、用横轴表示产量的图上画出这些成本曲线时,这些成本曲线将有可预期的形状。在生产水平低时,增加一个工人的边际产量高,因此,增加一单位产量的边际成本就低。在生产水平高时,增加一个工人的边际产量低,因此,增加一单位产量的边际成本就高。这样,由于边际产量递减,边际成本曲线就递增,或向右上方倾斜。平均总成本曲线是 U 形的,因为在产量水平低时,固定成本高,所以平均固定成本高。随着产量增加,平均总成本由于固定成本分摊到增加的产量中而下降。但是在某一点上,收益递减开始使平均可变成本又增加,从而使平均成本增加。企业的有效规模是使平均总成本最小的产量。只要边际成本小于平均总成本,平均总成本就下降;只要边际成本大于平均总成本,平均总成本就上升。因此,边际成本曲线与平均总成本曲线相交于有效规模点。

到现在为止,我们假设生产函数在各种产量水平都表现出边际产量递减,从而在各种产量水平表现出边际成本递增。但是,在产量非常低时,由于工人的增加使技能专业化成为可能,因此生产往往首先表现出边际产量递增和边际成本递减。在产量水平高时,收益递减最终引起边际成本开始增加,使得我们之前所描述的所有成本曲线关系继续保持下去。特别是:

- 随着产量增加,边际成本最终要上升。
- 平均总成本曲线是 U 形的。
- 边际成本曲线与平均总成本曲线在平均总成本曲线的最低点相交。

### 4. 短期成本与长期成本

固定成本与可变成本之间的区别取决于时间范围。在短期中,工厂的规模是固定的,而且,对许多企业来说,变动产量的唯一方法就是雇用或解雇工人。在长期中,企业可以改变工厂的规模,而且所有成本都是可变的。长期平均总成本曲线尽管比短期平均总成本曲线平坦,但仍然是 U 形的。对每一种特定的工厂规模而言,短期平均总成本曲线都在长期平均总成本曲线上或以上。在长期中,企业可以选择自己想要的短期曲线。但在短期中,企业必须在它过去选择的短期曲线上经营。一些企业比另一些企业更快地达到了长期,因为它们可以较容易地改变工厂规模。

在产量水平低时,企业往往有**规模经济**——长期平均总成本随产量增加而减少的性质。在产量水平高时,企业往往有**规模不经济**——长期平均总成本随产量增加而增加的性质。在中间产量水平时,企业往往有**规模收益不变**——长期平均总成本随产量增加而保持不变的性质。随着工厂规模变大,可能由于工人的专业化程度提高而出现规模经济,也可能由于极大型组织中固有的协调问题而出现规模不经济。两百多年前,亚当·斯密就认识到,使工人可以专门从事某种工作的大工厂是有效率的。

### 5. 结论

本章提出了一个典型企业的成本曲线。在以下各章中,我们将用这些成本曲线来说明企业如何做出生产和定价决策。

### 13.1.2 有益的提示

(1) 由于会计师和经济学家从不同角度看成本,从而就从不同角度看利润。在会计师看来对企业有利可图的活动,在经济学家看来可能是无利可图的。例如,假设一个企业生产出了总收益为3万美元的产量,引起了2万美元的显性成本。根据会计师的看法,企业的利润是1万美元。但是,假设企业所有者或管理者在这一时期为另一个企业工作可以赚到1.5万美元。虽然会计师把企业的利润记为3万美元－2万美元＝1万美元,但经济学家认为,企业并未盈利,因为显性成本和隐性成本的总和是2万美元＋1.5万美元＝3.5万美元,这超过了3万美元的总收益。

(2) 在离散数字例子的情况下,边际值由变量的范围而不是由某一点决定。因此,当我们描出边际值时,我们总是画在所涉及变量范围两个端点的中间。例如,如果我们画从第5单位产量变动到第6单位产量时生产的边际成本,我们先计算从第5单位到第6单位时成本的变动,然后画出的这个边际成本大概是第5.5个单位的边际成本。注意你教科书中的边际成本曲线,每条边际成本曲线都是以这种方式画出来的。类似地,如果我们画从50单位产量变动到60单位产量时生产的边际成本,那么我们画出的这一生产的变动的边际成本大概是第55个单位的边际成本。

(3) 长期通常被定义为所有投入都可以变动所需要的时期。这就是说,长期是企业改变生产设备或工厂规模所需要的时期。要注意,这个时期在各个行业中并不相同。例如,铁路的全部投入都可变可能需要许多年,因为铁轨是极为持久的,而且得到修建新铁路所需要的路权也很难。但是,一个冰淇淋店只要几个月就可以增加它的生产设备。因此,铁路达到长期所需要的时间比冰淇淋店长得多。

### 13.1.3 术语与定义

为每个关键术语选择一个定义。

| 关键术语 | 定　义 |
|---|---|
| ＿＿＿＿ 总收益 | 1. 不随着产量变动而变动的成本 |
| ＿＿＿＿ 总成本 | 2. 总收益减去总成本 |
| ＿＿＿＿ 利润 | 3. 额外一单位产量所引起的总成本的增加 |
| ＿＿＿＿ 显性成本 | 4. 长期平均总成本随产量增加而减少的特性 |
| ＿＿＿＿ 隐性成本 | 5. 长期平均总成本在产量变动时保持不变的特性 |
| ＿＿＿＿ 经济利润 | 6. 不需要企业支出货币的投入成本 |
| ＿＿＿＿ 会计利润 | 7. 增加一单位投入所带来的产量增加 |
| ＿＿＿＿ 生产函数 | 8. 企业用于生产的投入品的市场价值 |
| ＿＿＿＿ 边际产量 | 9. 长期平均总成本随产量增加而增加的特性 |

_____ 边际产量递减　　　　10. 固定成本除以产量
_____ 固定成本　　　　　　11. 随着产量变动而变动的成本
_____ 可变成本　　　　　　12. 使平均总成本最小的产量
_____ 平均总成本　　　　　13. 企业出售其产品所得到的货币量
_____ 平均固定成本　　　　14. 用于生产一种物品的投入量与该物品产量之间的关系
_____ 平均可变成本　　　　15. 可变成本除以产量
_____ 边际成本　　　　　　16. 总成本除以产量
_____ 有效规模　　　　　　17. 一种投入的边际产量随着投入量增加而减少的特征
_____ 规模经济　　　　　　18. 总收益减总成本，包括显性成本与隐性成本
_____ 规模不经济　　　　　19. 总收益减总显性成本
_____ 规模收益不变　　　　20. 需要企业支出货币的投入成本

## 13.2 应用题与简答题

### 13.2.1 应用题

1. Joe 经营一个小型造船厂。他每年可以制造 10 艘船，并以每艘 3.5 万美元的价格出售这些船。建造 10 艘船的原料（玻璃纤维、木头、油漆等）花费了 Joe 25 万美元。Joe 已经在生产船所必需的工厂和设备上投资了 50 万美元：其中 20 万美元来自他自己的储蓄，30 万美元是以 10% 的利息借入（假设 Joe 也可以以 10% 的利息把他的钱贷出去）。Joe 可以在与之竞争的船厂工作，每年收入 6 万美元。

   a. Joe 在一年中可以赚到的总收益是多少？
   b. 在生产 10 艘船时，Joe 引起的显性成本是多少？
   c. Joe 生产 10 艘船的总机会成本（显性成本加隐性成本）是多少？
   d. Joe 的会计利润值是多少？
   e. Joe 的经济利润值是多少？
   f. Joe 经营他的船厂真的有利可图吗？解释之。

2. a. 填写下面的表。它描述了一个路边小店生产汉堡包的产量和成本。所有数字按每小时衡量。

| 工人数量 | 产量 | 劳动的边际产量 | 工厂的成本（美元） | 工人的成本（美元） | 总成本（美元） |
|---|---|---|---|---|---|
| 0 | 0 |  | 25 | 0 | _____ |
| 1 | 6 | _____ | 25 | 5 | _____ |
| 2 | 11 | _____ | 25 | 10 | _____ |
| 3 | 15 | _____ | 25 | 15 | _____ |
| 4 | 18 | _____ | 25 | 20 | _____ |
| 5 | 20 | _____ | 25 | 25 | _____ |

b. 在图 13-1 中画出生产函数。

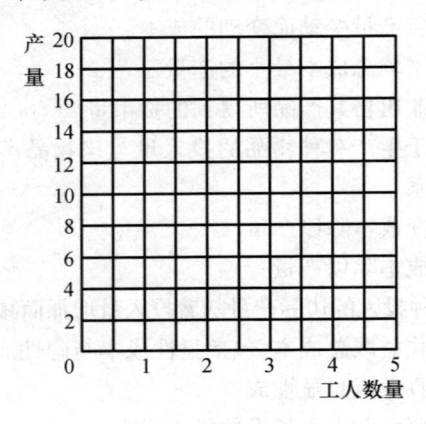

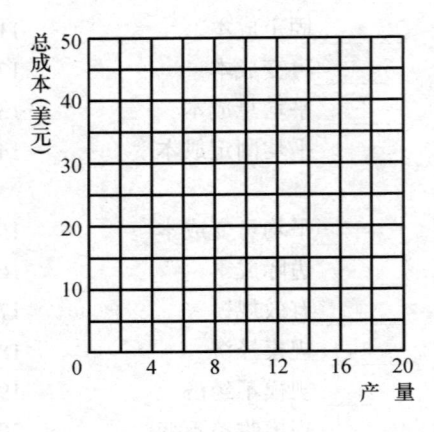

图 13-1

图 13-2

c. 随着使用生产设备的工人人数的增加，劳动的边际产量会发生什么变动？为什么？用这种关于劳动边际产量的信息解释你画出的生产函数的斜率。

d. 在图 13-2 中画出总成本曲线。

e. 解释总成本曲线的斜率。

3. a. 以下是 Barbara 牛仔裤制造厂的信息。所有数据都是每小时的数据。填写下表。要注意以下缩写：FC（固定成本）、VC（可变成本）、TC（总成本）、AFC（平均固定成本）、AVC（平均可变成本）、ATC（平均总成本）、MC（边际成本）。

| 产量 | FC（美元） | VC（美元） | TC（美元） | AFC（美元） | AVC（美元） | ATC（美元） | MC（美元） |
|---|---|---|---|---|---|---|---|
| 0 | 16 | 0 | | | | | |
| 1 | 16 | 18 | | | | | |
| 2 | 16 | 31 | | | | | |
| 3 | 16 | 41 | | | | | |
| 4 | 16 | 49 | | | | | |
| 5 | 16 | 59 | | | | | |
| 6 | 16 | 72 | | | | | |
| 7 | 16 | 90 | | | | | |
| 8 | 16 | 114 | | | | | |
| 9 | 16 | 145 | | | | | |
| 10 | 16 | 184 | | | | | |

b. 在图 13-3 中画出 AFC、AVC、ATC 和 MC 曲线（注意：在画 MC 曲线之前先阅读第 164 页"有益的提示"第 2 条）。

c. 解释你在 b 中画出的每条曲线的形状。

d. 解释 ATC 与 MC 之间的关系。

e. 解释 ATC、AFC 和 AVC 之间的关系。

f. Barbara 的有效规模是多少？你如何找出有效规模？解释之。

## 13.2.2 简答题

1. 什么是利润？
2. 经济利润与会计利润有什么不同？
3. 假设你自己拥有并经营一个企业。再假设利率上升了，而且另一个企业向你提供了一份工作，其收入是你认为自己在劳动市场上价值的两倍。你的会计利润会发生什么变动？你的经济利润会发生什么变动？你更可能还是更不可能继续经营自己的企业？
4. 解释生产函数和总成本曲线之间的关系。
5. 企业管理人员的薪水是固定成本还是可变成本？为什么？
6. 企业的有效规模是什么？
7. 解释边际成本和平均总成本之间的关系。
8. 在典型的企业中，边际成本曲线的形状是什么样的？为什么是这样的形状？
9. 一个企业在规模收益不变的区域运营。如果企业扩大生产，短期中平均总成本会发生什么变动？为什么？长期中平均总成本会发生什么变动？为什么？
10. 当一个小企业扩大其经营规模时，为什么它首先经历规模收益递增？当同一个企业增长到极大时，为什么经营规模的继续扩大会引起规模收益递减？

图 13-3

## 13.3 自我测试题

### 13.3.1 判断正误题

_____ 1. 总收益等于企业生产的物品数量乘以它出售其产品的价格。

_____ 2. 支付给工人的工资和薪水是生产的隐性成本的例子。

_____ 3. 如果总收益是 100 美元，显性成本是 50 美元，隐性成本是 30 美元，那么，会计利润等于 50 美元。

_____ 4. 如果有生产的隐性成本，会计利润将大于经济利润。

_____ 5. 当一个生产函数变得平坦时，边际产量增加。

_____ 6. 如果一个企业在同等规模的工厂内雇用更多工人，它最终会经历边际产量递减。

_____ 7. 如果一个企业的生产函数表现出边际产量递减，相应的企业总成本曲线将随产量扩大而变得平坦。

_____ 8. 固定成本加可变成本等于总成本。

_____ 9. 平均总成本是总成本除以边际成本。

_____ 10. 当边际成本低于平均总成本时，平均总成本必定下降。

_____ 11. 如果随着产量增加，生产函数首先表现出边际产量递增，而后表现出边际产量递减，那么相应的边际成本曲线将是 U 形的。

第 13 章　生产成本　▶ 167

_____ 12. 平均总成本曲线与边际成本曲线相交于边际成本曲线的最低点。

_____ 13. 长期中平均总成本曲线比短期中平均总成本曲线更平坦。

_____ 14. 企业的有效规模是使边际成本最小的产量。

_____ 15. 在长期中，随着企业扩张其生产设备，它通常先经历规模不经济，然后是规模收益不变，最后是规模经济。

### 13.3.2 单项选择题

1. 会计利润等于总收益减_____。
   a. 隐性成本
   b. 显性成本
   c. 隐性成本与显性成本之和
   d. 边际成本
   e. 可变成本

2. 经济利润等于总收益减_____。
   a. 隐性成本
   b. 显性成本
   c. 隐性成本与显性成本之和
   d. 边际成本
   e. 可变成本

用以下信息回答第3—4题。Madelyn拥有一个小陶器厂。她可以每年生产1 000件陶器，并以每件100美元出售这些陶器。Madelyn生产1 000件陶器要耗用2万美元原料。她在她的工厂和设备上投资了10万美元：5万美元来自她的储蓄，5万美元是以10%的利息借入（假设她也能以10%的利息把她的钱贷出去）。Madelyn可以在一个与之竞争的陶器厂中求得一份每年4万美元收入的工作。

3. Madelyn陶器厂的会计利润是_____。
   a. 3万美元
   b. 3.5万美元
   c. 7万美元
   d. 7.5万美元
   e. 8万美元

4. Madelyn陶器厂的经济利润是_____。
   a. 3万美元
   b. 3.5万美元
   c. 7万美元
   d. 7.5万美元
   e. 8万美元

5. 如果存在生产的隐性成本，_____。
   a. 经济利润将大于会计利润
   b. 会计利润将大于经济利润
   c. 经济利润与会计利润将相等
   d. 经济利润总是等于零
   e. 会计利润总是等于零

6. 如果生产函数表现出边际产量递减，它的斜率_____。
   a. 随着投入量增加变得平坦
   b. 随着投入量增加变得陡峭
   c. 是线性的（一条直线）
   d. 可以是以上任何一种

7. 如果生产函数表现出边际产量递减，相应的总成本曲线的斜率_____。
   a. 随着产量增加变得平坦
   b. 随着产量增加变得陡峭
   c. 是线性的（一条直线）
   d. 可以是以上任何一种

用以下信息回答第8—9题。

| 工人数量 | 产量 |
| --- | --- |
| 0 | 0 |
| 1 | 23 |
| 2 | 40 |
| 3 | 50 |

8. 随着生产从雇用一个工人变动到雇用两个工人，劳动的边际产量是_____。
   a. 0
   b. 10
   c. 17
   d. 23
   e. 40

9. 上述的生产过程表现出_____。
   a. 劳动的边际产量不变
   b. 劳动的边际产量递增
   c. 劳动的边际产量递减
   d. 规模收益递增
   e. 规模收益递减

10. 以下哪一项是短期中的可变成本？
    a. 向工厂工人支付的工资。
    b. 工厂设备的租金。
    c. 工厂的租金。
    d. 为借贷资本支付的利息。
    e. 向高层管理人员支付的薪水。

**用以下信息回答第 11—14 题。**

| 产量 | 固定成本（美元）| 可变成本（美元）| 总成本（美元）| 边际成本（美元）|
|---|---|---|---|---|
| 0 | 10 | 0 | | |
| 1 | 10 | 5 | | |
| 2 | 10 | 11 | | |
| 3 | 10 | 18 | | |
| 4 | 10 | 26 | | |
| 5 | 10 | 36 | | |

11. 生产 4 单位的平均固定成本是_____。
    a. 26 美元
    b. 10 美元
    c. 5 美元
    d. 2.5 美元
    e. 以上各项都不对

12. 生产 3 单位的平均总成本是_____。
    a. 3.33 美元
    b. 6 美元
    c. 9.33 美元
    d. 18 美元
    e. 28 美元

13. 从生产 3 单位变动到 4 单位的边际成本是_____。
    a. 5 美元
    b. 6 美元
    c. 7 美元

    d. 8 美元
    e. 9 美元

14. 生产的有效规模是_____。
    a. 1 单位
    b. 2 单位
    c. 3 单位
    d. 4 单位
    e. 5 单位

15. 当边际成本低于平均总成本时，_____。
    a. 平均固定成本增加
    b. 平均总成本减少
    c. 平均总成本增加
    d. 平均总成本最小

16. 如果边际成本等于平均总成本，_____。
    a. 平均总成本增加
    b. 平均总成本减少
    c. 平均总成本最小
    d. 平均总成本最大

17. 如果随着产量增加，生产函数首先表现出边际产量递增，然后表现出边际产量递减，那么，相应的边际成本曲线将_____。
    a. 向右上方倾斜
    b. 是 U 形的
    c. 向右下方倾斜
    d. 是平坦的（水平的）

18. 在长期中，如果非常小的工厂扩大其生产规模，最初它很可能经历_____。
    a. 规模经济
    b. 规模收益不变
    c. 规模不经济
    d. 平均总成本增加

19. 生产的有效规模是使以下哪一项最小的产量？
    a. 平均总成本。
    b. 边际成本。
    c. 平均固定成本。

第 13 章 生产成本 ▶ 169

d. 平均可变成本。
20. 以下哪一项表述是正确的？
   a. 在长期中所有成本都是固定的。
   b. 在长期中所有成本都是可变的。
   c. 在短期中所有成本都是固定的。
   d. 在短期中所有成本都是可变的。

## 13.4 进阶思考题

你的朋友拥有一个大花园并种植了新鲜的水果和蔬菜，以便在当地的农产品市场上出售。你的朋友评论说："我雇了一个休暑假的大学生在这个夏天帮助我，我的产量翻了一番还多。我想明年夏天我将雇两三个帮手，那样，我的产量就会增加三四倍还多。"

1. 如果所有生产过程最终都表现出可变投入的边际产量递减，你的朋友雇用一个帮手（工人数量翻一番），他的产量就翻一番还多，这可能是正确的吗？为什么？
2. 他雇用更多的工人并继续在产量上获得更大比例的增长，这可能吗？为什么？
3. 在长期中，如果你的朋友想继续雇用工人，并想使这些工人带来产量的同比例增长，那么他必须对自己大花园的经营规模做些什么？解释之。即使在长期中，你的朋友能永远扩大他的经营规模，并保持平均总成本最低吗？解释之。

## 习 题 答 案

### 13.1.3 术语与定义

| | | | |
|---|---|---|---|
| 13 | 总收益 | 1 | 固定成本 |
| 8 | 总成本 | 11 | 可变成本 |
| 2 | 利润 | 16 | 平均总成本 |
| 20 | 显性成本 | 10 | 平均固定成本 |
| 6 | 隐性成本 | 15 | 平均可变成本 |
| 18 | 经济利润 | 3 | 边际成本 |
| 19 | 会计利润 | 12 | 有效规模 |
| 14 | 生产函数 | 4 | 规模经济 |
| 7 | 边际产量 | 9 | 规模不经济 |
| 17 | 边际产量递减 | 5 | 规模收益不变 |

### 13.2.1 应用题

1. a. 10×3.5 万美元 = 35 万美元。
   b. 25 万美元 + (30 万美元 ×0.1) = 28 万美元。
   c. 25 万美元 + (50 万美元 ×0.1) + 6 万美元 = 36 万美元。
   d. 35 万美元 − 28 万美元 = 7 万美元。
   e. 35 万美元 − 36 万美元 = −1 万美元。
   f. 无利可图。Joe 如果到竞争对手的工厂工作而不经营自己的工厂，他可以赚到 6 万美元,加上他20万美元金融资本赚取的10%的利息,共计8万美元,而他的工厂每年只赚7万美元会计利润,因此他为经营自己的工厂要付出1万美元的代价(经济损失的规模)。

2. a

| 工人数量 | 产量 | 劳动的边际产量 | 工厂的成本(美元) | 工人的成本(美元) | 总成本(美元) |
|---|---|---|---|---|---|
| 0 | 0 |  | 25 | 0 | 25 |
|  |  | 6 |  |  |  |
| 1 | 6 |  | 25 | 5 | 30 |
|  |  | 5 |  |  |  |
| 2 | 11 |  | 25 | 10 | 35 |
|  |  | 4 |  |  |  |
| 3 | 15 |  | 25 | 15 | 40 |
|  |  | 3 |  |  |  |
| 4 | 18 |  | 25 | 20 | 45 |
|  |  | 2 |  |  |  |
| 5 | 20 |  | 25 | 25 | 50 |

b. 参看图13-4。

c. 边际产量递减,因为增加的工人要共同使用生产设备,而且工作区域更拥挤了。生产函数的斜率是投入量变动引起的产量变动,即劳动的边际产量。由于劳动的边际产量是递减的,生产函数的斜率随着所使用的投入量的增加而变得平坦。

d. 参看图13-5。

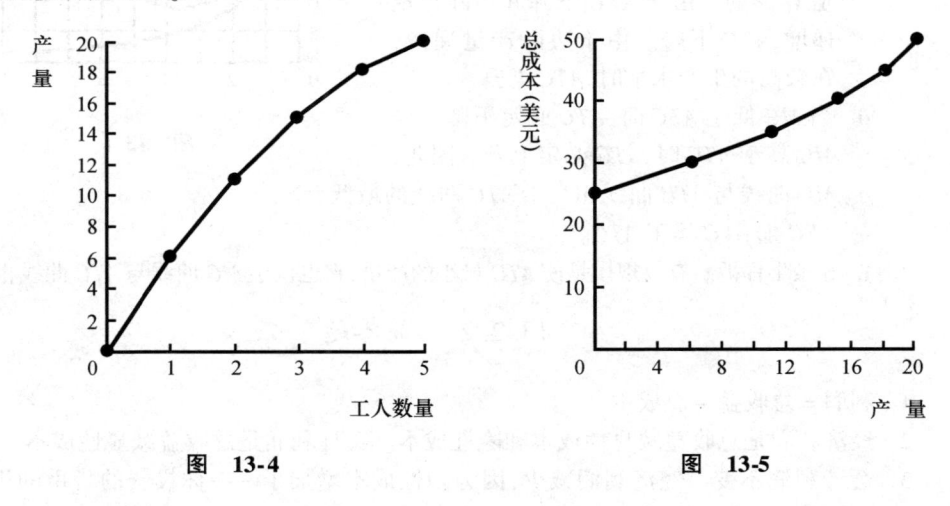

图 13-4

图 13-5

e. 由于劳动的边际产量递减,随着产量增加,总成本曲线越来越陡峭。这就是说,为了多生产同样单位的产出增量,企业必须使用越来越多的投入量,从而成本以递增的比率增加。

第 13 章　生产成本 ▶*171*

3. a.

| 产量 | FC(美元) | VC(美元) | TC(美元) | AFC(美元) | AVC(美元) | ATC(美元) | MC(美元) |
|---|---|---|---|---|---|---|---|
| 0 | 16 | 0 | 16 | — | — | — | |
| 1 | 16 | 18 | 34 | 16.00 | 18.00 | 34.00 | 18 |
| 2 | 16 | 31 | 47 | 8.00 | 15.50 | 23.50 | 13 |
| 3 | 16 | 41 | 57 | 5.33 | 13.67 | 19.00 | 10 |
| 4 | 16 | 49 | 65 | 4.00 | 12.25 | 16.25 | 8 |
| 5 | 16 | 59 | 75 | 3.20 | 11.80 | 15.00 | 10 |
| 6 | 16 | 72 | 88 | 2.67 | 12.00 | 14.67 | 13 |
| 7 | 16 | 90 | 106 | 2.29 | 12.86 | 15.14 | 18 |
| 8 | 16 | 114 | 130 | 2.00 | 14.25 | 16.25 | 24 |
| 9 | 16 | 145 | 161 | 1.78 | 16.11 | 17.88 | 31 |
| 10 | 16 | 184 | 200 | 1.60 | 18.40 | 20.00 | 39 |

b. 参看图 13-6。

c. 随着产量增加，AFC 下降，因为固定成本分摊在更多的产量上。由于可变投入的边际产量递增，前 4 个单位的 MC 下降。此后，由于边际产量递减，MC 上升。由于同样的原因，AVC 和 MC 一样是 U 形的。由于 AFC 下降和边际产量递增，ATC 下降。由于边际产量递减，在较高的生产水平时，ATC 上升。

d. 当 MC 低于 ATC 时，ATC 必定下降。当 MC 高于 ATC 时，ATC 必定上升。因此，MC 曲线与 ATC 曲线相交于 ATC 曲线的最低点。

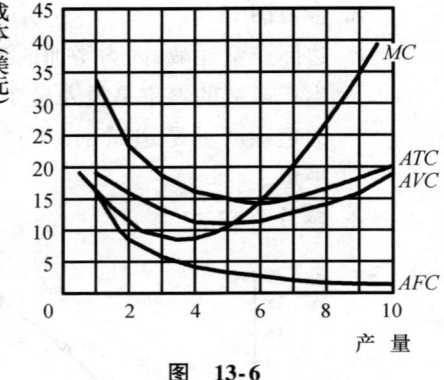

e. AFC 加 AVC 等于 ATC。

f. 6 条牛仔裤。有效规模是使 ATC 最小的产量，它也位于 MC 曲线与 ATC 曲线相交之处。

图 13-6

## 13.2.2 简答题

1. 利润 = 总收益 – 总成本。
2. 经济利润是总收益减显性成本和隐性成本。会计利润是总收益减显性成本。
3. 会计利润不变。经济利润减少，因为隐性成本增加了——你投资的货币的机会成本和你的时间的机会成本增加了。你将更不可能继续经营自己的企业，因为更加无利可图了。
4. 总成本曲线反映了生产函数。当一种投入表现出边际产量递减时，由于投入增加量增加的产量越来越少，生产函数越来越平坦。相应地，随着生产量增加，总成本曲线越来越陡峭。
5. 是固定成本，因为支付给管理人员的薪水不随产量变动而变动。
6. 是使平均总成本最小的生产量。
7. 当边际成本低于平均总成本时，平均总成本曲线必定下降。当边际成本高于平均总成本时,平均总成本曲线必定上升。因此,边际成本曲线与平均总成本曲线在平均总成本曲线的最低点相交。

8. 一般来说,边际成本曲线是 U 形的。在产量非常小时,由于允许工人专业化生产,企业往往会经历边际产量递增,因此,边际成本下降。在某一点时,企业将经历边际产量递减,而且边际成本曲线将开始上升。

9. 在短期中,生产设备的规模是固定的,因此,当增加工人时,企业将经历收益递减和平均总成本递增。在长期中,企业将同时扩大工厂规模和工人数量,而且,如果企业经历了规模收益不变,平均总成本就将在最低时保持不变。

10. 当一个小企业扩大其生产规模时,更高的生产水平可以使工人更加专业化,从而长期平均总成本下降。当一个庞大的企业继续扩大时,很可能产生协调问题,从而长期平均总成本开始增加。

### 13.3.1 判断正误题

1. 正确。
2. 错误;工资和薪水是生产的显性成本,因为企业有货币支出。
3. 正确。
4. 正确。
5. 错误;边际产量是生产函数的斜率,因此,当生产函数越来越平坦时,边际产量递减。
6. 正确。
7. 错误;边际产量递减意味着为了生产相同的产量增量,要求越来越多的投入量,因此,总成本以递增的比率增加。
8. 正确。
9. 错误;平均总成本是总成本除以产量。
10. 正确。
11. 正确。
12. 错误;边际成本曲线与平均总成本曲线在平均总成本曲线的最低点相交。
13. 正确。
14. 错误;有效规模使平均总成本最小。
15. 错误;随着生产规模扩大,企业通常经历规模经济、规模收益不变,以及规模不经济。

### 13.3.2 单项选择题

1. b  2. c  3. d  4. a  5. b  6. a  7. b  8. c  9. c  10. a
11. d  12. c  13. d  14. d  15. b  16. c  17. b  18. a  19. a  20. b

### 13.4 进阶思考题

1. 是的。许多生产过程首先表现出可变投入(在这种情况下是工人)的边际产量递增。这种结果可能是由于劳动专业化而导致。在雇用第二个工人之后,一个工人可以专门从事除草,而另一个工人可以专门从事浇水。

2. 不可能。如果某一种投入(比如说花园的规模)是固定的,那么在某一点时,企业将经历可变投入的边际产量递减。这就是说,在某一点时,花园将变得拥挤,从而增加工人所增加的产量越来越少。

3. 很可能是花园如此之小,以至于如果通过扩大花园规模并雇用更多工人来扩大经营规模,企业会经历规模经济。你的朋友不能无限地扩大他的经营规模,因为在某一点时,企业变得如此之大,以至于会产生协调问题,从而企业会经历规模不经济。

# 第 14 章
# 竞争市场上的企业

## 目　标

**在本章中你将**
- 学习竞争市场的特点是什么
- 考察竞争企业如何决定生产多少产量
- 考察竞争企业如何决定什么时候暂时停产
- 考察竞争企业如何决定是进入还是退出一个市场
- 理解企业行为如何决定市场短期和长期供给曲线

## 效　果

**在实现这些目标之后,你应该能**
- 列出成为竞争市场的三个条件
- 在竞争企业的成本曲线图上确定其供给曲线
- 说明为什么在企业物品价格低于平均可变成本时,企业就暂时停产
- 说明为什么如果企业物品价格低于平均总成本,企业就永远退出一个市场
- 说明为什么竞争市场上的长期供给曲线比短期供给曲线更富有弹性

## 14.1 本章概述

### 14.1.1 本章复习

在本章中,我们考察竞争企业——没有市场势力的企业——的行为。有市场势力的企业可以影响其出售的物品的市场价格。前一章中提出的成本曲线说明了竞争市场上供给曲线背后的决策。

#### 1. 什么是竞争市场

**竞争市场**有两个主要特征:
- 市场上有许多买者与卖者。
- 可供出售的物品大体上相同。

这两种条件的结果是,每个买者和卖者都是**价格接受者**。有时也将下面第三个条件认为是完全竞争市场的特征:
- 企业可以自由进入或退出市场。

竞争市场上的企业努力使利润最大化,利润等于总收益减总成本。总收益($TR$)是 $P \times Q$。由于一个竞争企业和市场相比是微不足道的,它接受市场条件给定的价格。因此,总收益和销售的产量同比例变化——销售的产量翻一番,总收益也翻一番。

**平均收益**($AR$)等于总收益($TR$)除以产量($Q$),或者 $AR = TR/Q$。由于 $TR = P \times Q$,因此,$AR = (P \times Q)/Q = P$。这就是说,对所有企业来说,平均收益等于物品的价格。

**边际收益**($MR$)等于增加一单位销售量所引起的总收益变动,或者 $MR = \Delta TR/\Delta Q$。当销售量 $Q$ 增加一单位时,总收益增加的货币量为 $P$。因此,对竞争企业来说,边际收益等于物品的价格。

#### 2. 利润最大化与竞争企业的供给曲线

企业通过比较边际收益和边际成本使利润最大化。对于竞争企业来说,边际收益固定为一种物品的价格,而边际成本是随着产量上升而增加的。利润最大化有三个一般性规律:
- 如果边际收益大于边际成本,企业应该增加其产量以增加利润。
- 如果边际成本大于边际收益,企业应该减少其产量以增加利润。
- 在利润最大化的产量水平时,边际收益与边际成本正好相等。

假设有一个具有典型成本曲线的企业。从图上看,边际成本($MC$)向右上方倾斜,平均总成本($ATC$)是 U 形的,而且,$MC$ 与 $ATC$ 曲线相交于 $ATC$ 曲线的最低点。如果在图中画出 $P = AR = MR$ 这条线,我们就可以看出,企业将根据 $MR$ 和 $MC$ 曲线的交点来选择使利润最大化的产量。这就是说,企业将选择生产 $MR = MC$ 的产量。在任何一个低于最优量的数量时,$MR > MC$,如果增加产量,利润就增加;在任何一个高于最优量的数量时,$MC > MR$,如果减少产量,利润就增加。

如果价格上升,企业的反应就是把生产增加到新的更高的 $P = AR = MR$ 与 $MC$ 曲线相交的一点上。这就是说,企业向上移动其 $MC$ 曲线,直至再一次达到 $MR = MC$。因此,因为企业的边际成本曲线决定了企业在任何一种价格时愿意供给的物品数量,所以,边际成本曲线是竞争企业的供给曲线。

如果生产得到的收益小于生产的可变成本($VC$)，企业就暂时停止营业（什么也不生产）。暂时停业的例子有农民在一个季度让土地闲置，以及餐馆不供应午餐。就暂时停止营业而言，企业不考虑固定成本，因为它们被认为是**沉没成本**，或者无法收回的成本，因为企业无论是否生产物品，都必须支付这些成本。从数学上说，如果 $TR < VC$，两边同时除以 $Q$，并得出 $TR/Q < VC/Q$，即 $AR = MR = P < AVC$，企业就应该暂时停止营业。这就是说，如果 $P < AVC$，企业应该停止营业。因此，竞争企业的短期供给曲线是在其平均可变成本曲线以上的那一部分边际成本曲线。

一般来说，除竞争企业的例子外，所有理性决策者在做出经济决策时都考虑边际量而不考虑沉没成本。理性决策者从事边际收益大于边际成本的活动。

在长期中，如果从生产中得到的收益小于总成本，企业将退出市场（永久性地停止经营）。如果企业退出一个行业，它就可以节省固定成本和可变成本，或者总成本。从数学上说，如果 $TR < TC$，两边同时除以 $Q$，并得出 $TR/Q = TC/Q$，即 $AR = MR = P < ATC$，企业将退出市场。这就是说，如果 $P < ATC$，企业应该退出市场。因此，竞争企业的长期供给曲线是其平均总成本曲线之上的那部分边际成本曲线。

一个竞争企业的利润等于 $TR - TC$，除以 $Q$，并乘以 $Q$，得出利润为 $(TR/Q - TC/Q) \times Q$，或者利润等于 $(P - ATC) \times Q$。如果价格上升到 $ATC$ 之上，企业有利润；如果价格在 $ATC$ 之下，企业将亏损，并在长期中选择退出市场。

### 3. 竞争市场的供给曲线

在短期中，市场上企业的数量是固定的，因为企业不能迅速进入或退出市场。因此，在短期中，市场供给曲线是各个企业平均可变成本曲线之上的边际成本曲线的水平相加。这就是说，市场供给曲线只是每个价格时市场上每家企业供给量的简单加总。由于单个企业的边际成本曲线向右上方倾斜，因此，短期市场供给曲线也向右上方倾斜。

在长期中，企业可以进入和退出市场。假设所有企业都有同样的成本曲线。如果市场上的企业赚到利润，新企业就将进入市场，这增加了供给量，并引起价格一直下降到经济利润为零时为止；如果市场上的企业出现亏损，一些现有企业将退出市场，这减少了供给量，并引起价格一直上升到经济利润为零时为止。在长期中，仍留在市场上的企业必定赚到零经济利润。因为利润为 $(P - ATC) \times Q$，所以，只有当 $P = ATC$ 时，利润才等于零。由于对竞争企业来说，$P = MC$ 和 $MC$ 与 $ATC$ 相交于 $ATC$ 的最低点，因此，在可以自由进入与退出的竞争市场的长期均衡中，企业一定是在其有效规模上运营。此外，由于价格高于或低于最低的 $ATC$ 时，企业进入或退出市场，因此，价格总是回到每个企业最小的 $ATC$，但市场总供给量会随企业数量而增加或减少。因此，只有一种价格与零利润一致，而且长期市场供给曲线在这个价格上一定是水平的（完全有弹性）。

竞争企业尽管在长期中赚到零经济利润，但仍然继续经营。回想一下，经济学家把总成本定义为包括企业的所有机会成本，因此，零利润均衡补偿了企业所有者的时间和货币投资。

在短期中，需求增加使一种物品价格上升，而且现有企业获得经济利润；在长期中，这就吸引新企业进入市场，引起相应的市场供给增加，这种供给的增加引起物品价格下降到与经济利润为零一致的原来水平，但现在市场上的销售量增加了。因此，如果企业现在在竞争行业中赚到高利润，它们就会预期有新企业进入市场，未来价格和利润将会下降。

标准情况下，长期市场供给曲线完全有弹性，但长期市场供给曲线会由于两个原因而向右上方倾斜：

- 如果生产所需要的投入的供给是有限的，那么某一行业中企业数量增加将引起所有现有企业的成本随供给量增加而增加，从而价格上升。
- 如果企业有不同的成本（一些企业比另一些企业有效率），为了吸引新的、效率不高的企业进入市场，价格就应该增加到能弥补效率不高企业的成本的水平。在这种情况下，长期中，边际企业只赚到了零经济利润，而效率较高的企业赚到了利润。

无论如何，由于企业在长期中可以比短期中更容易地进入和退出市场，因此，长期市场供给曲线比短期市场供给曲线更富有弹性。

**4. 结论：在供给曲线背后**

供给决策基于边际分析。在竞争市场上供给物品的利润最大化企业会在边际成本等于价格并等于最低平均总成本时生产。

### 14.1.2 有益的提示

（1）我们已经明确了，在短期中，只要价格等于或高于平均可变成本，企业就会生产 $P = MC$ 时的产量。明白这种行为逻辑的另一种方法是，认识到由于无论生产水平如何都必须支付固定成本，在任何时间，企业至少要弥补其可变成本，任何超过这种可变成本的额外收益都可以用于弥补其固定成本。因此，在短期中，如果在价格高于平均可变成本时停止营业，企业就会有亏损。结果，企业的短期供给曲线是在平均可变成本曲线以上的那一部分边际成本曲线。

（2）回想一下理性决策者考虑边际量。任何一种行为的决策规则是，我们应该做边际收益大于边际成本的事，并一直坚持到边际收益等于边际成本时为止。将这个决策规则直接转换为企业的生产决策就是，企业的生产应该持续到其增加的产量使边际收益（企业的边际收益）等于边际成本时为止。

（3）在本章中，我们推导出了利润 $= (P - ATC) \times Q$ 的利润方程式。用文字来说，这个公式说明，利润等于每单位的平均利润乘以销售量。记住这一点是有帮助的。即使在亏损的情况下，这一点也是正确的。如果价格小于平均总成本，利润就等于每单位的平均亏损乘以销售量。

### 14.1.3 术语与定义

为每个关键术语选择一个定义。

| 关键术语 | 定　义 |
| --- | --- |
| _____ 价格接受者 | 1. 在某个时期内，由于现在市场状况引起的暂时停止生产的短期决策 |
| _____ 竞争市场 | 2. 有许多交易相同产品的买者与卖者，以至于每一个买者和卖者都是价格接受者的市场 |
| _____ 平均收益 | 3. 总收益除以销售量 |
| _____ 边际收益 | 4. 已经发生而且无法收回的成本 |
| _____ 停止营业 | 5. 增加一单位销售量引起的总收益变动 |

_____ 退出市场　　　　　　　6. 竞争市场上必须接受市场决定的价格的买者和卖者

_____ 沉没成本　　　　　　　7. 永久地停止生产并离开市场的长期决策

## 14.2 应用题与简答题

### 14.2.1 应用题

1. 以下市场可能是完全竞争的吗？解释之。
   a. 汽油市场
   b. 牛仔裤市场
   c. 玉米和大豆之类的农产品市场
   d. IBM 股票的市场
   e. 电力市场
   f. 有线电视市场

2. a. 下表包含了 Barry 棒球制造厂的收益和成本的信息。所有的数据都以每小时衡量。如果价格等于 3 美元，填写与 Barry 生产相应的第一栏的数字（$TR$ = 总收益，$TC$ = 总成本，$MR$ = 边际收益，$MC$ = 边际成本）。

| Q | $TR$, $P=3$ 美元 | $TC$ | 利润 | $MR$ | $MC$ | $TR$, $P=2$ 美元 | 利润 | $MR$ |
|---|---|---|---|---|---|---|---|---|
| 0 | ___ | 1 | ___ | ___ | ___ | ___ | ___ | ___ |
| 1 | ___ | 2 | ___ | ___ | ___ | ___ | ___ | ___ |
| 2 | ___ | 4 | ___ | ___ | ___ | ___ | ___ | ___ |
| 3 | ___ | 7 | ___ | ___ | ___ | ___ | ___ | ___ |
| 4 | ___ | 11 | ___ | ___ | ___ | ___ | ___ | ___ |
| 5 | ___ | 16 | ___ | ___ | ___ | ___ | ___ | ___ |

   b. 如果每个棒球的价格是 3 美元，Barry 的最优生产水平是多少？你用来确定最优生产水平的标准是什么？
   c. 棒球市场上的长期均衡价格是每个棒球 3 美元吗？解释之。棒球市场将发生什么调整？长期中价格会发生什么变动？
   d. 假设棒球价格下降到 2 美元。填写上表其余三列。当价格是每个棒球 2 美元时，利润最大化的产量水平是多少？当棒球价格是 2 美元时，Barry 棒球制造厂赚到了多少利润？
   e. 棒球市场上的长期均衡价格是每个棒球 2 美元吗？解释之。为什么 Barry 在这种利润水平时应该继续生产？
   f. 描述棒球市场上短期供给曲线的斜率。描述棒球市场上长期供给曲线的斜率。

3. a. 在图 14-1 中，画出一个有代表性的企业在长期均衡时的成本曲线，并画出与之相对应的具有完全弹性的长期市场供给曲线的整个行业的市场均衡。
   b. 假设这种物品的需求减少。在图 14-2 中，说明这种物品市场上需求的移动，以及在这一有代表性的企业的成本曲线上相应的利润或亏损。

图 14-1

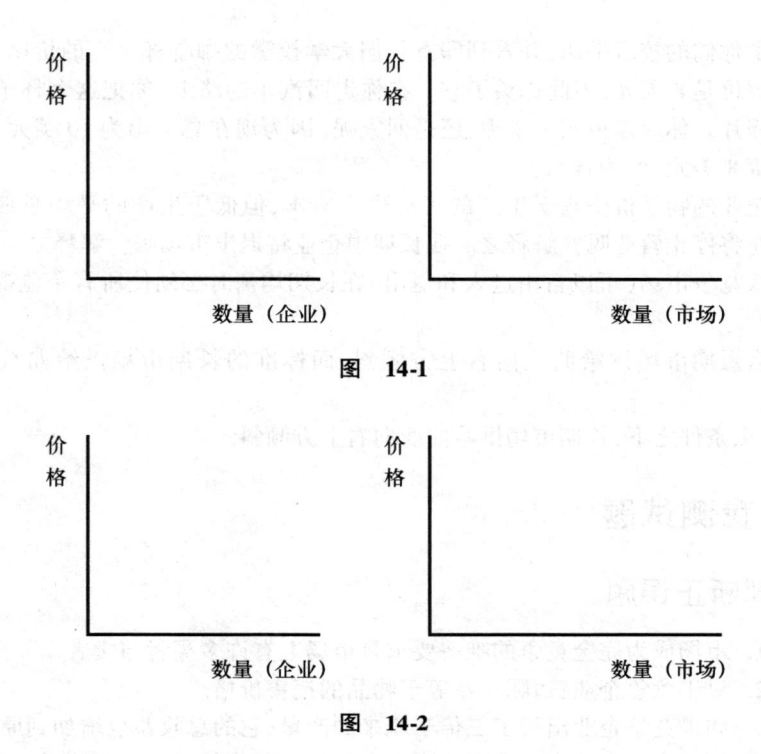

图 14-2

c. 在图 14-3 中,说明为了使市场和企业回到长期均衡而发生的调整。

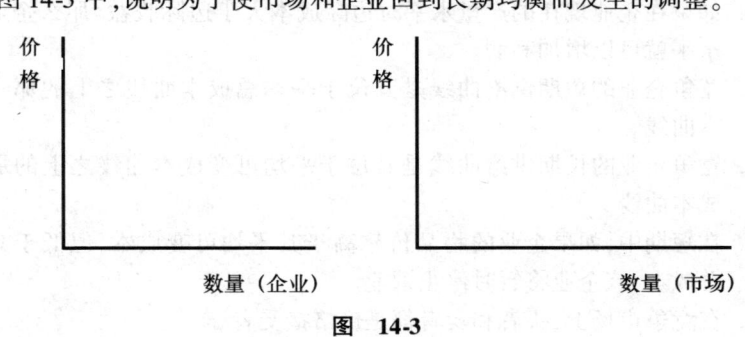

图 14-3

d. 在市场回到长期均衡之后,价格高了、低了,还是与原来的价格一样?在这个市场上生产的企业数量多了、少了,还是不变?

## 14.2.2 简答题

1. 描述竞争市场的三个条件是什么?
2. 考虑某个处于竞争市场中的企业。如果它的产量翻了一番,总收益会发生什么变动?为什么?
3. 如果一个企业在边际收益大于边际成本时生产,它可以通过增加产量、减少产量,还是保持产量不变来增加利润?为什么?
4. 竞争企业的短期供给曲线如何构成?解释之。
5. 竞争企业的长期供给曲线如何构成?解释之。

6. 你去了你们的校园书店，并看到印有你们大学校徽的咖啡杯。它的价格是 5 美元，而你的评价是 8 美元，因此你买了它。在你走回汽车的路上，你把这个杯子掉在地上摔成了碎片。你应该再买一个呢，还是回家呢（因为现在总支出为 10 美元，大于你对它的评价 8 美元）？为什么？
7. 假设企业的物品价格高于生产的平均可变成本，但低于生产的平均总成本。在短期中企业将停止营业吗？解释之。在长期中企业将退出市场吗？解释之。
8. 为什么竞争市场（可以自由进入和退出）在长期均衡时必须使所有企业都以有效规模经营？
9. 为什么短期市场供给曲线向右上方倾斜，而标准的长期市场供给曲线是完全有弹性的？
10. 在什么条件之下，长期市场供给曲线向右上方倾斜？

## 14.3　自我测试题

### 14.3.1　判断正误题

  _____ 1. 市场成为完全竞争的唯一要求是市场上有许多买者与卖者。
  _____ 2. 对于竞争企业，边际收益等于物品的销售价格。
  _____ 3. 如果竞争企业出售了三倍于原来的产量，它的总收益也增加到原来的三倍。
  _____ 4. 当企业生产的产量达到边际成本等于边际收益时，这个企业的利润最大。
  _____ 5. 如果在企业现在的产量水平时边际成本大于边际收益，那么企业提高其产量水平就可以增加利润。
  _____ 6. 竞争企业的短期供给曲线是其位于平均总成本曲线之上的那一部分边际成本曲线。
  _____ 7. 竞争企业的长期供给曲线是其位于平均可变成本曲线之上的那一部分边际成本曲线。
  _____ 8. 在短期中，如果企业的物品价格高于其平均可变成本，但低于其生产的平均总成本，该企业将暂时停止营业。
  _____ 9. 在竞争市场上，买者和卖者都是价格接受者。
  _____ 10. 在长期中，如果企业物品得到的价格低于其生产的平均总成本，一些企业就将退出市场。
  _____ 11. 在短期中，一种物品的市场供给曲线是每个企业在每种价格时的供给量之和。
  _____ 12. 短期市场供给曲线比长期市场供给曲线富有弹性。
  _____ 13. 在长期中，完全竞争企业赚到少量但可观的经济利润。
  _____ 14. 在长期中，如果企业是相同的，而且自由进入与退出市场，那么市场上的所有企业都在其有效规模上经营。
  _____ 15. 如果一种物品的价格上升到高于生产的最低平均总成本，正的经济利润就将引起新企业进入市场，这使价格回到生产的最低平均总成本。

## 14.3.2 单项选择题

1. 以下哪一项不是竞争市场的特征？
   a. 市场上有许多买者与卖者。
   b. 用于销售的物品大体上是相同的。
   c. 企业可以自由进入或退出市场。
   d. 企业在长期中产生少量正的经济利润。
   e. 以上都是竞争市场的特征。

2. 以下哪一个市场最接近于满足竞争市场的要求？
   a. 金块市场。
   b. 电力市场。
   c. 有线电视市场。
   d. 汽水市场。
   e. 以上各项都是竞争市场。

3. 如果竞争企业的产量翻了一番，它的总收益_____。
   a. 翻了一番还多
   b. 翻一番
   c. 翻了不到一番
   d. 不能确定，因为物品的价格可能上升或下降

4. 对于竞争企业，边际收益等于_____。
   a. 该物品的销售价格
   b. 平均收益除以销售量
   c. 总收益除以价格
   d. 所销售的物品量

5. 当竞争企业生产的产量达到以下哪一点时，它的利润最大？
   a. 边际成本等于总收益。
   b. 边际收益等于平均收益。
   c. 边际成本等于边际收益。
   d. 价格等于平均可变成本。

6. 如果竞争企业在边际收益超过边际成本时的水平上生产，那么企业_____就可以增加利润。
   a. 增加生产
   b. 减少生产
   c. 把生产维持在现有水平上

   d. 暂时停止营业

**根据图 14-4 回答第 7—11 题。**

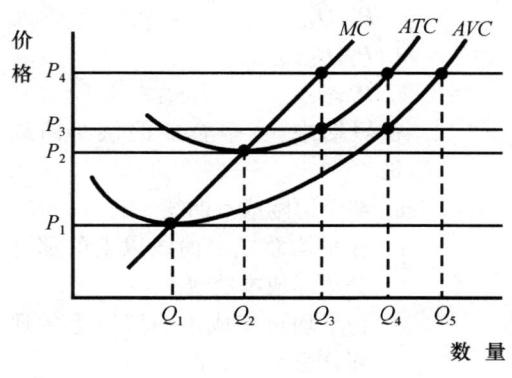

图 14-4

7. 如果价格是 $P_4$，产量为_____时，竞争企业就可以实现利润最大化。
   a. $Q_1$
   b. $Q_2$
   c. $Q_3$
   d. $Q_4$
   e. $Q_5$

8. 如果价格是 $P_4$，企业将得到的利润等于面积_____。
   a. $(P_2 - P_1) \times Q_2$
   b. $(P_3 - P_2) \times Q_3$
   c. $(P_4 - P_2) \times Q_4$
   d. $(P_4 - P_3) \times Q_3$
   e. 以上各项都不对

9. 在短期中，价格低于_____时，竞争企业就将暂时停止生产。
   a. $P_1$
   b. $P_2$
   c. $P_3$
   d. $P_4$

10. 在长期中，价格低于_____时，一些竞争企业就将退出市场。
    a. $P_1$
    b. $P_2$
    c. $P_3$

d. $P_4$

11. 在长期中,竞争均衡是_____。
    a. $P_1, Q_1$
    b. $P_2, Q_2$
    c. $P_4, Q_3$
    d. $P_4, Q_4$
    e. $P_4, Q_5$

12. 在短期中,竞争企业的供给曲线是_____。
    a. 整个边际成本曲线
    b. 在平均总成本曲线以上的那部分边际成本曲线
    c. 在平均可变成本曲线以上的那部分边际成本曲线
    d. 平均总成本曲线中向右上方倾斜的部分
    e. 平均可变成本曲线中向右上方倾斜的部分

13. 在长期中,竞争企业的供给曲线是_____。
    a. 整个边际成本曲线
    b. 在平均总成本曲线以上的那部分边际成本曲线
    c. 在平均可变成本曲线以上的那部分边际成本曲线
    d. 平均总成本曲线中向右上方倾斜的部分
    e. 平均可变成本曲线中向右上方倾斜的部分

14. 一个杂货店在以下哪种情况下应该在晚上关门?
    a. 仍然开业的总成本大于仍然开业带来的总收益。
    b. 仍然开业的总成本小于仍然开业带来的总收益。
    c. 仍然开业的可变成本大于仍然开业带来的总收益。
    d. 仍然开业的可变成本小于仍然开业带来的总收益。

15. 长期市场供给曲线_____。
    a. 总是比短期市场供给曲线富有弹性
    b. 总是比短期市场供给曲线缺乏弹性
    c. 与短期市场供给曲线有同样的弹性
    d. 总是完全有弹性的

16. 在长期中,如果用于销售的物品的价格低于_____,一些企业就将退出市场。
    a. 边际收益
    b. 边际成本
    c. 平均收益
    d. 平均总成本

17. 如果市场上所有企业都有相同的成本结构,而且市场上生产物品所用的投入容易得到,那么,该物品的长期市场供给曲线应该是_____。
    a. 完全有弹性的
    b. 向右下方倾斜的
    c. 向右上方倾斜的
    d. 完全无弹性的

18. 如果生产一种物品所需要的投入供给有限,以致该行业扩大引起市场上所有现有企业的成本增加,那么,该物品的长期市场供给曲线可能是_____。
    a. 完全有弹性的
    b. 向右下方倾斜的
    c. 向右上方倾斜的
    d. 完全无弹性的

19. 如果一种物品的长期市场供给曲线是完全有弹性的,在长期中,该物品需求增加将引起_____。
    a. 该物品价格上升和市场上企业数量增加
    b. 该物品价格上升,但市场上企业数量不增加
    c. 市场上企业数量增加,但该物品

　　　　价格不上升
　　d. 对物品价格和市场上企业数量都没有影响
20. 在竞争市场的长期均衡时，企业在以下哪一种状态时经营？
　　a. 它们的平均总成本曲线的最低点。
　　b. 边际成本与边际收益相交的点。
　　c. 它们的有效规模。
　　d. 零经济利润。
　　e. 以上各项都对。

## 14.4　进阶思考题

在美国某些地区，沃尔玛商场和其他一些大型超市一年365天、一天24小时开业是普遍的。

1. 你在凌晨两点与朋友走进沃尔玛商场买一些USB闪存驱动器。你的朋友说："我不敢相信这些商场整夜都开业。15个结账口中只有1个是开放的。这个商场里的顾客不会超过10名。整夜开业对这家商场没有什么意义。"向你的朋友解释，为了使整夜开业对沃尔玛有利必须具备什么条件。
2. 当沃尔玛做出夜晚是否开业的决策时，租金、设备、货架的成本以及管理人员的工资等是相关的吗？为什么？
3. 如果沃尔玛白天的顾客人数和你观察到的夜晚顾客人数一样多，你认为它应该继续经营吗？解释之。

## 习　题　答　案

### 14.1.3　术语与定义

　　__6__　价格接受者　　　　　　　__1__　停止营业
　　__2__　竞争市场　　　　　　　　__7__　退出市场
　　__3__　平均收益　　　　　　　　__4__　沉没成本
　　__5__　边际收益

### 14.2.1　应用题

1. a. 是的，有许多买者和卖者，而且不同卖者的物品几乎是相同的。
   b. 也许不是，有许多买者和卖者，但物品并不相同（如Levi's与Lee），因此并不是每个卖者都是价格接受者。
   c. 是的，有许多买者和卖者，而且不同卖者的物品是相同的。
   d. 是的，有许多买者和卖者，而且不同卖者的物品是相同的。
   e. 不是，有少数卖者（往往只有一个）。如果有多个卖者，物品将是相同的。
   f. 不是，有少数卖者（往往只有一个）。如果有多个卖者，物品将几乎是相同的。

2. a.

| Q | TR, P=3美元 | TC | 利润 | MR | MC | TR, P=2美元 | 利润 | MR |
|---|---|---|---|---|---|---|---|---|
| 0 | 0 | 1 | −1 |  |  | 0 | −1 |  |
|  |  |  |  | 3 | 1 |  |  | 2 |
| 1 | 3 | 2 | 1 |  |  | 2 | 0 |  |
|  |  |  |  | 3 | 2 |  |  | 2 |
| 2 | 6 | 4 | 2 |  |  | 4 | 0 |  |
|  |  |  |  | 3 | 3 |  |  | 2 |
| 3 | 9 | 7 | 2 |  |  | 6 | −1 |  |
|  |  |  |  | 3 | 4 |  |  | 2 |
| 4 | 12 | 11 | 1 |  |  | 8 | −3 |  |
|  |  |  |  | 3 | 5 |  |  | 2 |
| 5 | 15 | 16 | −1 |  |  | 10 | −6 |  |

b. 最优生产水平是每小时2个或3个棒球。这个生产水平使利润最大（2美元），而且这也是 MC = MR（3美元）的产量水平。

c. 不是，因为Barry赚到了2美元的正经济利润。这些利润将吸引新企业进入棒球市场，市场供给将增加，而且价格将下降到经济利润为零时为止。

d. 见上表的答案。最优生产水平是每小时1个或2个棒球。Barry赚到零经济利润。

e. 是的。经济利润为零，而且企业既不进入也不退出该行业。零经济利润意味着，Barry没有赚到超过他生产的机会成本的钱，但他的收益弥补了他投入的成本、他的时间与金钱的价值。

f. 短期供给曲线的斜率是正的，因为当 P=2 美元时，供给量是每个企业1或2个单位；而当 P=3 美元时，供给量是每个企业2或3个单位。在长期中，供给在 P=2 美元时是水平的（完全有弹性），因为高于2美元的任何一种价格都将引起企业进入棒球市场，并使价格下降到2美元。

3. a. 参看图14-5。

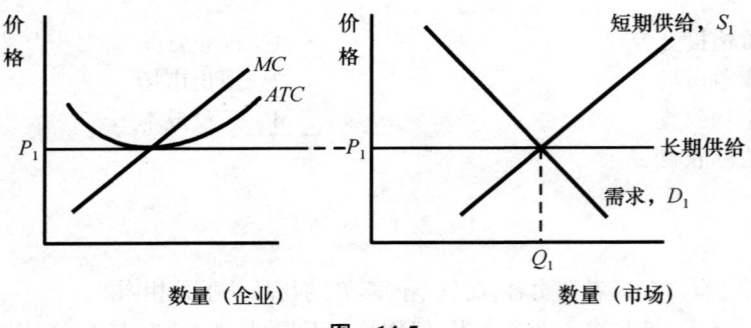

图 14-5

b. 参看图 14-6。

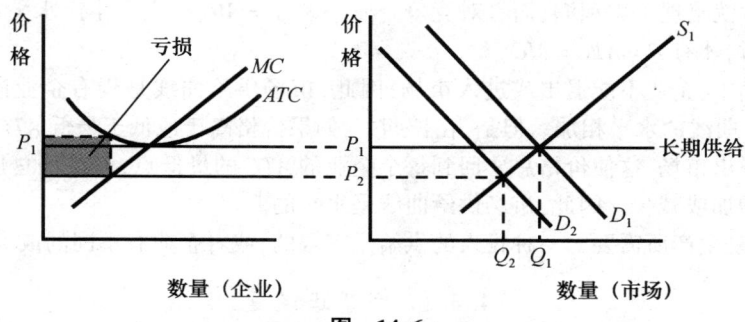

**图 14-6**

c. 参看图 14-7。

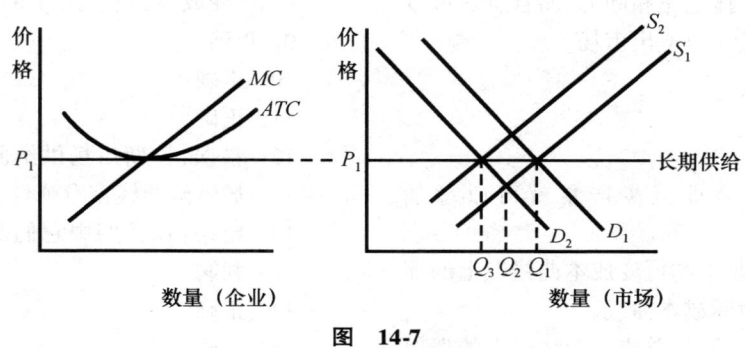

**图 14-7**

d. 价格回到最初的水平。在这个市场上生产的企业数量少了。

## 14.2.2 简答题

1. 有许多买者与卖者,用于销售的物品大体上是相同的,而且企业可以自由进入或退出市场。
2. 总收益翻一番。这是因为在竞争市场上价格并不受任何个别企业销售量的影响。
3. 如果 $MR > MC$,增加产量将增加利润,因为增加一单位产量所增加的收益大于增加的成本。
4. 它是企业平均可变成本曲线以上的那部分边际成本曲线,因为企业的利润在 $P = MC$ 时最大,而且在短期中,固定成本或沉没成本是无关的,企业应该只弥补其可变成本。
5. 它是企业平均总成本曲线以上的那部分边际成本曲线,因为企业的利润在 $P = MC$ 时最大,而且在长期中,企业应该弥补其总成本,否则它就应该退出市场。
6. 你应该购买另一个咖啡杯,因为边际收益(8美元)大于边际成本(5美元)。打碎的杯子是沉没成本,而且无法弥补,因此它是无关的。
7. 不应该停止营业。在短期中,企业的固定成本是沉没成本,因此企业不会停止营业,因为它只需要弥补其可变成本。在长期中企业应该退出市场。在长期中,企业必须弥补总成本,而且,如果 $P < ATC$,企业在长期中就有亏损,应退出市场。

8. 在长期均衡时,企业必须获得零经济利润,以便企业不进入或退出该行业。当 $P = ATC$ 时就出现了零利润,而且对竞争企业来说,$P = MC$ 决定了生产水平。只有在 $ATC$ 最低时,才有 $P = ATC = MC$。
9. 在短期中,企业不能退出或进入市场,因此,市场供给曲线是现有企业向右上方倾斜的 $MC$ 曲线的水平相加。但是,在长期中,如果价格高于或低于最低 $ATC$,企业就将进入或退出市场,这使价格总要回到每个企业的 $ATC$ 的最低点,但市场总供给量随企业数量增加或减少。因此,市场供给曲线是水平的。
10. 条件是生产所需要的一种投入的供给是有限的,或者企业有不同的成本。

### 14.3.1 判断正误题

1. 错误;除此之外,还要求可供销售的物品大体上是相同的,而且企业可以自由进入或退出市场。
2. 正确。
3. 正确。
4. 正确。
5. 错误;企业减少产量就可以增加利润。
6. 错误;是平均可变成本曲线以上的那部分边际成本曲线。
7. 错误;是平均总成本曲线以上的那部分边际成本曲线。
8. 错误;在短期中,只要价格高于平均可变成本,企业就将继续经营。
9. 正确。
10. 正确。
11. 正确。
12. 错误;长期市场供给曲线比短期市场供给曲线富有弹性。
13. 错误;在长期中它们赚到了零经济利润。
14. 正确。
15. 正确。

### 14.3.2 单项选择题

1. d  2. a  3. b  4. a  5. c  6. a  7. c  8. d  9. a  10. b
11. b  12. c  13. b  14. c  15. a  16. d  17. a  18. c  19. c  20. e

### 14.4 进阶思考题

1. 对于沃尔玛来说,要保持整个晚上开业(并不暂时停止营业),它夜晚的总收益必须等于或大于其增加开业时间所引起的可变成本(电力、夜班工人的工资等)。
2. 是不相关的。这些成本是固定成本或沉没成本——即使沃尔玛选择夜晚不开业,这些成本也得不到弥补。
3. 不应该继续经营。这是因为暂时停止营业决策(夜晚是否开业)取决于总收益是否等于或大于可变成本,但长期中留在市场上的决策取决于总收益是否等于或大于总成本。沃尔玛用晚上赚到的收益弥补总成本(固定成本与可变成本)是不大可能的。

# 第15章
# 垄　　断

## 目　标

### 在本章中你将

- 学习为什么某些市场只有一个卖者
- 分析垄断企业如何决定产量和收取的价格
- 理解垄断企业的决策如何影响经济福利
- 理解垄断企业为什么要对不同的顾客收取不同的价格
- 思考各种旨在解决垄断问题的公共政策

## 效　果

### 在实现这些目标之后，你应该能

- 列出垄断企业能成为市场上某种物品唯一卖者的三个原因
- 用垄断企业的成本曲线和它所面临的需求曲线解释垄断企业所赚取的利润
- 说明垄断企业生产决策所带来的无谓损失
- 说明一个垄断企业的价格歧视可以使经济福利增加到标准垄断定价所引起的经济福利之上这一出人意料的结果
- 说明为什么迫使自然垄断企业收取它生产的边际成本会引起垄断企业亏损

## 15.1 本章概述

### 15.1.1 本章复习

垄断企业有市场势力,因为它们可以影响自己产出的价格。这就是说,垄断企业是与价格接受者相对的价格制定者。竞争企业选择的生产量要使既定的市场价格等于生产的边际成本,而垄断企业收取的价格大于边际成本。在本章中,我们考察垄断企业的生产和定价决策、它们市场势力的社会含义,以及政府可能用什么方式对垄断企业引发的问题做出回应。

**1. 为什么会产生垄断**

**垄断企业**是一种没有相近替代品的物品的唯一卖者的企业。只有存在进入壁垒,垄断企业才能是市场上唯一的卖者。这就是说,其他企业不能进入该市场并与之竞争。进入壁垒有三个来源:

- **垄断资源**:一种关键资源由唯一一个企业所拥有。例如,如果一个企业拥有镇上的唯一一口水井,那么它就是销售水的垄断企业。戴比尔斯(DeBeers)基本上就是钻石市场的一个垄断企业,因为它控制了世界钻石产量的80%。这样的垄断来源其实在某种程度上比较少见。

- **政府创造的垄断**:政府赋予单个企业排他性地生产某种物品的权利。当政府赋予发明者专利和作者版权(可持续20年)时,它就使某人成为那种物品的唯一生产者。好处是它提高了对创造性活动的激励,而代价将在本章后面部分详细讨论。

- **自然垄断**:生产成本使单个生产者比大量生产者更有效率。当一个企业能以低于两个或更多企业的成本向整个市场供给一种物品时,就产生了**自然垄断**。当在相关产量范围内存在规模经济时,自然垄断就产生了。这就是说,一个企业的平均总成本可以一直下降到能以最低成本供给整个市场的数量。这种成本优势是一种自然进入壁垒,因为成本较高的企业发现进入这类市场是不利的。常见的例子是水电配送等公用事业。俱乐部物品一般是由自然垄断企业生产的。

**2. 垄断企业如何做出生产与定价决策**

相对于市场而言,一个竞争企业是微不足道的,因此它接受市场条件所给定的价格。由于在既定的价格上竞争企业想卖多少就可以卖多少,因此竞争企业面临一条在市场价格时完全有弹性的需求曲线。垄断企业是其市场上的唯一生产者,因此它面对的是整条向右下方倾斜的市场需求曲线。垄断企业可以通过选择数量和买者愿意支付的价格来选择需求曲线上的任何一种价格—数量组合。正如竞争企业一样,垄断企业选择使利润(总收益减总成本)最大化的产量。

由于垄断企业面临一条向右下方倾斜的需求曲线,如果它希望销售更多数量,它就必须降低物品的价格。因此,当它多销售一单位时,增加的销售数量会引起总收益($P \times Q$)的两种效应:

- 产量效应:$Q$上升了。
- 价格效应:$P$下降了(对边际单位和它已经销售出去的单位)。

由于垄断企业在卖出每一单位时必须降低价格,因此当它增加一单位产量时,其边际收益($\Delta TR/\Delta Q$)随产量 $Q$ 的增加而递减,而且边际收益总是小于物品的价格。

与竞争企业一样,垄断企业在边际收益($MR$)等于边际成本($MC$)的产量水平时利润最大。随着 $Q$ 增加,$MR$ 减少而 $MC$ 增加。因此,在产量水平低时,$MR > MC$,而且 $Q$ 增加就增加了利润。在产量水平高时,$MC > MR$,而且 $Q$ 减少就增加了利润。因此,垄断企业应该在 $MR = MC$ 这一点上生产。这就是说,利润最大化的产量水平是由边际收益和边际成本曲线的交点决定的。由于 $MR$ 曲线在需求曲线之下,垄断企业通过 $MR = MC$ 相交找出需求曲线来确定所收取的价格。也就是说,它在那个产量下收取与之相符的最高价格。

回想一下,对于竞争企业,由于企业面对的需求曲线是完全有弹性的,因此 $P = MR$,利润最大化的均衡要求 $P = MR = MC$。但是,对垄断企业,$MR < P$,因此,利润最大化的均衡要求 $P > MR = MC$。结果,在竞争市场上,价格等于边际成本;而在垄断市场上,价格大于边际成本。

药品市场的例子与我们的理论是一致的。在专利保护期内,药品价格高;当专利到期而且可以生产无专利药品时,药品价格大幅度下降。

与竞争市场一样,垄断利润为 $(P - ATC) \times Q$,或者利润等于每单位的平均利润乘以销售量。

### 3. 垄断的福利代价

垄断市场能使用总剩余衡量的经济福利最大化吗?不妨回想一下,总剩余是消费者剩余和生产者剩余之和。竞争市场上的供求均衡自然而然地使总剩余最大,因为所有买者评价大于或等于卖者生产成本的产量都被生产出来了。

一个垄断企业要生产社会有效量(通过生产所有买者评价大于或等于生产成本的产量而使总剩余最大化),它就必须生产边际成本曲线与需求曲线相交处的产量水平。但是,垄断企业选择生产边际收益曲线与边际成本曲线相交处的产量水平。由于垄断企业的边际收益曲线总在需求曲线之下,垄断企业的产量低于社会有效产量。

垄断企业生产的少量物品使垄断企业可以收取高于生产边际成本的价格。因此,垄断企业引起了无谓损失,因为在垄断价格高时,消费者不能购买评价高于垄断企业成本的产量。

垄断产生的无谓损失与税收产生的无谓损失类似,而且垄断企业的利润类似于税收收入,不同的是政府得到了税收收入,私人企业得到了垄断利润。由于垄断企业赚到的利润只是从消费者剩余转变为生产者剩余,因此垄断利润并不是一种社会成本。垄断的社会成本是当垄断企业生产的产量低于其有效产量时引起的无谓损失。

### 4. 价格歧视

**价格歧视**是以不同的价格向不同顾客出售同一种物品的经营做法。价格歧视只能由垄断企业这样有市场势力的企业来实行。关于价格歧视有三个值得注意的方面:

- 价格歧视是利润最大化垄断企业的理性策略,因为在向每个顾客收取接近于他的个人支付意愿的价格时,垄断企业的利润增加了。
- 价格歧视要求能根据顾客的支付意愿——由年龄、收入、地区等决定——划分顾客。如果存在**套利**(在一个市场上低价购买物品并在另一个市场上高价卖出的过程),价格歧视就无法实施。
- 价格歧视可以增进经济福利,这是因为产量会超过存在垄断定价时的结果。但是,增加的剩余(减少的无谓损失)由生产者而不是消费者获得。

当垄断企业向每个顾客收取的价格完全等于其支付意愿时,就产生了**完全价格歧视**。在这种情况下,企业(顾客)生产(消费)有效产量,而且没有无谓损失。但是,总剩余以利润的形式归垄断企业所有。在现实中,不可能实现完全价格歧视。不完全价格歧视可能提高、降低或不改变市场上的总剩余。

价格歧视的例子包括电影票、民航机票、折扣券、大学学费资助、数量折扣以及百老汇的演出票等。

**5. 针对垄断的公共政策**

垄断不能有效地配置资源,因为它们生产的产量小于社会最优产量,并收取高于边际成本的价格。决策者可以用四种方式对垄断问题做出回应:

- 努力使垄断行业更有竞争性。司法部可以运用反托拉斯法(旨在降低垄断力量的法规)来阻止减少竞争的合并,为增强竞争而分解极大的公司,并阻止公司合谋。然而,一些合并可能在降低成本的同时又提高了效率。因此,政府要知道应当阻止哪一种合并和允许哪一种合并是困难的。
- 管制垄断企业的行为。公共事业这类自然垄断收取的价格通常由政府管制。要求一个自然垄断企业确定的价格等于其边际成本,就可以消费有效率的产量,但垄断企业将亏损,因为如果平均可变成本下降,边际成本必定低于平均可变成本。因此,垄断企业将退出该行业。管制者的回应是,可以用税收收入(税收收入本身引起无谓损失)补贴自然垄断企业,或者允许以平均总成本定价,这提高了垄断定价,但其不像边际成本定价一样有效率。管制价格的另一个问题是,垄断企业没有降低成本的激励,因为当它们的成本下降时,其物品的价格也要下降。
- 把一些私人垄断企业变为公共企业。除管制自然垄断收取的价格外,政府也可以自己经营垄断。邮政服务是一个例子。经济学家对私有制的偏爱大于政府公有制,因为私人所有者有更大的激励使成本最小化。
- 无作为。由于以上每一种解决方法都有缺点,一些经济学家主张让垄断自行其是。他们相信,现实世界中"政治失灵"的代价要大于垄断定价引起的"市场失灵"。

**6. 结论:垄断的普遍性**

在某种意义上说,一方面,垄断是普遍的,因为大多数企业对它们收取的价格都有某种控制力;另一方面,有相当大垄断势力的企业是极少的。垄断势力只不过是一个程度问题。

### 15.1.2 有益的提示

(1)垄断企业可以选择产量,并找出买者愿意支付的价格,或者垄断企业可以选择价格,并找出买者愿意购买的数量。这就是说,垄断企业仍然要服从于其物品的需求曲线。如果高价格和高产量的组合并不在垄断企业所面临的需求曲线上,垄断企业就不能选择这种组合。

(2)垄断企业并不保证能赚到利润。我们任何一个人都可以在生产封面镶金的教科书中成为一个垄断企业(因为现在没有这种物品的生产者),但这种物品的需求可能低到无法弥补生产成本。类似地,得到一种物品的专利并不能保证专利持有者未来可以获利。

### 15.1.3 术语与定义

为每个关键术语选择一个定义。

| 关键术语 | 定 义 |
|---|---|
| _____ 垄断企业 | 1. 由于一个企业能以低于两个或更多企业的成本向整个市场供给一种物品或服务而产生的垄断 |
| _____ 自然垄断 | 2. 作为一种没有相近替代品的产品的唯一卖者的企业 |
| _____ 价格歧视 | 3. 垄断企业可以向每个顾客准确地收取其支付意愿的情况 |
| _____ 套利 | 4. 以不同价格向不同顾客出售同一种物品的经营做法 |
| _____ 完全价格歧视 | 5. 在一个市场上以低价买进一种物品并在另一个市场上以高价卖出的过程 |

## 15.2 应用题与简答题

### 15.2.1 应用题

1. a. 使企业可以在一种物品上保持唯一卖者地位的进入壁垒的三个来源是什么？
   b. 以下物品或生产者的垄断势力来源于什么进入壁垒？列出一些打破这些物品或生产者的绝对垄断势力的竞争者。
   （1）美国邮政服务（United States Postal Service）
   （2）巴黎水矿泉水（Perrier Spring Water）
   （3）百忧解（Prozac，一种品牌药）
   （4）戴比尔斯钻石（DeBeers Diamonds）
   （5）由 N. 格里高利·曼昆写的《经济学原理》（你当前的教科书）
   （6）爱迪生电力公司（Edison Power Company）

2. 假设一个企业拥有一项生产独一无二的熏鲑鱼的特殊加工专利。下表提供了该企业这种物品的需求信息。

| 鲑鱼（磅） | 价格（美元） | 总收益（$P \times Q$） | 边际收益（$\Delta TR/\Delta Q$） |
|---|---|---|---|
| 0 | 20 | _____ | |
| 1 | 18 | _____ | _____ |
| 2 | 16 | _____ | _____ |
| 3 | 14 | _____ | _____ |
| 4 | 12 | _____ | _____ |
| 5 | 10 | _____ | _____ |
| 6 | 8 | _____ | _____ |
| 7 | 6 | _____ | _____ |

a. 填写上表。
b. 在图 15-1 中画出需求曲线和边际收益曲线。（为了画出边际值，请参见第 13 章"有益的提示"中的第 2 条。）

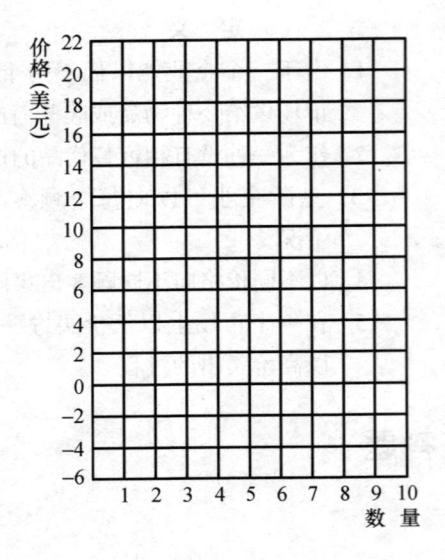

图 15-1

c. 假设没有固定成本,而且生产熏鲑鱼的边际成本为固定的每磅6美元。(因此,平均总成本也是固定的每磅6美元。)垄断企业所选择的数量和价格是多少?垄断企业赚到的利润是多少?用你在图15-1中画出的图形说明你的答案。

d. 使总剩余最大的价格和数量是多少?

e. 比较垄断解和有效解。也就是说,垄断企业的价格太高还是太低?垄断企业生产的数量太多还是太少?为什么?

f. 如果垄断企业收取垄断价格,这个市场上有无谓损失吗?解释之。

g. 如果垄断企业能无代价地实行完全价格歧视,结果是有效率的吗?解释之。消费者剩余、生产者剩余和总剩余的值是多少?解释之。

3. a. 图15-2代表哪一种类型的市场:完全竞争、垄断,还是自然垄断?解释之。

b. 假设企业要使利润最大,在图15-2中标出这家企业的利润或亏损。

c. 假设政府管制者为了提高这个市场的效率,强迫这家企业将价格定为其边际成本。在图15-3中标出这家企业的利润或亏损。

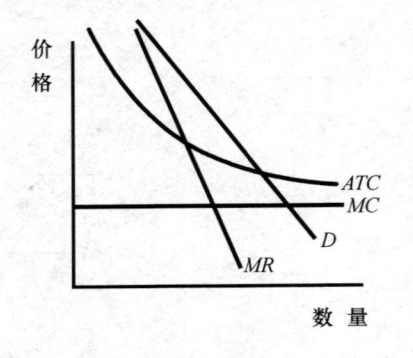

图 15-2 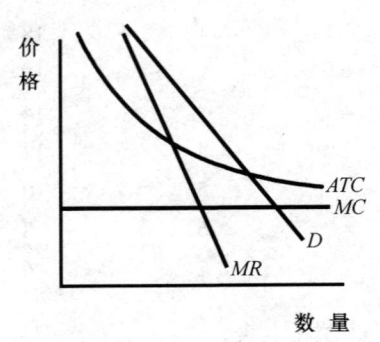　　　　　　图 15-3

d. 在长期中,迫使这家企业收取等于边际成本的价格能提高该市场的效率吗？解释之。

### 15.2.2 简答题

1. 什么是进入壁垒？使企业可以在一个市场上保持唯一卖者地位的进入壁垒的三个来源是什么？
2. 如果通过管制迫使自然垄断企业收取等于其边际成本的价格,结果将是有效率的吗？为什么？
3. 垄断企业能对其物品收取最高可能的价格吗？为什么？垄断企业如何选择对其物品所收取的价格？
4. 为什么垄断企业生产的产量总会少于社会有效产量呢？
5. 垄断企业的利润是垄断社会代价的一部分吗？解释之。
6. 完全价格歧视是有效率的吗？解释之。谁得到了剩余？
7. 垄断企业能实行价格歧视的必要条件是什么？
8. 决策者可以对垄断问题做出反应的四种方式是什么？
9. 应该用反托拉斯法来阻止所有合并吗？为什么？
10. 与管制自然垄断所收取的价格相关的一些问题是什么？

## 15.3 自我测试题

### 15.3.1 判断正误题

_____ 1. 垄断企业是价格接受者。
_____ 2. 垄断市场进入壁垒最常见的来源是,垄断企业拥有生产那种物品所必需的一种关键资源。
_____ 3. 垄断是没有相近替代品的一种物品的唯一卖者。
_____ 4. 自然垄断是把其自然资源所有权作为市场进入壁垒的垄断。
_____ 5. 垄断企业面临的需求曲线是其物品的市场需求曲线。
_____ 6. 对于垄断企业来说,边际收益总是低于物品的价格。
_____ 7. 垄断企业选择边际收益等于边际成本的产量,然后用需求曲线找出将使消费者购买这种数量的价格。
_____ 8. 垄断企业的供给曲线总是向右上方倾斜的。
_____ 9. 垄断企业生产了有效产量,但它仍然是无效率的,因为它收取的是高于边际成本的价格,获取的利润是一种社会代价。
_____ 10. 只有没有套利活动时,价格歧视才是可能的。
_____ 11. 价格歧视可以提高经济福利,因为产量增加到大于垄断定价下的水平。
_____ 12. 完全价格歧视是有效率的,但所有剩余由消费者获得。
_____ 13. 当大学对穷学生和富学生收取不同的学费时,大学就是在进行价格歧视。
_____ 14. 用管制迫使自然垄断企业收取等于其生产边际成本的价格将使垄断企业亏损,并退出该行业。

_____ 15. 大多数经济学家认为,垄断问题最有效的解决办法是将垄断企业公有化。

## 15.3.2 单项选择题

1. 以下哪一项不是垄断市场的进入壁垒?
   a. 政府给一家企业排他性地生产某种物品的权利。
   b. 生产成本使一个生产者比大量生产者更有效率。
   c. 一种关键资源由一家企业拥有。
   d. 一个企业非常大。

2. 平均总成本一直下降到至少能供给整个市场的产量的企业称为_____。
   a. 完全竞争企业
   b. 自然垄断
   c. 政府垄断
   d. 受管制的垄断

3. 当垄断企业多生产一单位时,那一单位所带来的边际收益必定_____。
   a. 高于价格,因为产量效应大于价格效应
   b. 高于价格,因为价格效应大于产量效应
   c. 低于价格,因为产量效应大于价格效应
   d. 低于价格,因为价格效应大于产量效应

4. 垄断生产的产量处于以下哪一种情况时才能实现利润最大化?
   a. 边际收益等于边际成本。
   b. 边际收益等于价格。
   c. 边际成本等于价格。
   d. 边际成本等于需求。
   e. 以上各项都不对。

5. 以下哪一种关于竞争与垄断市场上的价格和边际成本的表述是正确的?
   a. 在竞争市场上,价格等于边际成本;在垄断市场上,价格等于边际成本。
   b. 在竞争市场上,价格高于边际成本;在垄断市场上,价格高于边际成本。
   c. 在竞争市场上,价格等于边际成本;在垄断市场上,价格高于边际成本。
   d. 在竞争市场上,价格高于边际成本;在垄断市场上,价格等于边际成本。

6. 圣智学习(Cengage Learning)公司是生产你的教科书的垄断企业,因为_____。
   a. 圣智学习公司拥有教科书生产的关键资源
   b. 圣智学习公司是一个自然垄断企业
   c. 政府赋予圣智学习公司排他性地生产这种教科书的权利
   d. 圣智学习公司是一家非常大的公司

用图 15-4 回答第 7—10 题。

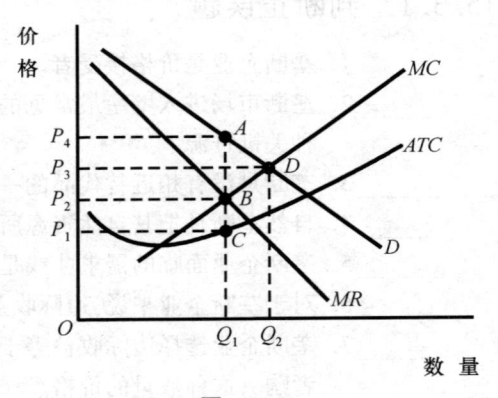

图 15-4

7. 利润最大化的垄断企业所选择的价格和数量由以下哪一点代表?
   a. $A$
   b. $B$
   c. $C$
   d. $D$
   e. 以上各项都不对

8. 利润最大化的垄断企业所赚到的利

润由以下哪一块面积代表？

a. $P_4ABP_2$
b. $P_4ACP_1$
c. $P_4AQ_1O$
d. $P_3DQ_2O$
e. 以上各项都不对

9. 与垄断定价相关的无谓损失由以下哪一块面积代表？

a. $P_4ABP_2$
b. $P_4ACP_1$
c. $ABD$
d. $P_2BCP_1$
e. 以上各项都不对

10. 有效率的价格与数量由以下哪一点代表？

a. $A$
b. $B$
c. $C$
d. $D$
e. 以上各项都不对

11. 与垄断相关的无效率是由于_____。

a. 垄断利润
b. 垄断亏损
c. 物品的过度生产
d. 物品的生产不足

12. 与完全竞争市场相比，垄断市场通常将引起_____。

a. 更高的价格和更高的产量
b. 更高的价格和更低的产量
c. 更低的价格和更低的产量
d. 更低的价格和更高的产量

13. 垄断企业的供给曲线_____。

a. 是平均可变成本之上的边际成本曲线
b. 是平均总成本之上的边际成本曲线
c. 是平均总成本曲线向右上方倾斜的那一部分
d. 是平均可变成本曲线向右上方倾斜的那一部分
e. 不存在

14. 用政府管制迫使自然垄断收取的价格等于其边际成本将_____。

a. 提高效率
b. 提高物品价格
c. 吸引其他企业进入市场
d. 引起垄断企业退出市场

15. 反托拉斯法的目的是_____。

a. 管制垄断企业收取的价格
b. 通过阻止合并和分解大企业来增进一个行业内的竞争
c. 增加合并活动，以有助于引起降低成本并提高效率的协同效应
d. 创造自然垄断的公有制
e. 以上各项都对

16. 自然垄断的公有制_____。

a. 倾向于无效率
b. 通常会大大降低生产成本
c. 引起新收购的企业与其他政府拥有的企业之间的协同效应
d. 以上各项都不对

17. 以下哪一项关于价格歧视的表述不正确？

a. 价格歧视可以增进经济福利。
b. 价格歧视要求卖者能根据买者的支付意愿对其进行划分。
c. 完全价格歧视引起无谓损失。
d. 价格歧视增加了垄断企业的利润。
e. 垄断企业进行价格歧视，买者必定不能进行套利活动。

18. 如果管制者把一个自然垄断分为许多小企业，生产成本_____。

a. 将下降
b. 将上升
c. 将保持不变
d. 既可能上升也可能下降，这取决于垄断企业的供给曲线的弹性

19. 在长期中垄断企业能一直得到经济

利润是因为_____。
a. 潜在竞争者有时没有注意到利润
b. 存在进入这个市场的壁垒
c. 垄断企业有强大的财力
d. 反垄断法在某段特定的年限消灭了竞争者
e. 以上各项都对

20. 如果边际收益大于边际成本，一个垄断企业应该_____。
a. 增加产量
b. 减少产量
c. 保持产量不变，因为当边际收益大于边际成本时利润最大
d. 提高价格

## 15.4 进阶思考题

你正在看电视新闻。一个消费者拥护者正在讨论民航业。他说："民航业提供如此多样的运费率，以致从技术上说，一架满载乘客的波音747上没有两个支付相同票价的人。这显然是不公平和无效率的。"他接着说："此外，自从民航公司开始采取这一做法，在最近几年间其利润翻了一番，这些增加的利润显然是一种社会负担。我们应该通过立法要求民航公司对同一架飞机的所有乘客收取相同的票价。"

1. 列出民航公司根据顾客的支付意愿对他们进行划分的一些方法。
2. 民航公司向不同顾客收取不同价格必定无效率吗？为什么？
3. 这种价格歧视引起的利润增加是一种社会代价吗？解释之。

## 习 题 答 案

### 15.1.3 术语与定义

__2__ 垄断企业　　　　　　　　__5__ 套利
__1__ 自然垄断　　　　　　　　__3__ 完全价格歧视
__4__ 价格歧视

### 15.2.1 应用题

1. a. 关键资源由一家企业所拥有（垄断资源）；政府赋予一个企业排他性地生产一种物品的权利（政府创造的垄断）；生产成本使一个生产者更有效率（自然垄断）。
   b. (1) 自然垄断。电子邮件、传真机、电话、像联邦快递这样的私人快递。
   (2) 垄断资源。其他瓶装水、软饮料。
   (3) 产生于政府创造的专利垄断。其他抗抑郁的药物、当专利到期后的仿制药。
   (4) 垄断资源。像祖母绿、红宝石、蓝宝石这类的宝石。
   (5) 政府创造的、版权引起的垄断。其他经济学原理类教科书。
   (6) 自然垄断。炭火炉、煤气炉、家用发电机。

2. a.

| 鲑鱼(磅) | 价格(美元) | 总收益($P \times Q$) | 边际收益($\Delta TR/\Delta Q$) |
|---|---|---|---|
| 0 | 20 | 0 | |
| 1 | 18 | 18 | 18 |
| 2 | 16 | 32 | 14 |
| 3 | 14 | 42 | 10 |
| 4 | 12 | 48 | 6 |
| 5 | 10 | 50 | 2 |
| 6 | 8 | 48 | −2 |
| 7 | 6 | 42 | −6 |

b. 参看图15-5。

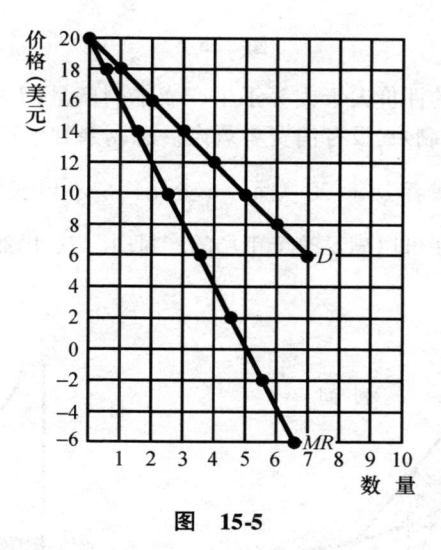

图 15-5

c. $Q = 3$—4 单位(比如说,3.5 单位),价格 = 12—14 美元(比如说,13 美元)。利润 = $TR - TC$, 或者利润 = (3.5 × 13 美元) − (3.5 × 6 美元) = 45.5 美元 − 21 美元 = 24.5 美元。(或者利润 = $(P - ATC) \times Q$ = (13 美元 − 6 美元) × 3.5 = 24.5 美元。)参看图15-6。

d. 价格是每磅6美元,数量是7单位。(有效解是市场生产收益大于或等于生产成本的所有数量,即需求曲线与 MC 曲线相交之处。)

e. 垄断企业的价格太高,而生产的数量太少,因为垄断企业面临一条使 $MR < P$、向右下方倾斜的需求曲线。因此,当利润最大化的垄断企业确定 $MR = MC$,而且 MR 曲线在需求曲线之下时,数量小于最优量,收取的价格高于生产的边际成本。

f. 有无谓损失。无谓损失为3.5—7磅的鲑鱼,或者说在价格为13美元时,另外3.5磅鲑鱼的消费者评价大于生产的边际成本即每磅6美元,但这些数量不会被生产和消费。(无谓损失 = 无谓损失三角形面积 = $\frac{1}{2} \times (7 - 3.5) \times (13\text{ 美元} - 6\text{ 美元})$ = 12.25 美元。)

图 15-6

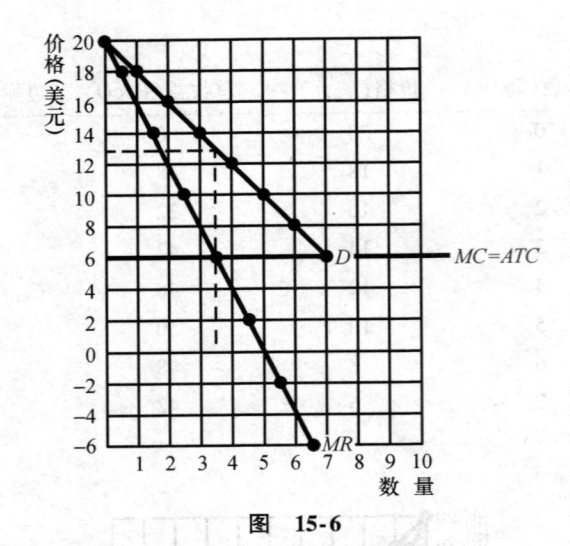

g. 是的，所有买者的评价大于或等于生产成本的产量(7 单位)将被生产出来。总剩余现在是生产者剩余，没有消费者剩余。总剩余和生产者剩余是需求曲线以下价格以上的面积，或者 $\frac{1}{2} \times (20\ \text{美元} - 6\ \text{美元}) \times 7 = 49$ 美元。消费者剩余等于零。

3. a. 自然垄断，因为在可以满足整个市场的产量时，ATC 仍然在下降。
   b. 参看图 15-7。
   c. 参看图 15-8。

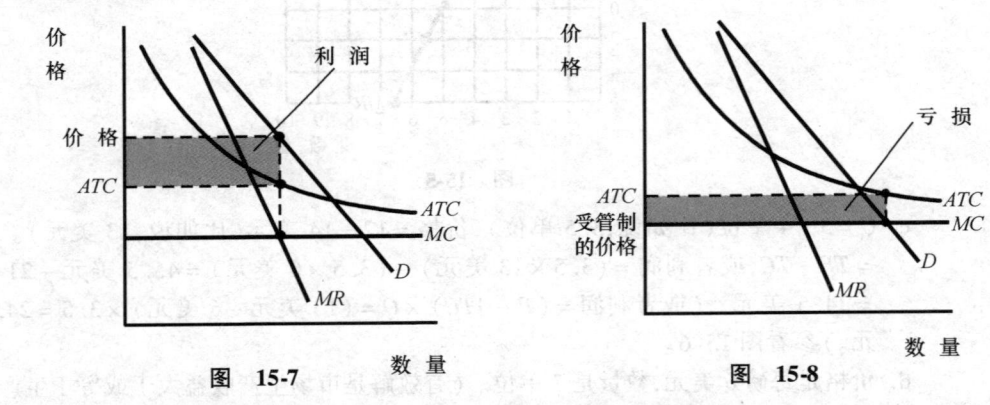

图 15-7

图 15-8

d. 不能。如果平均总成本下降，边际成本必定低于平均总成本。如果强迫企业收取等于边际成本的价格，这个企业将有亏损。它将简单地退出市场，这就消除了与这个市场相关的所有剩余。

### 15.2.2 简答题

1. 任何限制新企业进入一个市场的事情。进入壁垒的三个来源：一种关键资源由唯一一个企业所拥有，政府赋予一个企业生产一种物品的排他性权利，或者生产成本使单个生产者比大量生产者效率更高。

2. 结果将是无效率的。垄断企业将发生亏损,而且将退出市场。
3. 不能。即使是一个垄断企业也要受其物品需求的限制,因此,高价格将引起买者很少买这种物品。垄断企业首先根据 MR 与 MC 的相交点选择最优数量,然后收取与这种产量一致的价格。
4. 对于一个垄断企业,$P > MR$,因为一个垄断企业要再卖出一个单位,它就应该降低边际单位以及以前所有单位的价格。因此,垄断企业使 MR 与 MC 相等,它收取大于 MC 的价格,这使消费者购买的量少于物品的有效量。
5. 不是。垄断企业的利润是消费者剩余向生产者剩余的再分配。垄断的社会代价是与产量减少相关的无谓损失。
6. 是的。买者的评价大于或等于生产者的成本的所有单位都被生产出来,但是整个总剩余由生产者(垄断企业)获得。
7. 垄断企业必须能根据买者的支付意愿对他们进行划分。
8. 努力使垄断行业更有竞争性,管制垄断的行为,把私人垄断企业变为公共企业,或者不作为。
9. 不应该。许多合并会带来合并企业间的协同效应,会降低成本,同时提高效率。
10. 垄断企业可能亏损并退出市场。阻止这种情况的补贴要通过税收来筹集,税收也引起了无谓损失。受管制的垄断企业没什么降低成本的激励。

#### 15.3.1 判断正误题

1. 错误;垄断企业是价格制定者。
2. 错误;拥有关键资源是进入壁垒最少见的来源。
3. 正确。
4. 错误;自然垄断是企业的平均总成本一直下降到能满足整个市场的需求。
5. 正确。
6. 正确。
7. 正确。
8. 错误;垄断企业没有供给曲线。
9. 错误;垄断的无效率产生于垄断企业不能生产消费者评价等于或大于生产成本的产量。垄断企业的利润并不是社会代价,而仅仅是消费者剩余向生产者剩余的再分配。
10. 正确。
11. 正确。
12. 错误;所有剩余由生产者获得。
13. 正确。
14. 正确。
15. 错误;经济学家通常更喜欢私有制而不是公有制,因为私人所有者有更大的激励来降低成本。

#### 15.3.2 单项选择题

1. d  2. b  3. d  4. a  5. c  6. c  7. a  8. b  9. c  10. d
11. d  12. b  13. e  14. d  15. b  16. a  17. c  18. b  19. b  20. a

### 15.4 进阶思考题

1. 民航公司根据年龄(儿童和老人机票更便宜)、地区(竞争越激烈的航线越便宜)、往返之间的时间长短(旅行者的机票比公务外出者便宜)、提前订票时间长短(晚订票更贵,直至最后一刻又变得便宜)等来细分乘客。

2. 不一定。价格歧视可以提高效率。通过收取买者的支付意愿,垄断企业使生产增加到所有买者的评价大于或等于生产成本的产量。

3. 不是。增加的利润一部分来自完全归生产者的增加的剩余创造,一部分是从消费者剩余向生产者剩余的再分配。

# 第 16 章
# 垄 断 竞 争

## 目　标

**在本章中你将**

- 理解介于垄断和竞争之间的市场结构
- 分析出售有差别物品的企业之间的竞争
- 比较垄断竞争下和完全竞争下的结果
- 思考垄断竞争市场结果的合意性
- 考察对广告效应的争论
- 考察对品牌作用的争论

## 效　果

**在实现这些目标之后，你应该能**

- 描述寡头和垄断竞争的特征
- 说明在垄断竞争市场上当一个企业获得经济利润时发生的长期调整
- 说明为什么在长期中垄断竞争企业生产的产量少于有效规模
- 讨论垄断竞争市场的无效率
- 提供一些支持和反对运用广告的观点
- 提供一些支持和反对运用品牌的观点

# 16.1 本章概述

## 16.1.1 本章复习

垄断竞争具有竞争与垄断的一些特点。垄断竞争是常见的。

### 1. 在垄断和完全竞争之间

竞争企业收取的价格等于其边际成本,而且在长期中也等于其平均总成本,因此每个企业都没有赚到经济利润。垄断企业的物品价格超过其边际成本,从而产出减少,并导致无谓损失。介于这两种极端的市场之间并包含它们一些特征的市场结构称为不完全竞争。不完全竞争有两种形式——寡头和垄断竞争。**寡头**是只有几个提供相似或相同物品的卖者的市场结构。市场上有四家企业集中率在50%以上的企业为寡头,因为四大企业提供了整个行业中50%以上的产出。

**垄断竞争**是存在许多出售相似但不相同物品的企业的市场结构。垄断竞争有以下一些特点:

- 许多卖者:这与竞争是相同的。
- 物品差别:这与垄断是相同的——每个企业的物品略有差别,因此,每个企业都是价格制定者,其物品面对一条向右下方倾斜的需求曲线。
- 自由进入和退出:这与竞争是相同的——企业可以无限制地进入或退出,因此经济利润降为零。

垄断竞争市场的例子有书籍、电脑游戏、餐馆等市场。垄断竞争市场是常见的。

寡头不同于完全竞争是因为市场上只有几个卖者。垄断竞争不同于完全竞争是因为许多企业中的每家企业都出售略有差别的物品。结果,垄断竞争企业面临一条向右下方倾斜的需求曲线,而竞争企业面对一条等于市场价格时的水平需求曲线。

可以把各种市场结构的显著特征总结为:

- 垄断只有一家企业;
- 寡头有几家出售相似或相同物品的企业;
- 完全竞争有许多出售相同物品的企业;
- 垄断竞争有许多出售有差别物品的企业。

要决定哪一种市场结构最好地描述了一个具体市场往往是困难的。

### 2. 差别产品的竞争

与垄断企业类似,垄断竞争企业也面临物品的向右下方倾斜的需求曲线。因此,垄断竞争企业利润最大化的规则与垄断企业相同——它生产边际成本等于边际收益的产量,然后用需求曲线决定与其产量一致的价格。在短期中,如果价格高于平均总成本,企业获得经济利润;如果价格低于平均总成本,企业有亏损。

如同在竞争市场上一样,如果企业获得利润,新企业就有进入市场的激励。新企业进入减少了已经在市场上的每个企业面临的需求(它们的需求曲线向左移动),并在长期中减少了它们的利润。如果企业有亏损,现有企业就有退出市场的激励。有企业退出增加了仍然留在市场上的每个企业所面临的需求(它们的需求曲线向右移动),并减少了它们的亏损。进入和退出一直要持续到市场上的企业获得零经济利润时为止。在长期均衡时,企业面临的需求曲线必定与平均总成本曲线相切,因此,$P = ATC$,而且利润是零。

垄断竞争企业的长期均衡表现出以下特点:
- 与垄断一样,价格高于边际成本,因为利润最大化要求 $MR = MC$。而且,如果需求曲线向右下方倾斜,则 $MR$ 总是小于需求。
- 与竞争一样,价格等于平均总成本,因此经济利润等于零。因为与垄断不同,自由进入使利润降为零。

垄断竞争下的长期均衡与完全竞争下的长期均衡有两个值得注意的差别:
- **过剩生产能力**:垄断竞争企业在其平均总成本曲线向右下方倾斜的部分进行生产。因此,它们生产的产量少于企业在**有效规模**($ATC$ 最低)时能生产的量。结果,它们被称为有过剩生产能力。竞争企业在有效规模上生产。
- **高于边际成本的价格加成**:垄断竞争企业收取高于其边际成本的价格,竞争企业收取等于其边际成本的价格。结果,如果垄断竞争企业可以多吸引一个顾客,它就可以增加利润。

垄断竞争会由于两个原因而无效率:
- 由于价格高于边际成本,买者评价高于生产成本的一些产量无法被生产和消费。这是与垄断相关的标准无谓损失。为了减少无谓损失而管制垄断竞争企业——与管制自然垄断类似的任务——不容易实现。
- 市场上企业的数量并不是"理想的",因为进入的企业只考虑自己的利润,但它的进入引起两种外部效应:

(1) 物品多样化的外部性:创造了新市场上的消费者剩余,这是正外部效应。

(2) 抢走业务的外部性:引起其他企业失去顾客和利润,并减少了现有的剩余,这是负外部效应。

因此,新企业进入垄断竞争市场会增加或减少社会剩余。

垄断竞争市场并不能确保总剩余最大。但是,没有一种简单易行的公共政策可以改善市场结果。

### 3. 广告

由于垄断竞争企业以高于边际成本的价格出售有差别的物品,因此,每个企业都有为吸引更多买者而做广告的激励。出售有高度差别消费品的企业把收益的10%—20%用于广告;出售工业品的企业广告花费很少;而出售无差别物品的企业根本不做广告。企业将收益的2%左右用于广告。大部分的商业广告支出用于网站、社交媒体、电视、广播和广告牌,以及用于报纸、杂志和直接邮递的广告位支出。

经济学家对广告的社会价值存在争论。批评者认为,广告靠操纵人们的爱好来创造欲望,而这种欲望本来是不存在的,而且广告通过增加物品的差别意识来阻碍竞争,这提高了品牌忠诚度,使需求更缺乏弹性,并使企业可以收取高于边际成本的价格加成。广告的辩护者认为,广告为顾客提供了关于价格、新物品的存在和零售店的位置等信息。这种信息促进了竞争,因为消费者了解了价格差别,而且广告为新企业提供了从现有企业吸引顾客的手段。证据表明,广告促进了竞争,并降低了消费者支付的价格。

看起来只包含很少信息的广告之所以有用,是因为它提供了有关物品质量的信号。企业只有认为它们的物品是高质量的,才会把大量的钱用于广告。因此,消费者可以理性地试用不惜发布昂贵广告的新物品,因为它是物品高质量的信号。广告的内容是无关紧要的,重要的是广告是昂贵的。

广告与品牌密切相关。品牌的批评者认为,品牌使消费者感受到实际上并不存在的物品差别。品牌的支持者认为,品牌保证物品是高质量的,因为:(1)品牌提供了物品质量的信息;(2)品牌给了企业保持高质量的激励。

#### 4. 结论

垄断竞争包含了垄断和竞争的特点。与垄断一样,企业面临一条向右下方倾斜的需求曲线,并收取高于边际成本的价格。与竞争一样,进入与退出使每个垄断竞争企业的利润在长期中趋向于零。许多市场都是垄断竞争的。垄断竞争下的资源配置并不是完美的,但决策者也许无法改善它。

### 16.1.2 有益的提示

垄断竞争无效率的来源是生产不足。这就是说,一些买者评价高于生产成本的物品无法被生产出来。垄断竞争企业收取高于边际成本的价格,而竞争企业收取等于边际成本的价格。但是,垄断竞争企业收取的高价格并不是无效率的来源。与垄断一样,高价格引起的需求量减少是无效率的来源。就其本身而言,高价格仅仅是剩余从买者向卖者的再分配,并没有减少总剩余。

### 16.1.3 术语与定义

为每个关键术语选择一个定义。

| 关键术语 | 定　义 |
| --- | --- |
| _____ 寡头 | 1. 企业可以无限制地进入市场的状态 |
| _____ 垄断竞争 | 2. 使平均总成本最小的产量 |
| _____ 自由进入 | 3. 存在许多出售相似但不相同产品的企业的市场结构 |
| _____ 有效规模 | 4. 只有少数几个提供相似或相同产品的卖者的市场结构 |

## 16.2 应用题与简答题

### 16.2.1 应用题

1. 你把以下每一种物品归入哪一种市场结构中——垄断、寡头、垄断竞争,还是完全竞争?为什么?

   a. 电力零售市场

   b. 经济学原理教科书

   c. N. 格里高利·曼昆的《经济学原理》教科书

   d. 从某个机场出发的航空旅行

   e. 汽油零售市场

   f. 大城市里的餐馆

   g. 汽车轮胎

h. 垃圾收集
i. 大城市地区的法律服务
j. 早餐麦片
k. 金块

2. 假设一个城市有许多餐馆,而且每个餐馆的菜单都略有不同。
   a. 在图 16-1 中,画出马里奥(Mario)比萨饼店长期均衡时的成本(平均总成本和边际成本)曲线、需求曲线和边际收益曲线。
   b. 马里奥比萨饼店在长期中盈利吗？解释之。
   c. 马里奥比萨饼店是在有效规模上生产吗？解释之。如果马里奥比萨饼店有过剩生产能力,它为什么不扩大其产量？
   d. 在图 16-1 中,画出与马里奥的产量水平相关的无谓损失。这种无谓损失是由于价格高于竞争企业收取的价格引起的,还是由于产量小于竞争企业所能生产的产量引起的？解释之。
   e. 假设马里奥进行广告宣传并获得了巨大的成功。在图 16-2 中,画出马里奥的成本曲线、需求曲线和边际收益曲线,并说明马里奥的短期利润。这种情况在长期中能维持下去吗？解释之。

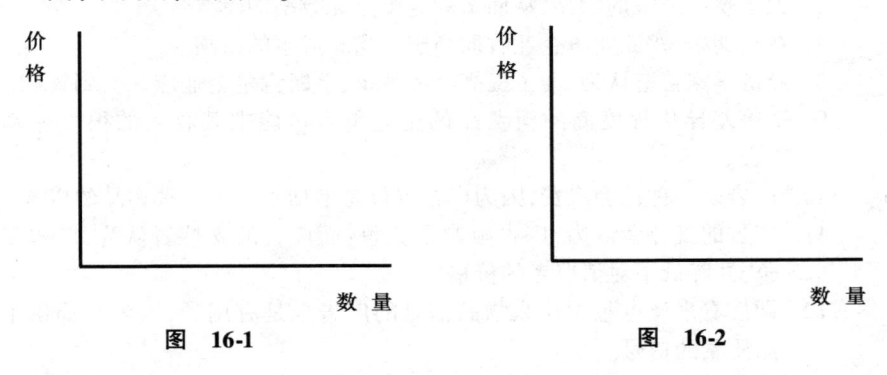

图 16-1

图 16-2

3. 下面每一对企业中,哪一个企业会把其收益的更大比例用于广告？解释之。
   a. 拜尔牌阿司匹林制造者或无品牌阿司匹林制造者。
   b. 生产成本相同的低质量冰淇淋企业或高质量冰淇淋企业。
   c. 约翰·蒂尔(John Deere)的农用拖拉机分厂或约翰·蒂尔的剪草机分厂。
   d. 生产老家牌(Old Home)小麦面包的面包厂或种植小麦的农场。

## 16.2.2 简答题

1. 不完全竞争的两种类型分别是什么？分别描述。
2. 维生素和营养品市场由五家公司支配。这代表了哪一种市场结构？解释之。
3. 垄断竞争与垄断有什么共同特征？
4. 垄断竞争与完全竞争有什么共同特征？
5. 垄断竞争企业如何选择使其利润最大的产量和价格？
6. 垄断竞争企业在长期中能获得经济利润吗？为什么？
7. 垄断竞争的长期均衡与完全竞争的长期均衡有什么不同？

8. 垄断竞争的长期均衡有效率吗？解释之。
9. 总结支持广告和品牌的观点。
10. 总结反对广告和品牌的观点。

## 16.3 自我测试题

### 16.3.1 判断正误题

_____ 1. 垄断竞争是存在几家出售相似物品的企业的市场结构。
_____ 2. 与完全竞争市场上的企业相似，垄断竞争市场上的企业也可以无限制地进入和退出市场，因此，长期中利润趋于零。
_____ 3. 在长期中，垄断竞争市场上的企业在其平均总成本曲线最低时生产。
_____ 4. 与垄断企业相似，垄断竞争企业面临物品的向右下方倾斜的需求曲线。
_____ 5. 无论是垄断企业还是垄断竞争企业都生产边际收益等于边际成本的产量，然后用企业面临的需求曲线决定与产量一致的价格。
_____ 6. 由于垄断竞争企业收取高于边际成本的价格，企业就不能生产某些买者评价大于生产成本的物品，从而垄断竞争是无效率的。
_____ 7. 在长期中，垄断竞争企业收取高于平均总成本的价格。
_____ 8. 经济学家普遍认为，为了提高经济效率，垄断竞争企业应该受到管制。
_____ 9. 销售差异化程度高的消费品的企业更有可能把其收入的很大一部分用于广告。
_____ 10. 广告是一种社会浪费，因为广告仅仅是增加了生产一种物品的成本。
_____ 11. 广告的批评者认为，广告限制了竞争；而广告的支持者认为，广告促进了竞争，并降低了对消费者的价格。
_____ 12. 即使看来没有包含什么物品信息的广告也是有用的，因为它提供了有关物品质量的信号。
_____ 13. 品牌使企业可以在长期中获得经济利润，因为企业可以凭借低档物品与企业的不相关的高质量物品的表面联系来出售低档物品。
_____ 14. 决策者开始认为对医生、律师和药剂师这类专业工作者的广告的限制是反竞争的。
_____ 15. 在长期中，垄断竞争企业在有效规模上生产，而竞争企业有过剩生产能力。

### 16.3.2 单项选择题

1. 以下哪一项不是垄断竞争市场的特征？
   a. 存在许多卖者。
   b. 有差别的物品。
   c. 长期经济利润。
   d. 自由进入与退出。
2. 以下哪一种物品最不可能在垄断竞争市场上出售？
   a. 电子游戏。
   b. 早餐麦片。
   c. 啤酒。
   d. 棉花。
3. 关于垄断竞争与垄断的异同，下列哪一项是正确的？
   a. 垄断企业面临一条向右下方倾斜

的需求曲线,而垄断竞争企业面临一条富有弹性的需求曲线。
b. 垄断企业在长期中获得经济利润,而垄断竞争企业在长期中获得零经济利润。
c. 垄断企业和垄断竞争企业在有效规模上经营。
d. 垄断企业收取高于边际成本的价格,而垄断竞争企业收取等于边际成本的价格。

4. 在短期中,如果垄断竞争市场上价格高于平均总成本,企业就_____。
a. 有亏损,而且有企业进入市场
b. 有亏损,而且有企业退出市场
c. 有利润,而且有企业进入市场
d. 有利润,而且有企业退出市场

5. 如果图16-3所描述的垄断竞争企业在利润最大(亏损最小)的产量水平上生产,它_____。
a. 产生亏损
b. 产生利润
c. 产生零利润
d. 既可以产生利润,也可以产生亏损,这取决于它选择生产多少数量

6. 在长期中,图16-3表示的垄断竞争市场将_____。
a. 吸引新生产者进入市场,这使现有企业面临的需求曲线向右移动
b. 吸引新生产者进入市场,这使现有企业面临的需求曲线向左移动
c. 引起生产者退出市场,这使现有企业面临的需求曲线向右移动
d. 引起生产者退出市场,这使现有企业面临的需求曲线向左移动

7. 以下哪一种关于垄断竞争企业产量和定价的说法是正确的?垄断竞争企业选择的产量在边际成本等于_____。
a. 平均总成本处,然后用需求曲线决定与这种产量相一致的价格
b. 边际收益处,然后用需求曲线决定

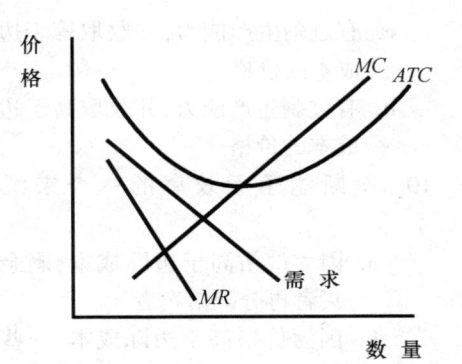

图 16-3

与这种产量相一致的价格
c. 平均总成本处,然后用供给曲线决定与这种产量相一致的价格
d. 边际收益处,然后用供给曲线决定与这种产量相一致的价格

8. 图16-4描述了一个垄断竞争企业_____。
a. 在短期中产生利润
b. 在短期中产生亏损
c. 在长期中产生零利润
d. 从这张图中不能确定企业是盈利还是亏损

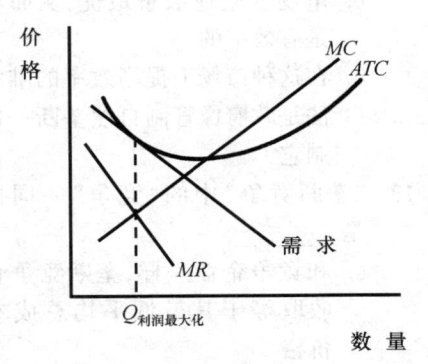

图 16-4

9. 以下哪一种关于垄断竞争企业的生产规模和定价决策的说法是正确的?垄断竞争企业_____。
a. 在有效规模上生产,并收取等于边际成本的价格
b. 在有效规模上生产,并收取高于边际成本的价格

第 16 章 垄断竞争 ▶207

c. 有过剩生产能力,并收取等于边际成本的价格
d. 有过剩生产能力,并收取高于边际成本的价格

10. 垄断竞争无效率的一个来源是_____。
   a. 因为价格高于边际成本,剩余由买者再分配给卖者
   b. 因为价格高于边际成本,一些买者评价高于生产成本的物品没有被生产出来,从而引起无谓损失
   c. 垄断竞争企业生产的产量大于其有效规模
   d. 垄断竞争企业在长期中赚到了经济利润

11. 若企业进入垄断竞争市场,而且抢走业务的外部性大于物品多样化的外部性,那么_____。
   a. 市场上企业过多,从而如果企业退出市场,市场效率会提高
   b. 市场上企业太少,从而如果更多企业进入市场会提高市场效率
   c. 市场上企业数量最优,从而市场是有效率的
   d. 在这种市场上提高效率的唯一方法是政府像管制自然垄断一样管制它

12. "垄断竞争"中的"竞争"一词指的是_____。
   a. 和竞争企业一样,垄断竞争企业收取等于其最低平均总成本的价格
   b. 和竞争企业一样,垄断竞争企业面临一条向右下方倾斜的需求曲线
   c. 和竞争市场一样,垄断竞争市场上的物品是有差别的
   d. 和竞争市场一样,垄断竞争市场上有许多卖者,而且市场可以自由进入与退出

13. "垄断竞争"中的"垄断"一词指的是_____。
   a. 和垄断企业一样,垄断竞争企业的有差别物品面临一条向右下方倾斜的需求曲线
   b. 和垄断市场一样,垄断竞争市场可以自由进入与退出
   c. 和垄断企业一样,垄断竞争企业收取等于其边际成本的价格
   d. 和垄断企业一样,垄断竞争企业生产的产量高于其有效规模

14. 以下哪一类企业最可能把其收益中相当大的百分比用于广告宣传?
   a. 一种无差别商品的制造者。
   b. 一个完全竞争者。
   c. 一种工业品的制造者。
   d. 有高度差别的消费品的生产者。
   e. 成本与生产高质量物品类似的低质量物品的生产者。

15. 将经济视为整体,有多少百分比的企业收入用于广告支出?
   a. 1%
   b. 2%
   c. 4%
   d. 6%
   e. 10%

16. 以下哪一项没有作为对广告和品牌的批评提出来?
   a. 广告通过操纵人们的爱好来创造欲望,而这种欲望本来是不存在的。
   b. 广告促进了竞争,这引起不必要的破产和退出。
   c. 广告提高了品牌忠诚度,使需求更缺乏弹性,从而使高于边际成本的价格加成提高。
   d. 品牌使消费者感觉到物品之间并不存在的差别。
   e. 以上各项都是对广告和品牌的批评。

17. 似乎没有提供什么有关被广告物品特定信息的昂贵的电视商业活动_____。
    a. 最可能被完全竞争企业所使用
    b. 应该予以管制,因为它们增加了成本,而没有向消费者提供任何有用的物品信息
    c. 可能是有用的,因为它们向消费者提供了有关物品质量的信号
    d. 只影响非理性消费者的购买习惯

18. 以下哪一项没有作为广告支持者的观点被提出来?
    a. 广告向消费者提供了有关价格、新产品和零售店位置的信息。
    b. 广告为艺术家和作家提供了一个创作展示平台。
    c. 广告促进了竞争。
    d. 广告向新企业提供了从现有企业那里吸引顾客的手段。

19. 品牌的支持者认为品牌_____。
    a. 提供了有关物品质量的信息
    b. 给企业维持高质量的激励
    c. 即使在苏联这样的计划经济中也是有用的
    d. 以上各项都对

20. 以下哪一种企业做广告的激励最小?
    a. 家庭取暖器和空调的制造者。
    b. 早餐麦片的制造者。
    c. 原油批发者。
    d. 餐馆。

## 16.4 进阶思考题

你正在看电视上的体育比赛。在节目中断时播放了一个以勒布朗·詹姆斯(一位著名的篮球运动员)为形象的广告。在广告中,勒布朗·詹姆斯只是投了篮。他没说一句话,也没有任何字幕。在广告结束时,耐克的标志与"勒布朗·詹姆斯签名篮球运动鞋"这句话出现在屏幕上。此前不久,你在报纸上读到,勒布朗·詹姆斯作为耐克篮球运动鞋的代言人获得了4 000万美元的报酬。

1. 一个朋友与你一起看耐克广告。他说:"真是社会资源的浪费。从这个广告中我对耐克篮球运动鞋仍然一无所知。我认为,政府管制者应该规定广告要以某种方式提供信息。"向你的朋友解释,你从这个广告中勒布朗·詹姆斯的出场了解到了什么。
2. 使用耐克的名字和耐克的标志提供了什么信息吗? 解释之。
3. 一般来说,广告是会限制竞争并提高对消费者的价格,还是会促进竞争并降低对消费者的价格? 为什么?

# 习 题 答 案

## 16.1.3 术语与定义

___4___ 寡头　　　　　　　　　　___1___ 自由进入
___3___ 垄断竞争　　　　　　　　___2___ 有效规模

### 16.2.1 应用题

1. a. 垄断,只能向一个企业购买。
   b. 垄断竞争,许多企业,每家都出售有差别的物品。
   c. 垄断,由于有版权法,只能由一个企业生产。
   d. 寡头,在任何一个机场都可以从几家航空公司中选择相似的物品。
   e. 完全竞争,许多企业出售相同的物品。
   f. 垄断竞争,许多企业,每家都出售有差别的物品。
   g. 寡头,几家企业(固特异、费尔斯通和米其林)出售非常相似的物品。
   h. 垄断,只能向一个企业购买。
   i. 垄断竞争,许多企业,每家都出售有差别的物品。
   j. 寡头,几家企业(凯洛格、波斯特、通用磨坊、夸克·欧兹)出售相似的物品。
   k. 完全竞争,许多企业出售相同物品。
   
   注意:垄断和竞争较容易区分,而寡头和垄断竞争之间的界线并不明显。例如,可以把 b 作为一个寡头,因为出版者不多,而且可以认为经济学教科书是非常相似的;如果认为物品有差别,也可以把 j 作为垄断竞争;等等。

2. a. 参看图 16-5。

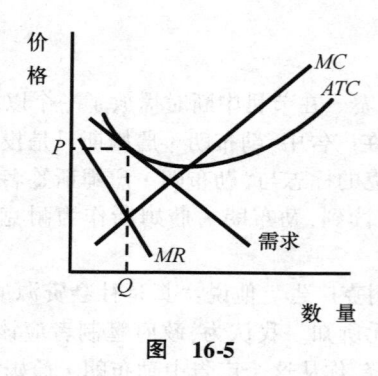

   图 16-5

   b. 不是。因为存在自由进入,所以利润会引起新企业进入该行业,这就使得盈利企业面对的现有需求减少至 $P = ATC$,而且利润是零。
   
   c. 不是。利润吸引了新企业,这使现有企业物品的需求减少到其需求曲线与 $ATC$ 曲线相切的一点上,这引起 $P = ATC$,利润等于零。由于需求曲线与 $ATC$ 的切点在 $ATC$ 向右下方倾斜的部分上,因此企业在小于有效规模的水平上经营。如果马里奥扩大产量,$MC$ 将大于 $MR$,而且,$P < ATC$,因此,利润将是负的。
   
   d. 参看图 16-6。无谓损失的产生是因为企业不能生产买者评价大于生产成本的所有物品。这就是说,无谓损失是由于垄断竞争时产量减少引起的。
   
   e. 参看图 16-7。不能。利润吸引企业进入,这使每个企业面临的需求减少到它与 $ATC$ 相切的一点上。

图 16-6

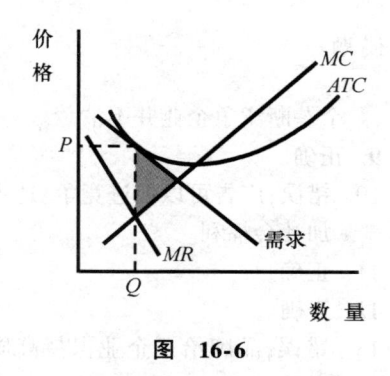

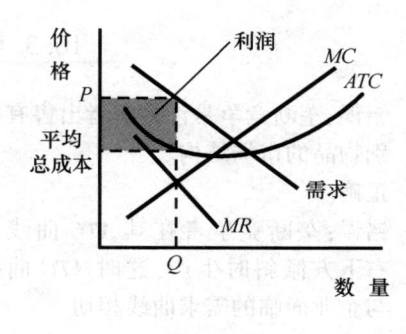

图 16-7

3. a. 拜尔牌阿司匹林,因为它是有品牌的或有差别的消费品。
   b. 生产高质量冰淇淋的企业,因为如果存在重复购买者,广告会更有利。
   c. 约翰·蒂尔的剪草机分厂,因为与出售给工业企业不同,剪草机是出售给消费者的。
   d. 生产老家牌小麦面包的面包厂,因为它是有差别的。小麦是无差别的。

### 16.2.2 简答题

1. 寡头和垄断竞争。寡头是只有几个提供相似或相同物品的卖者的市场结构。垄断竞争是存在许多出售相似但不相同物品的企业的市场结构。
2. 寡头,因为只有几家企业,而且物品是相似或相同的。
3. 两种市场结构都涉及有差别物品,因此,企业都面临向右下方倾斜的需求曲线,$MC$ 和 $MR$ 都相等,而且都收取高于 $MC$ 的价格。
4. 两种市场结构都有许多卖者,并且能自由进入与退出。因此,在长期中利润降至零。
5. 它选择使 $MC$ 和 $MR$ 相等的产量,然后用需求曲线找出与这种产量一致的价格(与垄断企业相似)。
6. 不能。利润吸引新企业进入市场,这使每个现有企业面临的需求下降至每个企业面临的需求曲线与其 $ATC$ 曲线相切的点,利润是零。
7. 垄断竞争企业有过剩生产能力,因为垄断竞争企业的生产低于有效规模,而且它们收取高于边际成本的价格。竞争企业在有效规模上生产,并收取等于边际成本的价格。
8. 没有。因为价格高于边际成本,存在生产不足——一些买者评价高于边际成本的物品没有被生产出来。此外,市场上企业的数量也不是理想的,因为进入该行业引起正的物品多样性外部性和负的抢走业务外部性。
9. 广告提供了价格、新产品和零售店位置的信息,为新企业提供了从现有企业吸引顾客的手段,并可以作为物品高质量的信号。品牌提供了物品质量的信息,并激励生产商保持高质量。
10. 广告和品牌的使用操纵了人们的爱好,阻碍了竞争,并在物品之间并不存在差别时创造了品牌忠诚度。这使企业可以收取高于边际成本的价格加成,增加了无效率。

### 16.3.1 判断正误题

1. 错误;垄断竞争是许多卖者出售有差别物品的市场结构。
2. 正确。
3. 错误;垄断竞争者在其 ATC 曲线向右下方倾斜时生产,这时 ATC 曲线与企业面临的需求曲线相切。
4. 正确。
5. 正确。
6. 正确。
7. 错误;垄断竞争企业收取的价格等于 ATC。
8. 错误;为了提高效率,应如何管制一个垄断竞争企业并不清楚。
9. 正确。
10. 错误;广告可以促进竞争,这可以增加社会福利。
11. 正确。
12. 正确。
13. 错误;品牌给了企业保持高质量的激励。
14. 正确。
15. 错误;垄断竞争企业有过剩生产能力,而竞争企业在有效规模上生产。

### 16.3.2 单项选择题

1. c   2. d   3. b   4. c   5. a   6. c   7. b   8. c   9. d   10. b
11. a   12. d   13. a   14. d   15. b   16. b   17. c   18. b   19. d   20. c

### 16.4 进阶思考题

1. 观众知道了耐克愿意花大量的钱来促销其勒布朗·詹姆斯篮球运动鞋新系列。这个信号表明,它们的市场研究说明,它们的产品是高质量的,将会引起反复购买。
2. 是的。品牌的使用提供了物品高质量的信息,并向企业提供了保持高质量的激励。耐克是一个有几十亿美元资产的公司,它不想承担因销售带有耐克标志的低质量篮球运动鞋而失去现有运动鞋和运动服销售额的风险。
3. 广告会促进竞争并降低价格,因为它提供了价格、新产品的存在和零售店位置的信息,也向新企业提供了从现有企业中吸引顾客的手段。

# 第 17 章
# 寡　　头

## 目　标

### 在本章中你将

- 考察当一个市场是寡头时可能的结果是什么
- 学习囚徒困境，以及它如何运用于寡头和其他问题
- 思考反托拉斯法如何促进寡头市场的竞争

## 效　果

### 在实现这些目标之后，你应该能

- 描述寡头市场引起与垄断市场同样结果的条件
- 说明如果博弈多次进行，囚徒困境的结果会改变的原因
- 说明为什么一些看起来减少了竞争的经营做法会有合理的商业目的

## 17.1 本章概述

### 17.1.1 本章复习

介于竞争和垄断之间的市场结构称为不完全竞争。不完全竞争市场的一种类型是**寡头**——一种只有几个提供相似或相同物品的卖者的市场结构。寡头不同于竞争,因为在竞争市场上,一个企业的决策并不能影响市场上的其他企业;而在一个寡头市场上,任何一个企业的决策都会影响市场上其他企业的定价和生产决策。寡头企业是相互依存的。**博弈论研究人们在不同的策略情况下如何行事。当决策者必须考虑其他人可能会对他们的行为做出何种反应时,就是策略情况。**

**1. 只有少数几个卖者的市场**

**双头**是只有两个企业的寡头。如果一个市场是完全竞争的,物品的价格就等于边际成本;如果一个市场是垄断的,利润最大化的价格将大于边际成本,而且结果是无效率的。

**勾结**是市场上的企业之间就生产的产量或收取的价格达成的协议。**卡特尔**是联合起来行事的企业集团。如果双头勾结并形成一个卡特尔,市场解就仿佛是一个垄断者,而且两个企业分割垄断利润。

寡头也许不能合作,因为利己使它们在如何分割利润上难以达成一致,或者因为反托拉斯法禁止勾结。没有约束性协议时,每个寡头在其他企业生产水平既定的情况下使自己的利润最大化。**纳什均衡**是在所有其他主体选择的策略为既定的情况下,相互影响的经济主体各自选择自己最优策略的情况。纳什均衡是一种寡头均衡。当寡头单独为了个人利润最大化选择生产水平时,其产量大于垄断的生产水平,但小于竞争的生产水平,而且收取的价格低于垄断价格,但高于竞争价格。

寡头数量越多(企业越多),就越难形成一个卡特尔,并像一个垄断者那样行事。如果它们每家都选择自己利润最大化的生产水平,那么它们就要根据以下因素做出是否多生产一单位的边际决策:

- **产量效应**:由于价格高于边际成本,在现行价格时多销售一单位就将增加利润。
- **价格效应**:多生产一单位将增加总销售量,但是会降低价格,并减少所有已销售出去的其他单位的利润。

如果产量效应大于价格效应,寡头将多生产一单位,并一直增加产量,直至这两种效应平衡为止。寡头市场上卖者数量越多,价格效应越小,因为每个企业对价格的影响微不足道。因此,产量水平提高。随着寡头市场上卖者的数量越来越多,价格接近于边际成本,而且数量接近于社会有效水平。当有大量企业时,价格效应完全消失,而且市场变为竞争性的。

非限制性的国际贸易增加了国内寡头市场企业的数量,并使市场结果接近于价格等于边际成本的竞争解。

卡特尔的一个例子是限制石油生产的石油输出国组织(OPEC)。

**2. 合作经济学**

在被称为博弈论的经济研究中,**囚徒困境**是两个被捕的囚徒之间的一种特定"博弈",它说明了为什么即使合作有利于双方,但合作仍然是困难的。这个博弈适用于寡头,因为寡头企业合作总会使状况变好,但它们往往无法合作。

囚徒困境的例子如下:两个罪犯被抓住了。如果一个坦白而另一个保持沉默,则坦白者获得自由,而另一个被长期囚禁。如果两个都坦白,则他们各自得到一个中期囚禁。如果两个人都保持沉默,则他们每个人都只会被短期囚禁。如果他们两个人可以合作,则最优策略是每个人都保持沉默。但是,由于他们在被捕以后不能保证合作,每个人的最优策略都是坦白。这就是说,坦白是**占优策略**——在博弈中,无论其他参与者选择什么策略,对一个参与者都为最优的策略。

囚徒困境以下述方式运用于寡头:如果两个寡头合作起来保持低产量并分享垄断利润,它们的状况会更好。但是,在达成协议之后,每个人的占优策略都是违约——生产多于它们协定生产的产量,以增加他们个人的利润。结果是两个人的利润都减少。利己使维持合作变得困难。

囚徒困境应用于:
- 军备竞赛:每个国家都喜欢生活在一个安全的世界上,但占优策略是增加军备,世界更不安全了。
- 公共资源:公共资源的使用者会发现,共同限制他们的资源使用更有利,但占优策略是过度使用资源,共同的利润减少。

以上都属于缺乏合作有害于社会的情况。但是,寡头之间在生产水平上缺乏合作对寡头也许是坏的,但从整个社会的角度看是好的。

尽管合作难以维持,但并非不可能。如果博弈反复进行,就可以解决囚徒困境问题,并可以维持协议。例如,寡头可以对违背协议的行为进行惩罚。如果惩罚是假如某人违约,他们都永远保持高生产水平,那么所有人就都可以维持低生产水平,并分享垄断利润。如果博弈是基于特定时期(可以选择每周、每月或每年的新生产水平)来进行的,那么一报还一报的简单策略会引起更大的合作可能性。一报还一报(tit-for-tat)是博弈中参与者从合作开始,然后另一个参与者上一次怎么做,自己也怎么做。如果另一个参与者在上一次中合作,那么合作会持续到下一个时期;如果另一个参与者在上一次中违约(欺骗),那么下一个时期自己就违约,以此类推。

### 3. 针对寡头的公共政策

由于合作的寡头减少了产量并提高了价格,政策制定者就努力使寡头市场上的企业竞争而不是合作。1890年的《谢尔曼反托拉斯法》将企业间达成非竞争(减少产量或提高价格)的协议确定为有罪的合谋。1914年的《克莱顿法》规定,受到这种协议伤害的个人有权得到三倍于损害的赔偿。价格勾结显然降低了经济福利,而且是违法的。

人们对于在看似价格勾结的经营做法上使用反托拉斯政策有一些争论。例如:
- 转售价格维持。转售价格维持是指一个制造商要求零售商收取某种价格。这似乎阻止了零售商在价格上竞争。但是,一些经济学家为这种做法的合理性辩护,这是因为:(1)如果制造商有市场势力,它可以通过批发价格而不是转售价格维持来实施这种力量,而且制造商从取消零售层次的竞争中没有得到好处;(2)转售价格维持阻止打折零售商免费利用全面服务零售商提供的服务。
- 掠夺性定价。当一个企业降价,打算把竞争对手挤出市场,以便自己成为垄断者并大大提价时,就出现了掠夺性定价。一些经济学家认为,这种行为是不可能的,因为受伤害最大的正是实行掠夺性定价的企业。

• 搭售。当一个制造商把两种物品绑在一起并以一个价格出售它们时就出现了搭售。法院认为,搭售通过把弱的物品与强的物品捆绑在一起而使企业有更大的市场势力。一些经济学家不同意这种看法。他们提出,这使企业可以实行价格歧视,价格歧视可以提高效率。搭售仍然是有争论的。

#### 4. 结论

如果市场上企业的数量非常多,寡头就更像竞争市场;如果只存在少数企业,寡头就更像一个垄断者。囚徒困境说明,为什么即使合作最符合寡头的利益,合作也难以维持。把反托拉斯法应用于反对价格勾结提高了经济效率,但人们对于反托拉斯法在其他领域的运用则争议较大。

### 17.1.2 有益的提示

寡头介于垄断和完全竞争之间。如果寡头能勾结起来并形成一个卡特尔,市场解就和垄断一样。如果寡头不能勾结并形成一个卡特尔,市场上的生产和定价就取决于企业数量。企业数量越少,结果就越像价格高于边际成本而且产量低于有效率水平的垄断;企业数量越多,结果就越像价格等于边际成本和产量有效率的竞争。

### 17.1.3 术语与定义

为每个关键术语选择一个定义。

| 关键术语 | 定　　义 |
| --- | --- |
| _____ 寡头 | 1. 研究在策略状况下人们如何行为的理论 |
| _____ 博弈论 | 2. 联合起来行事的企业集团 |
| _____ 双头 | 3. 一个市场上的企业之间就生产的产量或收取的价格达成的协议 |
| _____ 勾结 | 4. 在博弈中,无论其他参与者选择什么策略,对一个参与者都为最优的策略 |
| _____ 卡特尔 | 5. 相互作用的经济主体在假定所有其他主体所选策略为既定的情况下,选择他们自己最优策略的状态 |
| _____ 纳什均衡 | 6. 只有两个企业的寡头 |
| _____ 囚徒困境 | 7. 只有少数几个卖者提供相似或相同产品的市场结构 |
| _____ 占优策略 | 8. 两个被捕的囚徒之间的一种特殊"博弈",说明为什么即使在合作对双方都有利时,保持合作也是困难的 |

## 17.2　应用题与简答题

### 17.2.1　应用题

1. 下表描述了一种独特苹果的需求。这种苹果只能由两家企业生产,因为这两家企业拥有这些独特树种生长的土地。结果,对这两个寡头,生产的边际成本是零,这就使总收益等于利润。

a. 填写下表。

| 价格(美元/蒲式耳) | 数量(蒲式耳) | 总收益/利润(美元) |
|---|---|---|
| 12 | 0 | _____ |
| 11 | 5 | _____ |
| 10 | 10 | _____ |
| 9 | 15 | _____ |
| 8 | 20 | _____ |
| 7 | 25 | _____ |
| 6 | 30 | _____ |
| 5 | 35 | _____ |
| 4 | 40 | _____ |
| 3 | 45 | _____ |
| 2 | 50 | _____ |
| 1 | 55 | _____ |
| 0 | 60 | _____ |

b. 如果市场是完全竞争的,这个市场产生的价格和数量是多少?解释之。

c. 如果这两家企业勾结并形成一个卡特尔,这个市场产生的价格和数量是多少?市场产生的利润水平是多少?每家企业产生的利润水平是多少?

d. 如果一家企业违约,并多生产一个额外量(5单位),每家企业产生的利润水平是多少?

e. 如果两家企业都违约,并都多生产一个额外量(与竞争解相比增加5单位),每家企业产生的利润水平是多少?

f. 如果两家企业都违约,并都多生产一个额外量(与竞争解相比增加5个单位),每家企业都会选择多生产一个额外量(再多5个单位)吗?为什么?在这个双头市场上,纳什均衡解是多少?

g. 比较竞争均衡与纳什均衡。在哪一种情况下,社会状况变得更好?解释之。

h. 如果又增加了一个能种植这种独特苹果的企业,那么这个市场上的价格和数量会发生什么(定性的)变动?

i. 用以上双头例子的数据填写囚徒困境的方框。在图17-1的适当位置填写每个双头赚到的利润值。

j. 这个囚徒困境的解是什么?解释之。

k. 如果参与者能多次"博弈",这个囚徒困境的解会是什么?为什么?它们用来维持卡特尔的简单策略会是什么?

2. 假设某高技术软件企业出售两种物品——文字处理软件和图表软件。假设商业界对每个文字处理软件的评价为100美元,对每个图表软件的评价为250美元;而大学界对每个文字处理软件的评价为125美元,对每个图表软件的评价为200美元(假设每单位的边际成本为零)。

a. 如果该高技术企业分别出售每种物品,它收取的利润最大化价格是多少?这两种物品的总价格是多少?

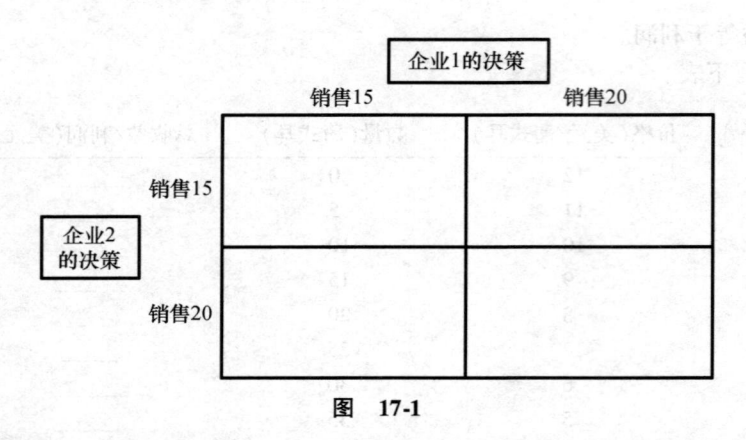

|  | 企业1的决策 | |
|---|---|---|
|  | 销售15 | 销售20 |
| 企业2的决策 销售15 |  |  |
| 销售20 |  |  |

图 17-1

b. 如果该高技术企业可以进行搭售,两种物品作为一组的利润最大化价格是多少?

c. 这样做合法吗?

### 17.2.2 简答题

1. 如果寡头勾结并形成一个卡特尔,寡头市场的结果是什么?解释之。
2. 假设一个寡头集团并不勾结,而是实现了纳什均衡。与垄断或竞争的结果相比,这个寡头市场上产生的价格和数量是多少?
3. 在第2题中,如果又有一家企业进入该寡头集团中,纳什均衡时的价格和数量会发生什么变动?为什么?
4. 如果寡头勾结起来,它们的状况会更好,但为什么它们往往无法合作?
5. 如果寡头合作,整个社会状况会变好吗?解释之。我们要用什么手段去阻止寡头之间的合作?
6. 什么是掠夺性定价?经济学家是否认为掠夺性定价可以被用作一种有利可图的商业策略?为什么?

## 17.3 自我测试题

### 17.3.1 判断正误题

_____ 1. 寡头是存在许多出售相似但不相同物品的企业的市场结构。

_____ 2. 原油市场是寡头市场的一个例子。

_____ 3. 寡头市场独特的特点是一个卖者的行为对市场上所有其他卖者的利润都有重要影响。

_____ 4. 当企业相互合作时,这通常对整个社会是好的。

_____ 5. 当企业相互合作时,这通常对合作企业是好的。

_____ 6. 当寡头勾结并形成一个卡特尔时,市场的结果类似于完全竞争市场引起的结果。

_____ 7. 纳什均衡产生的价格和数量比卡特尔产生的价格和数量更接近于竞争解。

_____ 8. 寡头市场上企业数量越多,市场结果越像垄断引起的结果。

_____ 9. 在一个寡头市场上,合作容易维持,因为合作使每个企业的利润最大。

_____ 10. 囚徒困境证明了为什么即使合作是互利的,合作也难以维持。

_____ 11. 寡头市场上合作和利己之间存在持续的拉力,因为在减少生产的协议达成之后,每个企业违约并生产更多产品都是有利可图的。

_____ 12. 一个寡头的占优策略是:无论其他寡头做什么,与团体合作并维持低生产。

_____ 13. 反托拉斯法要求制造者进行转售价格维持。

_____ 14. 当一个企业为了把竞争对手赶出市场,以使企业可以变为一个垄断者并在以后提高价格而降价时,就出现了掠夺性定价。

_____ 15. 如果反复进行囚徒困境的博弈,参与者就更可能会独立地使利润最大,并实现纳什均衡。

## 17.3.2 单项选择题

1. 手工工具(例如锤子和螺丝刀)市场由布莱克·德克尔(Black & Decker)、史丹利(Stanley)和克莱夫曼(Craftsman)三家控制。这个市场是_____。
   a. 竞争的
   b. 垄断的
   c. 寡头的
   d. 双头的

2. 存在许多出售相似但不相同物品的企业的市场结构是_____。
   a. 完全竞争
   b. 垄断
   c. 寡头
   d. 以上各项都不对

3. 如果寡头进行勾结,并成功地形成一个卡特尔,市场结果_____。
   a. 和垄断提供物品时一样
   b. 和竞争企业提供物品时一样
   c. 是有效率的,因为合作提高了效率
   d. 是纳什均衡

4. 假设一个寡头单独使其利润最大。在计算利润时,如果在生产的边际单位时产量效应大于价格效应,那么,这个寡头_____。
   a. 有最大利润
   b. 应该多生产一些单位
   c. 应该少生产一些单位
   d. 应该退出该行业
   e. 是纳什均衡

5. 随着寡头市场上的卖者的数量越来越多,寡头市场看起来更像_____。
   a. 垄断
   b. 双头
   c. 竞争市场
   d. 勾结解

6. 当一个寡头单独选择使其利润最大的生产水平时,它生产的产量_____。
   a. 大于垄断生产的水平,而小于竞争市场生产的水平
   b. 小于垄断生产的水平,而大于竞争市场生产的水平
   c. 大于垄断或竞争市场生产的水平
   d. 小于垄断或竞争市场生产的水平

7. 当一个寡头单独选择使利润最大的生产水平时,它收取的价格_____。
   a. 大于垄断收取的价格,而小于竞争市场收取的价格
   b. 小于垄断收取的价格,而大于竞争市场收取的价格
   c. 大于垄断或竞争市场收取的价格
   d. 小于垄断或竞争市场收取的价格

8. 随着寡头市场上的卖者数量增加,_____。

a. 勾结更可能发生,因为大量企业可以对任何一家违约企业施加压力
b. 市场上的产量会减少,因为每家企业都必须削减产量
c. 市场上的价格会进一步背离边际成本
d. 市场上的价格会更接近于边际成本

9. 在寡头相互影响的情况下,每个寡头根据所有其他寡头选择的策略选择自己最佳策略的情况称为_____。
   a. 勾结解
   b. 卡特尔
   c. 纳什均衡
   d. 占优策略

用下表的信息回答第 **10—13** 题。该表表示在一个中等大小的城镇看业余棒球比赛的需求。该市提供免费球场,运动员可以免费使用,因此,提供比赛的边际成本是零。该市授权两个公司在两个运动场地提供棒球比赛,而且公众认为每个场地的比赛是相同的。

| 价格(美元) | 数 量 |
| --- | --- |
| 12 | 0 |
| 11 | 200 |
| 10 | 400 |
| 9 | 600 |
| 8 | 800 |
| 7 | 1 000 |
| 6 | 1 200 |
| 5 | 1 400 |
| 4 | 1 600 |
| 3 | 1 800 |
| 2 | 2 000 |
| 1 | 2 200 |
| 0 | 2 400 |

10. 在竞争之下,这个市场上的价格和数量将是_____。
    a. 8 美元;800

    b. 6 美元;1 200
    c. 4 美元;1 600
    d. 2 美元;2 000
    e. 0 美元;2 400

11. 如果这个棒球市场上的双头勾结起来,并成功地形成一个卡特尔,为了使其利润最大化,每一家应该收取的价格是_____。
    a. 8 美元
    b. 7 美元
    c. 6 美元
    d. 5 美元
    e. 4 美元

12. 如果这个棒球市场上的双头勾结起来,并成功地形成一个卡特尔,每一家将赚到的利润是_____。
    a. 2 700 美元
    b. 3 200 美元
    c. 3 500 美元
    d. 3 600 美元
    e. 7 200 美元

13. 假设双头不能勾结。当市场实现纳什均衡时,每一家将赚到多少利润?
    a. 2 700 美元。
    b. 3 200 美元。
    c. 3 500 美元。
    d. 3 600 美元。
    e. 7 200 美元。

用图 **17-2** 中的囚徒困境博弈回答第 **14—15** 题。它表明小镇上只有两家餐馆的双头可能获得的利润。每一家企业都可以选择营业多少小时。

14. Sue 和 Joe 的占优策略是_____。
    a. 两家都长时间开业
    b. 两家都短时间开业
    c. Sue 长时间开业,而 Joe 短时间开业
    d. Sue 短时间开业,而 Joe 长时间开业
    e. 在这个囚徒困境博弈中,没有占

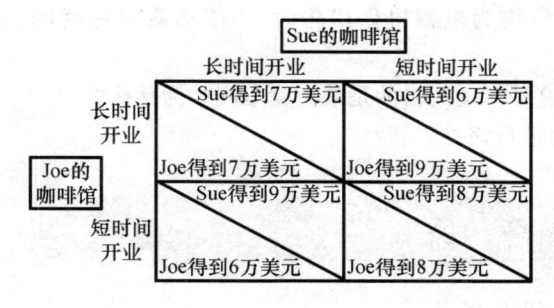

|  | Sue的咖啡馆 | |
|---|---|---|
|  | 长时间开业 | 短时间开业 |
| Joe的咖啡馆 长时间开业 | Sue得到7万美元 / Joe得到7万美元 | Sue得到6万美元 / Joe得到9万美元 |
| Joe的咖啡馆 短时间开业 | Sue得到9万美元 / Joe得到6万美元 | Sue得到8万美元 / Joe得到8万美元 |

图 17-2

优策略

15. 假设 Sue 和 Joe 同意进行勾结,并共同使他们的利润最大。如果 Sue 和 Joe 可以多次进行上述博弈,而且他们同意对违背协议者进行惩罚,那么这个博弈可能的结果是什么?
    a. 两家都长时间开业。
    b. 两家都短时间开业。
    c. Sue 长时间开业,而 Joe 短时间开业。
    d. Sue 短时间开业,而 Joe 长时间开业。

16. 许多经济学家认为,转售价格维持_____。
    a. 是价格勾结,从而应由法律禁止
    b. 增强了生产者的市场势力
    c. 有阻止折扣零售商免费利用全面服务零售商提供的服务的合法目的
    d. a 与 b 都对

17. 寡头维持勾结是困难的,_____。
    a. 因为反垄断法规定勾结是违法的

    b. 因为在寡头情况下,利己与合作冲突
    c. 如果更多企业成为寡头
    d. 以上各项都对

用以下信息回答第 18—19 题:假设 ABC 出版社销售经济学教科书(电子书)及其配套的学习指南。Bob 愿意为教科书支付 120 美元,为学习指南支付 25 美元。Mary 愿意为教科书支付 100 美元,为学习指南支付 35 美元。假设教科书和学习指南的生产都是零边际成本。

18. 如果 ABC 出版社对两种物品分别收费,它的占优策略是收取的总价格为_____。
    a. 120 美元
    b. 125 美元
    c. 130 美元
    d. 135 美元
    e. 140 美元

19. 如果 ABC 出版社进行搭售,它的占优策略是共同收取的价格为_____。
    a. 120 美元
    b. 125 美元
    c. 130 美元
    d. 135 美元
    e. 140 美元

20. 使企业勾结起来提高价格或减少产量成为非法的法律称为_____。
    a. 支持竞争法
    b. 反托拉斯法
    c. 反垄断法
    d. 反勾结法
    e. 以上各项都对

## 17.4 进阶思考题

你正在看电视。一个广告开始了:"欢迎来到仓储式电器商店(Warehouse Electronics)。我们给你的优惠大得让你不能相信!国产 20 寸 LED 电视机仅为 99 美元。价格如此之低,以至于我们不能告诉你制造商的名字!"

1. 为什么当仓储式电器商店在以极低的价格为电视机做广告时,不能透露制造商的名字?
2. 虽然这种活动看起来像是价格勾结,但这种活动的目的是减少竞争吗?为什么?
3. 为什么制造商要对出售其物品的零售商进行该类限制?

## 习 题 答 案

### 17.1.3 术语与定义

    7   寡头              2   卡特尔

    1   博弈论           5   纳什均衡

    6   双头              8   囚徒困境

    3   勾结              4   占优策略

### 17.2.1 应用题

1. a.

| 价格(美元/蒲式耳) | 数量(蒲式耳) | 总收益/利润(美元) |
| --- | --- | --- |
| 12 | 0 | 0 |
| 11 | 5 | 55 |
| 10 | 10 | 100 |
| 9 | 15 | 135 |
| 8 | 20 | 160 |
| 7 | 25 | 175 |
| 6 | 30 | 180 |
| 5 | 35 | 175 |
| 4 | 40 | 160 |
| 3 | 45 | 135 |
| 2 | 50 | 100 |
| 1 | 55 | 55 |
| 0 | 60 | 0 |

  b. 在竞争市场上,竞争使价格下降到等于边际成本(在这种情况下,边际成本是零),因此,$P=0$,$Q=60$。

  c. 这两个双头会像一个垄断者那样行事,在利润最大的水平上生产,并一致同意平分产量与利润。因此,在这个市场,$P=6$ 美元,$Q=30$。利润 = 6 美元 × 30 = 180 美元。每个企业在价格为 6 美元时生产 15 单位,并获得 90 美元利润(180 美元的一半)。

  d. 违约企业:20 × 5 美元 = 100 美元;另一家企业:15 × 5 美元 = 75 美元。

  e. 每家企业:20 × 4 美元 = 80 美元。

  f. 不是,因为违约者的利润将减少为 25 × 3 美元 = 75 美元,这低于 e 中的 80 美元。因此,纳什均衡解是在价格为 4 美元时每个企业生产 20 单位(市场为 40 单位),创造的利润为 160 美元,而且每个双头得到 80 美元利润。

g. 纳什均衡时价格更高(4美元与0相比),而且数量更少(40单位与60单位相比)。竞争均衡时社会状况更好。

h. 新的纳什均衡价格低了,而数量多了。它向竞争解变动。

i. 参看图17-3。

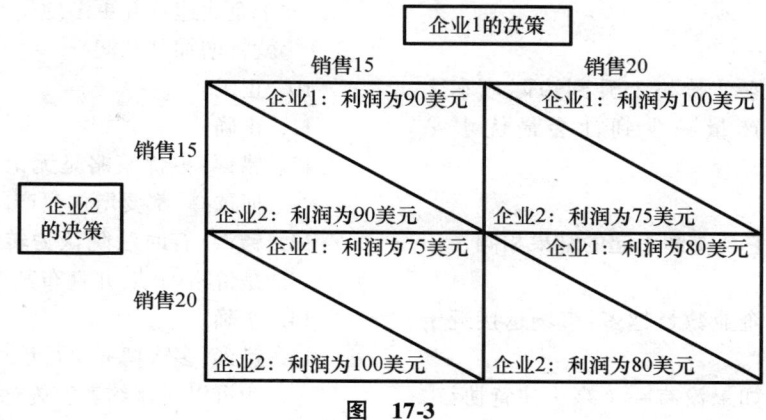

```
                    企业1的决策
              销售15            销售20
          ┌──────────────┬──────────────┐
          │企业1:利润为90美元│企业1:利润为100美元│
    销售15 │              │              │
          │企业2:利润为90美元│企业2:利润为75美元│
企业2     ├──────────────┼──────────────┤
的决策    │企业1:利润为75美元│企业1:利润为80美元│
    销售20 │              │              │
          │企业2:利润为100美元│企业2:利润为80美元│
          └──────────────┴──────────────┘
```

图 17-3

j. 双方的占优策略是违约并销售20单位。因为无论一方是销售15单位还是20单位,另一方销售20单位时的获利都更多。

k. 它们会维持30单位的合作(垄断)生产水平,每家生产15单位,因为如果博弈多次进行,参与者可以设计出一种对违约的惩罚。最简单的惩罚是"一报还一报"策略。

2. a. 文字处理软件价格=100美元,图表软件价格=200美元,总计300美元。

b. 如果两种物品搭售,价格=325美元。

c. 也许是合法的,因为它只是一种价格歧视方法,增加了总剩余(更有效率),但它使剩余由消费者转给生产者。

### 17.2.2 简答题

1. 结果和市场由一个垄断者提供物品时一样。垄断利润被企业瓜分,生产水平将被限制在垄断水平上。

2. 价格将低于垄断的结果,但高于竞争的结果。销售量将大于垄断的结果,但小于竞争的结果。

3. 价格将下降,而销售量将增加。这是因为增加另一家企业,每家企业对价格的影响就小了,这使产量效应大于价格效应,从而使集团利润最大化的产量水平提高了。随着企业数量增加,结果接近于竞争解。

4. 一旦达成减少生产的协议,无论另一家企业违约还是遵守协议,一家企业违约总是有利可图的。违约是占优策略。这是一个囚徒困境。

5. 如果它们不合作,社会状况会更好,因为纳什均衡比垄断解更接近于有效率的竞争解。反垄断法使企业达成非竞争的协议成为违法的。

6. 掠夺性定价是指为了把竞争者赶出市场,建立其垄断地位而采取的一种降价行为。不是。因为与被攻击的企业相比,它更容易损害掠夺性定价者。

## 17.3.1 判断正误题

1. 错误;寡头是只有几个卖者提供相似或相同物品的市场。
2. 正确。
3. 正确。
4. 错误;它使价格上升到边际成本之上,而产量减少到社会最优水平之下。
5. 正确。
6. 错误;它与垄断引起的结果相同。
7. 正确。
8. 错误;企业数量越多,市场越接近于竞争解。
9. 错误;如果没有一个寡头违背协议,合作使整个集团和个别企业的利润最大。但是,一旦达成协议,如果一个企业违约并更多地生产,这个企业就将增加其利润。
10. 正确。
11. 正确。
12. 错误;占优策略是无论其他企业如何选择,都要增加生产。
13. 错误;有时法院认为转售价格维持是价格勾结,并宣布其违法。
14. 正确。
15. 错误;多次博弈更可能引起合作,因为可以对违约者实施惩罚。

## 17.3.2 单项选择题

1. c  2. d  3. a  4. b  5. c  6. a  7. b  8. d  9. c  10. e
11. c  12. d  13. b  14. a  15. b  16. c  17. d  18. b  19. d  20. b

## 17.4 进阶思考题

1. 制造商可能对其零售商(包括仓储式电器商店)采取"转售价格维持"的做法。这会限制零售商宣称价格低于建议的物品零售价格的权利。
2. 不是,因为在零售层次上任何一种竞争减少都会引起零售商的市场势力的变化,并减少销售量。这不符合制造商的利益。
3. 目的是阻止折扣零售商免费利用全面服务零售商——拥有有知识的销售队伍、维修店等的零售商——提供的服务。

# 第6篇 劳动市场经济学

# 第 18 章
# 生产要素市场

## 目 标

**在本章中你将**
- 分析竞争的、利润最大化企业的劳动需求
- 思考劳动供给背后的家庭决策
- 学习为什么均衡工资等于劳动的边际产量值
- 思考其他生产要素——土地和资本——如何获得报酬
- 考察一种要素供给的变动如何改变所有要素的收入

## 效 果

**在实现这些目标之后,你应该能**
- 解释为什么劳动需求曲线是劳动边际产量值曲线
- 解释为什么劳动供给曲线通常向右上方倾斜
- 解释为什么竞争企业在它雇用的劳动的工资等于劳动边际产量值那一点时其利润最大化
- 说明劳动市场和其他生产要素市场之间的相似性
- 解释为什么一种要素供给的变动改变了其他要素的边际产量值

## 18.1 本章概述

### 18.1.1 本章复习

**生产要素**是用于生产物品和服务的投入。最重要的投入要素是劳动、土地和资本。本章阐述了分析要素市场的基本理论。我们将发现，要素的供给和需求决定了该要素所赚到的工资。我们分析中的新内容在于要素需求是一种派生需求。这就是说，企业的要素需求由它在另一个市场上供给物品的决策决定。在本章中，我们分析竞争的、利润最大化的企业的要素需求。

**1. 劳动的需求**

劳动的工资由劳动的供给与需求决定。从劳动的需求取决于企业在另一个市场上供给物品的意义上说，劳动需求是一种**派生需求**。假设企业在其物品市场和劳动市场上都是竞争的，此外，再假设企业是利润最大化的。为了推导出劳动需求，我们必须首先确定劳动的使用如何影响企业生产的产量。**生产函数**表示用于生产一种物品的投入量和该物品产量之间的关系。由于理性决策者考虑边际量，我们从生产函数中得出**劳动的边际产量**——在所有其他投入要素不变时，增加一单位劳动所增加的产量。生产函数表现出**边际产量递减**，即随着投入量增加，一种投入的边际产量递减的性质。

企业关注每个工人引起的产量的价值，而不是产量本身。因此，我们计算**边际产量值**，即一种投入的边际产量乘以该物品的价格。边际产量值的另一个名称是边际收益产量。由于在竞争市场上出售物品，无论生产和销售的产量是多少，价格是不变的，因此，随着投入量增加，边际产量和边际产量值同时减少。

由于企业在劳动市场上也是竞争者，因此工资是既定的。如果一个工人的边际产量值大于工资，企业雇用这个工人就是有利可图的。这种分析意味着：

- 一个竞争的、利润最大化的企业雇用的工人数要达到劳动的边际产量值等于工资的那一点为止。
- 边际产量值曲线是竞争的、利润最大化企业的劳动需求曲线。

由于劳动需求是边际产量值曲线，因此，以下变动引起劳动的边际产量值变动时，劳动需求曲线移动。

- **产出价格**：产出价格上升增加边际产量值，而且劳动需求曲线向右移动。
- **技术变革**：技术进步通常增加劳动的边际产量，而且劳动需求曲线向右移动。劳动节约型的技术变革会使劳动需求曲线左移，但是有证据表明大部分技术变革是劳动扩张型的，会使劳动需求曲线右移。
- **其他要素的供给**：生产中与劳动同时使用的要素供给的增加提高了劳动的边际产量，而且劳动需求曲线向右移动。

对于一个竞争的、利润最大化的企业，一种要素的需求与其产出的供给紧密相关，因为生产函数把投入与产出联系在一起。如果 $W$ 是工资，$MC$ 是边际成本，$MPL$ 是劳动的边际产量，那么，$MC = W/MPL$。因此，边际产量递减是与边际成本递增相联系的。按投入来说，利润最大化企业雇用的劳动量要使劳动的边际产量值等于工资,或 $P \times MPL = W$ 时为止。整理该式,我们得出 $P = W/MPL$。上式中用 $MC$ 替代 $W/MPL$,我们得出 $P = MC$。因此,当一个竞争企业雇用的劳动达到边际产量值等于工资的那一点时,它的产量也就达到了价格等于边际成本的那一点。

### 2. 劳动的供给

劳动的供给产生于个人工作和闲暇之间的权衡取舍。向右上方倾斜的劳动供给曲线意味着人们对工资增加的反应是少享受闲暇和多工作。劳动供给曲线并非在所有情况下都向右上方倾斜,但在这里我们将假设它向右上方倾斜。

以下事件将引起劳动供给曲线移动:

- **爱好变动**:对工作态度的改变,例如,女性更愿意在家庭之外工作,将使供给曲线向右移动。
- **可供选择机会的变动**:如果在可供选择的劳动市场上出现了更好的机会,所研究市场上的劳动供给将减少。
- **移民**:当移民进入美国时,美国的劳动供给曲线向右移动。

### 3. 劳动市场的均衡

在竞争的劳动市场上:

- 工资调整使劳动的供给与需求平衡,且
- 工资等于劳动的边际产量值。

因此,任何一个改变劳动供给或需求的事件必定改变均衡工资,并等量地改变边际产量值,因为这两个量必定相等。

例如,假设移民引起劳动供给增加(劳动供给曲线向右移动)。这降低了均衡工资,增加了劳动的需求量,因为企业多雇用工人是有利可图的,而且,随着雇用的工人数增加,劳动的边际产量(以及劳动的边际产量值)减少了。在新均衡上,工资和劳动的边际产量值都下降了。

换一个说法,假设对一个行业中企业生产的物品需求增加了,这引起物品价格上升和劳动的边际产量值增加。这个使劳动需求增加(劳动需求曲线向右移动)的事件提高了均衡工资,并增加了就业。劳动的边际产量值和工资又一次同时变动(在该例中都增加了)。当对一个企业物品的需求发生变动时,企业及其工人的经济状况将同时变动。

我们的劳动需求分析表明,工资等于劳动的边际产量。因此,生产率高的工人比生产率低的工人赚得多。此外,实际工资增加应该与生产率提高相关。统计资料支持了这个结论。当生产率增长迅速时,实际工资增长迅速。1960 年以来,美国的生产率每年增长 2.0%,实际工资每年增长 1.8%。

只有一个买者的市场称为买方垄断。当一个企业是一个劳动市场上的买方垄断者时,企业用它的市场势力减少它雇用的工人数量,减少它支付的工资,并增加其利润。与垄断一样,这使市场经济活动小于社会最优水平,从而引起无谓损失。

### 4. 其他生产要素:土地和资本

企业的生产要素分为三类——劳动、土地和资本。**资本**是用于生产物品和服务的设备和建筑物的存量。一种要素的**租赁价格**是在一个有限时期内使用该生产要素所支付的价格,而一种要素的购买价格则是无限期地拥有该生产要素所支付的价格。

由于工资是劳动的租赁价格,因此,我们可以把劳动市场中的要素需求理论运用于土地和资本市场。对于土地和资本市场,企业要把雇佣量增加到要素的边际产量值等于要素的价格时为止,因此,每种要素的需求曲线是该要素的边际产量值曲线。结果,劳动、土地和资本各自赚到了自己对生产过程的边际贡献,因为每种要素的租赁价格等于其边际产量值。

资本通常由企业所拥有,而不由家庭直接拥有。因此,资本收入往往先支付给企业。然后,资本收入再以利息的形式支付给借钱给企业的家庭,以股利的形式支付给在企业拥有股权的家庭。此外,企业还保留一些资本收入,以购买更多资本。这一部分资本收入称为留存收益。无论资本的收入如何分配,其总价值都等于资本的边际产量值。

土地和资本的购买价格取决于它引起的租赁收入流。因此,土地或资本的购买价格取决于那种要素当前的边际产量值和预期未来会有的边际产量值。

由于边际产量递减,供给充足的要素边际产量低,从而价格也低;而供给稀缺的要素边际产量高,价格也高。但是,当一种要素供给变动时,它还影响其他要素市场,因为在生产中要同时使用这些要素。例如,一个行业资本的损坏提高了其余资本的租赁价格。在劳动市场上,现在工人用较少的资本工作,这就减少了其边际产量,从而减少了劳动需求,并减少了工人的工资。在一个真实的例子中,鼠疫减少了大约三分之一的劳动,并提高了剩下的稀缺工人的工资。这个事件中土地的租赁价格降低了,因为土地的边际产量随着可用于耕作土地工人的减少而减少了。

## 5. 结论

本章提出的劳动、土地和资本如何得到报酬的理论被称为新古典分配理论。它表明,一种要素的收入量取决于供给与需求,一种要素的需求取决于其边际生产率。在均衡时,每种要素都赚到了其边际产量值。这种理论被广泛接受。

## 18.1.2 有益的提示

(1)你的教科书中提供了劳动供给增加和劳动需求增加影响劳动边际产量和工资的例子。这些例子中用到的逻辑同样可以运用于劳动供给减少和劳动需求减少的情况。例如,劳动供给减少(劳动供给曲线向左移动)提高了均衡工资,减少了劳动需求量,因为企业少雇用工人是有利可图的,而且,随着所雇用工人数量的减少,劳动的边际产量(以及劳动的边际产量值)增加。在新的均衡上,工资和劳动的边际产量值都增加了。此外,假设对一个行业中企业生产的物品需求减少。这就引起物品的价格下降,以及劳动的边际产量值下降。这个事件减少了劳动需求(劳动需求曲线向左移动),降低了均衡工资,并减少了就业。

(2)生产要素主要包括劳动、土地和资本。此处"土地"所包括的范围往往比用于种植作物的土地的范围更广泛。土地通常被认为是"自然赠予物",是还未被人类改变的各种形式的自然资源,包括河流、油田、矿山,以及土地本身。

(3)为了说明一种要素使用量的变动对第二种要素收入的影响,需要观察它对第二种要素边际产量的影响。例如,可获得的资本增加将减少资本的边际产量及其租金率。但是,资本增加提高了劳动的边际产量,因为工人用更多的资本工作,从而他们的工资相应增加了。

### 18.1.3 术语与定义

为每个关键术语选择一个定义。

**关键术语**　　　　　　　　　　　　　**定　义**

_____ 生产要素　　　　　　1. 一单位投入的边际产量随着投入量增加而减少的性质

_____ 派生需求　　　　　　2. 用于生产物品与服务的设备和建筑物

_____ 生产函数　　　　　　3. 用于生产物品与服务的投入

_____ 劳动的边际产量　　　4. 增加一单位劳动所引起的产量增加量

_____ 边际产量递减　　　　5. 用于生产一种物品的投入量与该物品产量之间的关系

_____ 边际产量值　　　　　6. 一个人为在一个有限时期内使用一种要素所支付的价格

_____ 资本　　　　　　　　7. 一种投入的边际产量乘以该产品的价格

_____ （一种要素的）租赁价格　8. 由企业供给另一种物品所派生出的对一种生产要素的需求

## 18.2 应用题与简答题

### 18.2.1 应用题

1. 假设在一个竞争的、利润最大化的咖啡杯生产企业的生产过程中,劳动是唯一的可变投入要素。这个企业的生产函数如下表所示。

| 劳动（工人数量） | 每小时产量 | 劳动的边际产量 | $P=3$ 美元时的劳动边际产量值（美元） | $P=5$ 美元时的劳动边际产量值（美元） |
|---|---|---|---|---|
| 0 | 0 | _____ | _____ | _____ |
| 1 | 9 | _____ | _____ | _____ |
| 2 | 17 | _____ | _____ | _____ |
| 3 | 24 | _____ | _____ | _____ |
| 4 | 30 | _____ | _____ | _____ |
| 5 | 35 | _____ | _____ | _____ |
| 6 | 39 | _____ | _____ | _____ |
| 7 | 42 | _____ | _____ | _____ |
| 8 | 44 | _____ | _____ | _____ |

a. 填写上表的第三列与第四列(劳动的边际产量和当每个咖啡杯的价格等于3美元时的劳动边际产量值)。
b. 假设那些制造咖啡杯的工人的竞争工资是每小时19美元。这个企业应该雇用多少工人？为什么？
c. 假设教授制陶技能的学校增加了可以制造咖啡杯的工人的供给,而且这个事件使咖啡杯工人的竞争工资下降为每小时13美元。这个企业应该雇用多少工人？为什么？这种情况用企业劳动需求曲线的移动来表示,还是用沿着企业劳动需求曲线的变动来表示？解释之。
   d. 假设咖啡杯的需求增加,咖啡杯的价格上升到每个 5 美元。填写上表的最后一列,以说明当咖啡杯的价格为每个 5 美元时的劳动边际产量值。
   e. 假设咖啡杯工人的竞争工资仍然是每小时 13 美元,咖啡杯的价格仍然是每个 5 美元。这个企业现在应该雇用多少工人？为什么？这种情况用企业劳动需求曲线的移动来表示,还是用沿着企业劳动需求曲线的变动来表示？解释之。
2. 假设木材的需求增加,这提高了木材的价格。
   a. 在图 18-1 中说明木材价格上升对伐木工市场的影响。

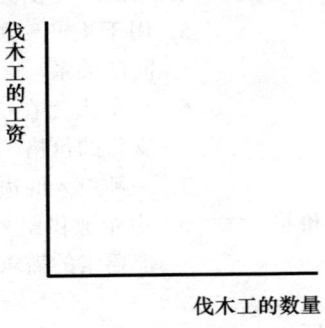

图 18-1

   b. 木材价格上升对伐木工的边际产量值和伐木工的工资有什么影响？解释之。
   c. 在伐木和运输中所用的林地和资本的边际产量值和租金率会发生什么变动？解释之。
   d. 这个事件如何影响企业及其所使用生产要素的所有者的经济状况？解释之。
3. 假设巴西有大量林地被开垦为农业用地。
   a. 用图 18-2 说明这个事件对巴西农用地市场的影响。巴西土地的边际产量和租赁价格会发生什么变动？
   b. 用图 18-3 说明这个事件对巴西农业工人市场的影响。农业工人的边际产量和工资会发生什么变动？

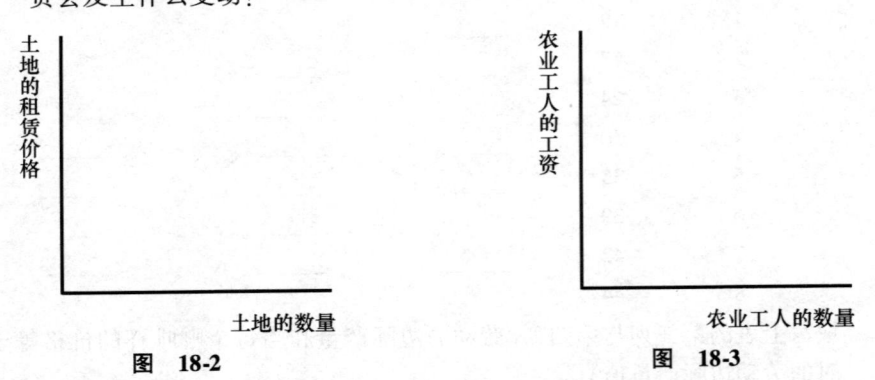

图 18-2                          图 18-3

4. 描述以下事件对田纳西州汽车市场的影响。(需要注意的是,本田公司在田纳西州有一个工厂。)
   a. 本田公司增加它在田纳西州的工厂数量。
   b. 《消费者报告》(*Consumer Reports*)宣称,本田汽车是同类车中最好的汽车。

c. 有制造技能的难民从战乱的中东地区迁移到田纳西州定居。

## 18.2.2 简答题

1. 为什么企业的劳动需求曲线是劳动的边际产量值曲线？
2. 为什么企业的劳动需求曲线是向右下方倾斜的(也就是说,为什么斜率是负的)？
3. 证明当一个竞争企业雇用的工人数量达到边际产量值等于工资的一点时,它的生产也达到价格等于边际成本的那一点。
4. 为什么劳动市场上的均衡工资必定等于每个企业劳动的边际产量值？
5. 假设大学入学人数增加,这引起教科书需求的增加。在教科书出版中所用到的劳动和资本的市场会发生什么变动？解释之。
6. 为什么资本量增加会降低资本的租金率？为什么同样的事件却会增加劳动的工资？
7. 解释一种要素的租赁价格和一种要素的购买价格之间的差别。它们有什么关系？
8. 当家庭直接拥有资本的时候,资本收入以租金的形式支付给家庭。当企业拥有资本时,资本收入以什么形式支付给家庭？
9. 哪些事件会使劳动需求曲线向右移动？
10. 哪些事件会使劳动供给曲线向右移动？

# 18.3 自我测试题

## 18.3.1 判断正误题

_____ 1. 生产要素是劳动、土地和货币。
_____ 2. 可以把一种要素的需求作为一种派生需求,因为它是由企业在另一个市场上供给物品的决策派生而来。
_____ 3. 对于一个竞争的、利润最大化的企业,一种要素的需求曲线是该要素的边际产量值曲线。
_____ 4. 如果对要素的使用增加反而减少了产量,那么要素就表现出边际生产率递减。
_____ 5. 如果均衡工资增加了,劳动的边际产量值就必定增加了。
_____ 6. 教科书需求的增加将增加教科书作者的边际产量值。
_____ 7. 劳动供给减少降低了劳动的边际产量值,降低了工资,减少了就业。
_____ 8. 提高一种要素边际产量值的唯一方法是用这种要素生产的物品的价格上升。
_____ 9. 铅笔的需求增加会改善铅笔厂和铅笔厂工人的经济状况。
_____ 10. 劳动的需求曲线向右下方倾斜是因为生产函数表现出劳动的边际生产率递减。
_____ 11. 在均衡时,当一个竞争企业雇用的劳动数量达到劳动的边际产量值等于工资的那一点时,它的产量也达到价格等于边际成本的那一点。
_____ 12. 资本的供给增加将提高资本的边际产量和资本的租金率。
_____ 13. 如果资本由企业拥有,而不是由家庭直接拥有,那么,资本收入的形式就是

_____ 14. 土地的边际产量值是土地的边际产量乘以土地上生产的物品的价格。

_____ 15. 资本供给增加降低了资本边际产量值,降低了资本的租金率,并减少了劳动的边际产量值,从而降低了劳动的工资。

## 18.3.2 单项选择题

1. 最重要的生产要素是_____。
   a. 货币、股票和债券
   b. 水、地球和知识
   c. 管理、财务和营销
   d. 劳动、土地和资本

2. 如果一种要素表现出边际产量递减,那么多使用一单位该要素将_____。
   a. 带来越来越少的产量
   b. 引起产量减少
   c. 对产量没有影响
   d. 使该要素的边际产量增加

根据下表回答第3—5题。

| 劳动<br>(工人数量) | 每小时产量 | 劳动的边际产量 | 劳动的边际产量值 |
|---|---|---|---|
| 0 | 0 | | |
| 1 | 5 | ___ | |
| 2 | 9 | ___ | |
| 3 | 12 | ___ | |
| 4 | 14 | ___ | |
| 5 | 15 | | |

3. 当企业从雇用3个工人变为雇用4个工人时,劳动的边际产量是多少?
   a. 0
   b. 2
   c. 12
   d. 14
   e. 以上各项都不对。

4. 如果物品的价格是每单位4美元,当企业从雇用4个工人变为雇用5个工人时,劳动的边际产量值是多少?
   a. 4美元。
   b. 8美元。
   c. 12美元。
   d. 56美元。
   e. 60美元。

5. 如果利润最大化企业在一个竞争市场上以每单位3美元出售其物品,而且,在竞争市场上以每小时8美元雇用劳动,那么,这个企业应该雇用_____。
   a. 1个工人
   b. 2个工人
   c. 3个工人
   d. 4个工人
   e. 5个工人

6. 劳动的边际产量值是_____。
   a. 物品价格乘以劳动的工资
   b. 劳动的工资乘以劳动量
   c. 物品价格乘以劳动的边际产量
   d. 劳动的工资乘以劳动的边际产量
   e. 以上各项都不对

7. 对于一个竞争的、利润最大化的企业,资本的边际产量值曲线是企业的_____。
   a. 生产函数
   b. 边际成本曲线
   c. 资本的供给曲线
   d. 资本的需求曲线

8. 劳动的供给增加将_____。
   a. 增加劳动的边际产量值,并提高工资
   b. 减少劳动的边际产量值,并降低工资

c. 增加劳动的边际产量值,并降低工资
d. 减少劳动的边际产量值,并提高工资

9. 鱼的需求减少_____。
   a. 减少了渔民的边际产量值,降低了他们的工资,并减少了捕鱼行业的就业
   b. 增加了渔民的边际产量值,提高了他们的工资,并增加了捕鱼行业的就业
   c. 减少了渔民的边际产量值,降低了他们的工资,并增加了捕鱼行业的就业
   d. 增加了渔民的边际产量值,提高了他们的工资,并减少了捕鱼行业的就业

10. 渔民供给的减少对捕鱼行业所用的资本的市场有什么影响?
    a. 渔船的需求增加,渔船的租金率提高。
    b. 渔船的需求减少,渔船的租金率下降。
    c. 渔船的需求增加,渔船的租金率下降。
    d. 渔船的需求减少,渔船的租金率提高。

11. 苹果需求增加不会引起以下哪一项的变动?
    a. 苹果的价格上升。
    b. 摘苹果者的边际产量值增加。
    c. 摘苹果者的工资增加。
    d. 雇用的摘苹果者人数减少。

12. 农用拖拉机供给减少不会引起以下哪一项的变动?
    a. 拖拉机的租金率上升。
    b. 拖拉机的边际产量值增加。
    c. 农业工人的工资增加。

d. 农用土地的租金率下降。

13. 如果投入和产出市场都是竞争的,企业是利润最大化的,那么,在均衡时每种生产要素赚到_____。
    a. 相等的产出份额
    b. 其边际产量值
    c. 政治过程分配的量
    d. 等于产出价格乘以总产量的量

14. 个别企业对一种生产要素的需求曲线_____。
    a. 由于要素的边际产量递减而向右下方倾斜
    b. 由于物品生产的增加减少了物品在竞争市场出售的价格,从而边际产量值随所用的要素增加而减少,所以向右下方倾斜
    c. 由于要素的边际产量递增而向右上方倾斜
    d. 如果要素市场是完全竞争的,就是完全有弹性的(水平的)

15. 对一个企业产出的需求增加_____。
    a. 使企业的经济状况改善,但企业所使用要素的经济状况变坏
    b. 使企业的经济状况变坏,但企业所使用要素的经济状况改善
    c. 使企业和所用要素的经济状况都改善
    d. 使企业和所用要素的经济状况都变坏

16. 竞争的、利润最大化的企业应该雇用工人到这样的一点:_____。
    a. 工资、资本租赁价格和土地租赁价格都相等
    b. 劳动的边际产量等于零,以及生产函数最大化
    c. 劳动的边际产量等于工资
    d. 劳动的边际产量值等于工资

17. 以下哪一种关于有高边际产量值工人的说法不正确？这些工人_____。
   a. 通常有高报酬
   b. 通常用很少的资本进行工作
   c. 具有相对稀缺的技能
   d. 生产的产出有极大需求

18. 汽车价格上升使汽车工人的需求曲线_____。
   a. 向右移动，工资增加
   b. 向左移动，工资减少
   c. 向右移动，工资减少
   d. 向左移动，工资增加

19. 当资本由企业拥有，而不直接由家庭拥有时，资本收入可以采用以下任何一种形式，除了_____。
   a. 留存收益
   b. 利息
   c. 股利
   d. 股票

20. 假设用生物武器进行战争。这种武器消灭人，但并不消灭资本。与战前的值相比，战后均衡工资和租金率很可能发生什么变动？
   a. 工资上升，租金率上升。
   b. 工资下降，租金率下降。
   c. 工资上升，租金率下降。
   d. 工资下降，租金率上升。

## 18.4 进阶思考题

你正与朋友收看电视上关于移民的争论。参与者代表了两个阵营——劳工组织与企业界。劳工组织反对开放移民，而企业界支持更加开放移民。你的朋友说："我不相信这两个集团不能就这个问题达成一致。企业和劳工组织共同生产工业物品。我认为，他们的利益是相似的。也许更好的仲裁人可以帮助这些集团找到使双方都满意的移民立场。"

1. 如果开放移民，那么劳动的边际产量值和工资会发生什么变动？
2. 如果开放移民，那么资本和土地的边际产量值及租金率会发生什么变动？
3. 每个集团对移民采取的态度与其利益一致吗？解释之。是否存在一种使双方都满意的解决方法？为什么？

## 习 题 答 案

### 18.1.3 术语与定义

__3__ 生产要素　　　　　　__1__ 边际产量递减
__8__ 派生需求　　　　　　__7__ 边际产量值
__5__ 生产函数　　　　　　__2__ 资本
__4__ 劳动的边际产量　　　__6__ （一种要素的）租赁价格

### 18.2.1 应用题

1. a.

| 劳动（工人数量） | 每小时产量 | 劳动的边际产量 | P = 3 美元时的劳动边际产量值（美元） | P = 5 美元时的劳动边际产量值（美元） |
|---|---|---|---|---|
| 0 | 0 | | | |
| 1 | 9 | 9 | 27 | 45 |
| 2 | 17 | 8 | 24 | 40 |
| 3 | 24 | 7 | 21 | 35 |
| 4 | 30 | 6 | 18 | 30 |
| 5 | 35 | 5 | 15 | 25 |
| 6 | 39 | 4 | 12 | 20 |
| 7 | 42 | 3 | 9 | 15 |
| 8 | 44 | 2 | 6 | 10 |

b. 3 个工人，因为前 3 个工人每个人的边际产量值都高于 19 美元的工资，因此，每个工人都增加了利润。但第 4 个工人的边际产量值是 18 美元，因此，雇用第 4 个工人就减少了利润。

c. 5 个工人，因为前 5 个工人每个人的边际产量值都高于 13 美元的工资，但第 6 个工人的边际产量值只有 12 美元，因此，雇用第 6 个工人会减少利润。这是沿着企业劳动需求曲线的变动，因为每个工人的边际产量值仍然是相同的，但企业面对的工资改变了。

d. 见上表的第 5 列。

e. 7 个工人，因为前 7 个工人每个人的边际产量值都高于 13 美元的工资，但第 8 个工人的边际产量值只有 10 美元，因此，雇用这个工人是无利可图的。这是劳动需求曲线的移动，因为每个工人的劳动边际产量值由于物品价格上升而增加了。因此，在同样的 13 美元工资时，企业需要更多工人。

2. a. 参看图 18-4。

b. 劳动的边际产量值和工资都增加。

c. 当物品价格上升时，所有投入的边际产量值都同时增加。因此，土地和资本的边际产量值增加，从而其租金率上升。

d. 当物品价格变动时，企业和生产要素所有者的经济状况同方向变动。在这种情况下，企业和生产要素所有者的经济状况改善了。

3. a. 参看图 18-5。这个事件增加了农用土地的供给，减少了土地的边际产量，降低了土地的租赁价格。

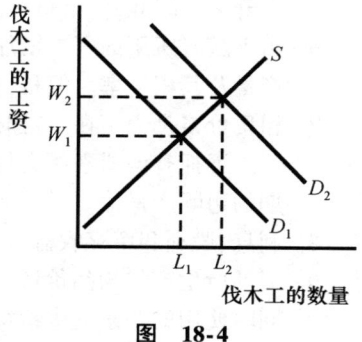

b. 参看图 18-6。农用土地供给的增加提高了劳动的边际产量，并使劳动需求曲线向右移动，这就增加了工资。

图 18-4

图 18-5 （土地的租赁价格 vs 土地的数量；$S_1$, $S_2$, $D$, $R_1$, $R_2$, $L_1$, $L_2$）

图 18-6 （农业工人的工资 vs 农业工人的数量；$S$, $D_1$, $D_2$, $W_1$, $W_2$, $Q_1$, $Q_2$）

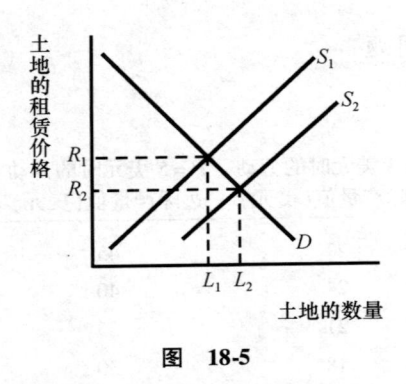

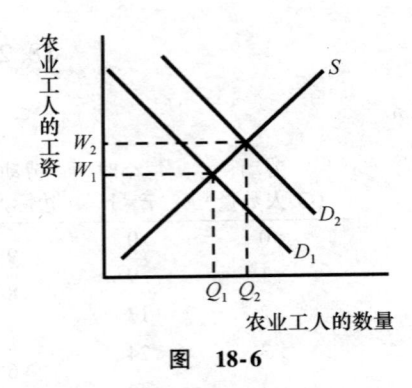

4. a. 工人得到的资本增加提高了劳动的边际产量，使劳动需求曲线向右移动，使工资增加。
   b. 这个事件增加了本田汽车的需求，并提高了本田汽车的价格。本田汽车价格上升增加了劳动的边际产量值，使劳动需求曲线向右移动，使工资增加。
   c. 这个事件增加了劳动供给，减少了劳动的边际产量，使工资减少。

## 18.2.2 简答题

1. 利润最大化企业将雇用工人到劳动的边际产量值等于工资的一点。超过那一点，增加工人的成本大于其边际产量值，而且，其就业会减少利润。因为边际产量值曲线决定了企业在每种工资时将雇用多少工人，所以它是劳动需求曲线。
2. 随着越来越多的劳动增加到生产过程中，劳动的边际产量递减。由于在竞争市场上物品的价格是既定的，我们就可得出，随着劳动量增加，边际产量值递减。
3. 给定 $MC = W/MPL$。如果企业雇用工人的数量达到工资等于边际产量值的一点上，那么，$P \times MPL = W$，或者 $P = W/MPL$。用 $MC$ 替代 $W/MPL$，我们得出 $P = MC$。
4. 均衡工资由劳动市场上劳动的供给与需求决定。每个企业雇用的工人数量都达到工资等于劳动边际产量值的一点。
5. 教科书出版中使用的劳动和资本的边际产量值将增加，因为它们生产的物品的价格上升了。因此，付给每种要素的工资和租金率也应该上升。
6. 由于随着所用的资本增加，资本的边际产量递减，因此，资本增加降低了资本的边际产量及其租金率。但是，资本增加提高了劳动的边际产量，并增加了劳动的工资。
7. 租赁价格是为了在一定时期内使用要素而支付的价格，而一种要素的购买价格是为了永远拥有该要素所支付的价格。一种要素的购买价格取决于该要素现期与未来预期的边际产量值。
8. 利息、股利和留存收益。
9. 劳动所生产的物品价格上升，生产中所用的扩张劳动的技术进步，以及生产中与劳动同时使用的要素的供给增加。
10. 对在家庭之外工作的态度的改变，可供选择的就业机会的减少，以及移民。

### 18.3.1 判断正误题

1. 错误;生产要素是劳动、土地和资本。
2. 正确。
3. 正确。
4. 错误;如果随着投入增加,从增加一单位投入中增加的产量减少,这种投入就表现出边际生产率递减。
5. 正确。
6. 正确。
7. 错误;劳动供给减少增加了劳动的边际产量值,增加了工资,并减少了就业。
8. 错误;一种要素的边际产量可能由于该要素供给减少(更稀缺)或该要素生产率提高而增加。
9. 正确。
10. 正确。
11. 正确。
12. 错误;资本供给增加将减少资本的边际产量值,并降低租金率。
13. 错误;资本收入可以以利息、股利和留存收益的形式存在。
14. 正确。
15. 错误;它增加了劳动的边际产量值和工资。

### 18.3.2 单项选择题

1. d  2. a  3. b  4. a  5. c  6. c  7. d  8. b  9. a  10. b
11. d  12. c  13. b  14. a  15. c  16. d  17. b  18. a  19. d  20. c

### 18.4 进阶思考题

1. 劳动将不再稀缺,因此,劳动的边际产量值将下降,从而工资减少。
2. 可以把增加的劳动用于资本和土地,这就增加了资本和土地的边际产量值,并提高了它们的租金率。
3. 是的。劳工组织希望保持高工资,因此,它希望限制移民。企业界希望提高资本和土地回报,因此它希望允许开放移民。使双方都满意的解决方法是不存在的。

第 18 章  生产要素市场  239

# 第19章
# 收入与歧视

## 目　标

**在本章中你将**
- 考察工资报酬如何会因工作特点不同而不同
- 学习并比较教育的人力资本理论与信号理论
- 考察为什么在某些职业中少数超级明星能赚到极高的收入
- 学习为什么工资会上升到超出供求平衡的水平之上
- 思考为什么衡量歧视对工资的影响是困难的
- 理解什么时候市场力量能对歧视提供一种自然的补救方法，而什么时候又不能

## 效　果

**在实现这些目标之后，你应该能**
- 解释为什么一个经济学教授赚得比拥有类似年龄、背景和教育程度的公司经济学家少
- 根据教育的信号理论和人力资本理论解释旨在增加所有工人教育程度的政策的不同影响
- 列出可以产生超级明星的市场的特点
- 列出工资会高于均衡工资的三个原因
- 解释为什么各群体之间的工资差别本身并不能说明劳动市场存在多大的歧视
- 解释为什么除非顾客或政府要求歧视，否则竞争的雇主不可能对各雇员群体进行歧视

## 19.1 本章概述

### 19.1.1 本章复习

第19章扩展了我们在第18章中提出的新古典劳动市场理论。新古典理论认为,工资取决于劳动的供求,而劳动需求取决于劳动的边际产量值。为了说明我们观察到的普遍的工资差别,第19章更准确地考察是什么决定了各种类型劳动的供给。

**1. 决定均衡工资的若干因素**

工人在许多方面都有所不同。工作也因所支付的工资和非货币特征而不同。这些差异都会影响劳动供给、劳动需求及均衡工资。

有些工作是轻松、有趣而安全的,而有些工作则很辛苦、枯燥且危险。如果工资是相同的,那么大多数人都会选择轻松、有趣而安全的工作。因此,为了吸引人们从事辛苦、枯燥而危险的工作,这些工作往往会给工人提供高工资。**补偿性工资差别**是为了抵消不同工作的非货币特征而产生的工资差别。例如,那些在煤矿工作或上夜班的人可以得到补偿性工资差别,以补偿他们工作的不合意性。

资本是被生产出来的生产要素。资本既包括经济中设备和建筑物的积累,还包括一种无形的资本形式,即人力资本。**人力资本**是对人的投资的积累,例如,教育和在职培训。有较多人力资本的工人由于以下原因而比人力资本较少的工人赚得多:就劳动需求而言,受过教育的工人的边际产量高,因此企业愿意为他支付更高工资;就劳动供给而言,只有教育能得到回报,工人才愿意接受教育。实际上,受教育工人与未受教育工人之间存在的补偿性工资差别是为了补偿受教育者付出的成本。1974年,一位有大学学历的男性毕业生比只有高中文凭的男性多赚42%。到2014年,这个数字已上升到81%。对于女性,这种差别从1974年的35%上升到2014年的71%。有两种假设可以解释这种差距的扩大。第一,国际贸易增长使美国可以从非熟练工人丰富的国家进口非熟练工人生产的物品,并出口熟练工人生产的物品。在国内经济中,这增加了对熟练工人的需求,并减少了对非熟练工人的需求。第二,技术进步增加了对熟练工人的需求,并减少了对非熟练工人的需求。两种假设都有可能是正确的。

天生的能力、努力和机遇有助于解释工资。一些人比另一些人聪明而强壮,他们由于天生的能力而得到高报酬。一些人比另一些人工作更努力,他们由于努力而得到高报酬。机遇可能使一个人的教育和经验变得毫无价值,例如技术变革可能使一个人的工作消失。漂亮也许是天生的能力,因为魅力会使一个演员或服务生的生产率更高。漂亮也可能是一个聪明的人努力使自己的外表更具魅力的一个信号,而且这可能说明这个人在其他事情上也能获得成功。此外,漂亮的工资津贴可能只是一种歧视。有魅力的人确实比没有魅力的人多赚到了一种津贴。

教育的人力资本理论认为,受更多教育的人得到更多报酬是因为教育使他们的生产率更高。另一种观点,即教育的信号理论认为,企业把教育作为区分高能力工人与低能力工人的方法。教育程度是高能力的信号,这是因为高能力的人比低能力的人更容易获得大学学历,而且企业愿意为高能力的人支付更高的工资。正如认为广告本身并不包含真实信息的广告信号理论那样,教育信号理论认为,正规教育并没有真正提高生产率。根据教育的人力资本理论,提高所有工人教育程度的政策会增加所有工人的工资。根据教育的信号理论,教育程度的提高并不影响生产率或工资。教育所带来的收益也许是人力资本和信号效应的结合。

少数超级明星能赚到天文数字般的薪水。这些超级明星往往是运动员、演员、作家等表演者。产生超级明星的市场有两个特点：
- 市场上的每位顾客都想享受最优生产者提供的物品。
- 这种物品的生产技术使最优生产者以低成本向每位顾客提供物品成为可能。

到现在为止，我们已经说明了为什么工人会赚到不同的均衡工资。但是，一些工人会赚到高工资是因为他们的工资由于以下原因而高于均衡的工资水平：
- 最低工资法：这对缺少经验和非熟练工人的影响最大。
- 工会的市场势力：**工会**是一个就工资、工作条件与雇主谈判的工人组织。工会可以使工资比均衡水平高出10%—20%，因为它可以威胁进行**罢工**或者从企业撤走劳动力。
- 效率工资：当企业选择使工资高于均衡水平以提高生产率的时候，**效率工资**就出现了，因为高工资减少了工人流动性，提高了工人努力程度，并提高了适应企业工作的工人素质。

只要工资高于均衡水平，就会导致失业。

### 2. 歧视经济学

工资也会由于歧视程度的不同而不同。**歧视**是向仅仅种族、民族、性别、年龄或其他个人特征不同的相似个人提供不同的机会。歧视是一个非常敏感的话题。

种族和性别引起工资差别的原因有许多。平均而言，白人由于受教育时间长及学校更好而比黑人拥有更多的人力资本。男性通常比女性有更多的工作经验，因为女性由于养育小孩而中断了职业发展。在学校中，女性可能被引导避开相对更为严谨的课程，这可能是某种类型歧视的反映。男性也会由于比女性更多从事更辛苦的工作而得到补偿性工资差别。一些工资差别可能源于歧视，但关于这种工资差别到底有多大并没有统一的意见。经济学家认为，由于不同群体之间的平均工资差别部分反映了人力资本和工作特征的差别，因此这些差别本身并不能说明劳动市场上到底存在多大的歧视。

一项近期的研究表明，那些拥有在非裔美国人中常用名字的求职者所引起的雇主的兴趣要少于那些拥有白人中常用名字的求职者。

虽然歧视是难以衡量的，但假设我们有证据表明劳动市场上是存在歧视的。如果一些雇主歧视某个雇员群体，那么这些受歧视群体劳务的需求就会低，从而他们的工资也低；而那些不受歧视群体劳务的需求就高，从而他们的工资也高。在一个竞争性市场上，歧视某些雇员群体的雇主就处于竞争劣势，因为他们的劳动成本较高。那些只关心利润而不实行歧视的企业就会取代那些实行歧视的企业，因为它们会更有利可图。不实行歧视的企业将增加对受歧视群体劳务的需求，减少对不受歧视群体劳务的需求，从而工资将在各个群体之间均等化。因此，竞争市场可以缓解雇主的歧视。

但是，如果顾客或政府要求歧视，那么企业的竞争和利润动机就不能纠正工资差别。如果执迷不悟的顾客愿意为餐馆中某个群体的服务支付额外报酬，而不愿意接受另一个群体的服务，那么，即使是在竞争市场上，工资差别也可以维持下去。如果政府要求企业采取歧视性做法，那么竞争也不能使歧视的工资差别均等化。有证据表明，在一些职业运动中，白人运动员得到的报酬高于能力相当的黑人运动员，而且白人运动员比例高的球队的观众更多。这表明，运动迷们愿意为看白人运动员而支付额外费用。由于黑人运动员给企业带来的利润少，即使企业所有者只关心利润,这种工资差别也会持续下去。如果工资差别在一个竞争市场上得以维持,这是因为执迷不悟的顾客愿意为此付费,或者因为政府要求这样。工资差别不能仅由执迷不悟的雇主自己维持。

### 3. 结论

在竞争市场上,工人赚到的工资等于其边际产量值。如果工人更有能力、更勤奋、更有经验以及受教育更多,那么他们的边际产量值就更高。企业向那些受顾客歧视的工人支付的报酬少,因为他们给企业带来的利润少。

### 19.1.2 有益的提示

(1) 用供给与需求解释工资。人和工作的特点会影响每个劳动市场上的劳动供给、劳动需求以及工资。例如,教育、经验和努力工作提高了工人的边际产量值,增加了其劳务的需求,并增加了他们的工资。工作的不合意性、教育支出和从事某项工作要求的能力的提高减少了愿意并能够从事某种工作的工人数量,减少了那个市场上的劳动供给,并提高了工资。甚至还可以用供求来解释超级明星市场。由于超级明星可以同时通过电视、电影、数字媒体等来满足每一位顾客的需求,因此他们的边际产量值就极大,从而对他们劳务的需求也极大。

(2) 不同群体的工资差别本身并不是劳动市场歧视的证据,因为各群体的收入差别部分反映了人力资本和工作特征的差别。看起来是歧视的现象可能仅仅是对工作的不合意性质支付的一种补偿性工资差别。此外,工资差别也可能是由各工人群体之间平均生产率的差别引起的。

### 19.1.3 术语与定义

为每个关键术语选择一个定义。

| 关键术语 | 定　义 |
| --- | --- |
| _____ 补偿性工资差别 | 1. 向仅仅是种族、民族、性别、年龄或其他个人特征不同的相似个人提供不同的机会 |
| _____ 人力资本 | 2. 为抵消不同工作的非货币特征而产生的工资差别 |
| _____ 工会 | 3. 工会有组织地从企业撤出劳动 |
| _____ 罢工 | 4. 对人的投资的积累,如教育和在职培训 |
| _____ 效率工资 | 5. 企业为了提高工人的生产率而支付的高于均衡工资的工资 |
| _____ 歧视 | 6. 与雇主谈判工资和工作条件的工人协会 |

## 19.2 应用题与简答题

### 19.2.1 应用题

1. 在下列的每一组工人中,哪些工人会赚得更多?为什么?(谁得到的收入多可能是显而易见的。真正的问题是解释为什么一个人得到的收入高于另一个人。)

a. 在核电厂高达600英尺的冷却塔上工作的木匠或制作房屋框架的木匠
b. 杂货店的店员或律师
c. 有一年工作经验的律师或有六年工作经验的律师
d. 漂亮的售货员或长相一般的售货员
e. 在汽车厂中工作的白班工人或夜班工人
f. 经济学教授或公司经济学家
g. 历史学教授或经济学教授
h. 打孔员（在没有电脑终端之前，把指令输入卡片上以便主机阅读的打字员）或个人电脑专家
i. 你所喜欢的定期在校园附近酒吧演出的本地蓝调乐队或著名歌手碧昂丝（Beyoncé）
j. 懒惰、愚笨的管道工或勤奋、聪明的管道工
k. 地球上最好的木匠或地球上最好的作家

2. a. 解释教育的人力资本理论和教育的信号理论。
   b. 在每一种观点下，教育政策的意义分别是什么？
   c. 以上哪一种观点是正确的？解释之。

3. a. 竞争市场如何能消除劳动市场上的歧视？
   b. 什么限制了竞争市场减少歧视的能力？解释之。

## 19.2.2 简答题

1. 为什么那些通过教育获得了更多人力资本的人比人力资本较少的人赚得多？
2. 指出一些要求正的补偿性工资差别工作的工作特征。
3. 自1974年以来，美国熟练工人与非熟练工人的相对工资发生了什么变动？为什么？
4. 市场上产生超级明星的必要条件是什么？解释之。
5. 不同群体的平均工资差别本身能说明市场上存在歧视吗？解释之。
6. 如果竞争市场上保持歧视性工资差别，那么这种工资差别是由于雇主一方的歧视，还是必定产生于其他来源？解释之。
7. 职业运动中存在歧视吗？它是来自雇主的歧视吗？解释之。
8. 列出大多数超级明星的职业。这些职业有什么共同之处吗？
9. 为什么管道学徒工的工资总是低于管道师傅？
10. 说出工资高于均衡工资的三个原因。解释之。

# 19.3 自我测试题

## 19.3.1 判断正误题

_____ 1. 补偿性工资差别是支付给受歧视工人和不受歧视工人的工资差别。
_____ 2. 夜班工人得到补偿性工资差别以抵消夜晚工作的不合意性。
_____ 3. 自1974年以来，美国非熟练工人与熟练工人的工资差距缩小了。
_____ 4. 企业愿意向人力资本多的工人支付更高的工资是因为人力资本多的工人的边际产量值高。

_____ 5. 人力资本通过教育和在职培训而增加。

_____ 6. 学徒工从事较低工资的工作是因为学徒工的一部分工资是以在职培训的形式支付的。

_____ 7. 一些超级明星赚到了天文数字的薪水,这是因为在一些市场上,每个人都想得到由最优的生产者提供的物品,而且技术使得最优的生产者以低成本满足每一个顾客的需求成为可能。

_____ 8. 如果教育的信号理论是正确的,那么提高工人教育程度的政策将增加所有工人的工资。

_____ 9. 有魅力的人得到的工资高于无魅力的人得到的工资,这表明劳动市场歧视无魅力的人。

_____ 10. 能力、努力和机遇在工资决定中起着重要作用,因为不到一半的工资差别可以用工人的教育、经验、年龄和工作特征来解释。

_____ 11. 如果竞争市场上的一个公司坚持向某个群体支付歧视性工资,那么这必定是因为雇主执迷不悟。

_____ 12. 如果不同群体之间存在工资差别,那么这就是劳动市场存在歧视的证据。

_____ 13. 如果没有最低工资法,那么工人将总是获得均衡工资。

_____ 14. 如果顾客不执迷不悟,而且如果政府不要求歧视,那么竞争将倾向于消除劳动市场上的歧视。

_____ 15. 男性与女性之间的工资差别至少有一些可以用以下事实来解释:平均而言,男性获得了更好的学校教育,有更多的工作经验,而且可能更多地从事不合意的工作。

## 19.3.2　单项选择题

1. 如果一个在煤矿工作的人的收入高于有相似背景和技能,但在一个安全工作岗位上工作的人,那么_____。
   a. 我们有对煤矿之外的工人歧视的证据
   b. 我们观察到了补偿性工资差别
   c. 煤矿工人应该比其他人有更多人力资本
   d. 煤矿工人必定比其他工人更有魅力

2. 根据教育的人力资本理论,教育_____。
   a. 增加了工人的人力资本和工资
   b. 只有助于企业把工人分为高能力工人与低能力工人
   c. 对工人的人力资本没有影响
   d. 可以使任何一个工人成为超级明星

3. 以下哪一项不是工人人力资本的一部分?
   a. 教育。
   b. 在职培训。
   c. 经验。
   d. 努力。
   e. 以上各项都是工人人力资本的一部分。

4. 根据教育的信号理论,教育_____。
   a. 增加了工人的人力资本和工资
   b. 只有助于企业把工人分为高能力工人与低能力工人
   c. 缩小了高技能工人与低技能工人的工资差距
   d. 可以使任何一个工人成为超级明星

5. 以下所有各项都会增加工人的工资,除了_____。
   a. 更多的教育
   b. 夜班工作
   c. 从事有趣的工作
   d. 有更好的天赋
   e. 更努力地工作
6. 在一个完全竞争市场上,以下哪一项最不可能是持久性歧视工资差别的来源?
   a. 顾客。
   b. 政府。
   c. 雇主。
   d. 以上各项都可能是持久性歧视工资差别的来源。
7. 如果两种工作要求同样的技能和经验,那么工资最高的工作最可能是以下哪一种工作?
   a. 令人不愉快的工作。
   b. 安全的工作。
   c. 轻松的工作。
   d. 有趣的工作。
   e. 以上各项都对。
8. 自1974年以来,美国熟练工人与非熟练工人的工资差距_____。
   a. 缩小了
   b. 扩大了
   c. 保持相同
   d. 先扩大而现在缩小
9. 以下哪一种关于有魅力的工人与没有魅力的工人的收入的说法是正确的?
   a. 有魅力的人往往赚得少,因为人们会认为有魅力的人浅薄,而且更容易自我欣赏,从而生产率低。
   b. 有魅力的人往往赚得少,因为有魅力的人通常人力资本少。
   c. 有魅力的人往往赚得多,因为他们实际上可能有更高的边际产量值。
   d. 有魅力的人往往赚得多,因为他们通常有更多的人力资本。
10. 美国非熟练工人相对工资下降可能是由于_____。
    a. 可以得到的非熟练工人人数由于工人所受教育少而相对增加
    b. 可以得到的非熟练工人人数由于到美国的移民而相对增加
    c. 非熟练工人的需求由于工人所受教育少而相对减少
    d. 非熟练工人的需求由于技术进步和国际贸易增加而相对减少
11. 以下哪一种职业更可能提供超级明星的收入?
    a. 最好的医生。
    b. 最好的教授。
    c. 最好的会计师。
    d. 最好的作家。
    e. 以上各种职业都在可以产生超级明星的市场中。
12. 当一个雇主向只根据个体的以下哪种不同而向其提供不同机会时,不能认为是歧视?
    a. 种族。
    b. 性别。
    c. 生产率。
    d. 年龄。
13. 为了使市场能够支持超级明星,它必须具有以下哪一个特征?
    a. 必须包括职业运动员。
    b. 每个顾客都想要最优的生产者提供的物品,而且必须存在最优的生产者能以低成本向每一位顾客供给物品的技术。
    c. 每位顾客都必须愿意为物品支付大量的钱,而且该物品应该是必需品。
    d. 每个顾客必须对他们支付的价格漠不关心,而且卖者必须是该物品市场上的竞争者。

14. 以下哪一种关于歧视的说法是正确的？
    a. 在一个竞争的劳动市场上不能存在歧视。
    b. 只有顾客愿意为保持歧视性做法付费或者政府要求歧视，歧视才能在竞争激烈的劳动市场中持续存在。
    c. 执迷不悟的雇主是竞争市场上持久性歧视工资差别的主要来源。
    d. 不同群体中工资差别的存在是劳动市场歧视的有力证据。

15. 竞争市场往往会_____。
    a. 减少劳动市场歧视，因为不歧视的企业将雇用更廉价的劳动，赚到更多利润，并把歧视企业赶出市场
    b. 对劳动市场歧视没有影响
    c. 增加劳动市场歧视，因为执迷不悟的雇主可以为了弥补他们的歧视成本而在竞争市场上收取他们想收取的价格
    d. 增加劳动市场歧视，因为在竞争市场上，一些工人对自己劳务收取的价格可以高于另一些工人

16. 各群体的工资差别本身并不能成为劳动市场歧视的证据，因为不同群体_____。
    a. 有不同的教育水平
    b. 对他们愿意从事的工作类型有不同的偏好
    c. 有不同的工作经验水平
    d. 以上各项都是

17. 以下哪一项不是一些工人得到的工资高于均衡工资的原因？
    a. 最低工资法。
    b. 漂亮。
    c. 工会。
    d. 效率工资。

18. 以下哪一项可能会引起补偿性工资差别？
    a. 一个雇员比另一个雇员更有魅力。
    b. 一个雇员比另一个雇员工作更努力。
    c. 一个雇员愿意上夜班，而另一个雇员不愿意。
    d. 一个雇员所受教育比另一个雇员更多。
    e. 以上各项都会引起补偿性工资差别。

19. 以下哪一项对工资差别的解释不可能是正确的？
    a. 男性的人力资本比女性更多。
    b. 白人的人力资本比黑人更多。
    c. 竞争市场上的雇主执迷不悟。
    d. 男性的工作经验比女性更多。

20. 以下哪一项可能使女性的工资低于男性？
    a. 顾客对男性的偏爱。
    b. 女性偏爱在愉快、干净、安全的工作地点工作。
    c. 女性为照料孩子而进入或退出劳动市场。
    d. 女性获得的人力资本少，因为她们并不计划一直工作到退休年龄。
    e. 以上各项都对。

## 19.4 进阶思考题

你与一些朋友在一个政治集会上讨论问题。一位州政府官员候选人说，职业女性赚的收入比职业男性少25%。这位候选人说："这显然是雇主歧视女性的证据。男性与女性的收入

差距永远都不会缩小，因为职业女性会选择传统上收入低的职业，而男性则选择传统上收入高的职业。我建议，政府建立一个委员会以决定各类工作应该支付多少工资，以便有相似技能和教育的人赚到相同的收入。"

1. 假设断定一个秘书和一个卡车司机要求同样的教育和技能水平，但秘书赚3万美元，而卡车司机赚4万美元。如果这两种职业的工资由法律定为3.5万美元，秘书和卡车司机市场上的供给量和需求量会发生什么变动？
2. 在问题1中，每个市场上工人的努力程度和先天能力会发生什么变动？每个市场上产生的工作质量会发生什么变动？
3. 假设在问题1中，两种工作要求的技能和教育几乎相同实际上是正确的，经济学家可能提出什么解释来说明为什么这两个市场上存在1万美元的工资差别？

## 习 题 答 案

### 19.1.3 术语与定义

  2 补偿性工资差别    3 罢工
  4 人力资本      5 效率工资
  6 工会        1 歧视

### 19.2.1 应用题

1. a. 在600英尺高空工作的木匠，因为他可能要求这种危险工作的补偿性工资差别。
   b. 律师，因为律师从教育年限中得到的人力资本多，而且律师要求补偿性工资差别以弥补受教育的成本和努力。
   c. 有六年工作经验的律师，因为工作经验是人力资本的一部分。
   d. 漂亮的售货员，因为他们由于有魅力而有更高的边际产量值，或者他们发出信号表明，当他们在使自己更有魅力的事情上成功时，他们在各种事情上都能成功。此外，这也可能是由于对长相一般的人的歧视。
   e. 夜班工人，因为夜班不合意，从而工人要求补偿性工资差别。
   f. 公司经济学家，因为公司经济学家要求补偿所从事工作不合意性的补偿性工资差别。此外，公司经济学家也可能有更高的边际产量值。
   g. 经济学教授，因为经济学家的市场工资较高，而这又是由于公司劳动市场上经济学家的边际产量值较高。
   h. 个人电脑专家，因为机遇、技术的变革使这些打孔员变得不再被需要，而个人电脑专家的需求增加。
   i. 超级明星碧昂丝，因为依靠技术手段，她可以同时满足整个市场的需求。
   j. 勤奋而聪明的管道工，因为有能力而努力的人的边际产量值高。
   k. 最好的作家，因为作家在一个支持超级明星的市场中，而木匠并不是。
2. a. 前者认为，教育增加了人力资本，并提高了劳动的边际产量值，从而增加了工资。

后者认为,教育仅仅是高能力的一种信号。

b. 根据人力资本理论,提高所有人的教育水平的政策将增加所有人的工资。根据信号理论,教育水平提高不会影响工资,因为教育并不提高生产率。

c. 也许两种观点都正确。这两种效应的相对大小并不清楚。

3. a. 只关心利润的企业将雇用受歧视的群体。因为受歧视群体的工资较低,所以不进行歧视的企业将比进行歧视的企业有竞争优势。随着非歧视企业替代了歧视企业,以前受歧视工人的相对需求增加了,这将消除歧视性工资差别。

b. 如果执迷不悟的顾客愿意为歧视企业支付更高的价格,或者政府要求歧视,那么竞争市场就不能消除歧视。

## 19.2.2 简答题

1. 因为有更多人力资本的工人的生产率更高,所以企业愿意为边际产量值高的工人支付更高工资。此外,工人自己的教育成本必须得到补偿。

2. 为工作的不愉快和不合意性支付补偿性工资差别。其他条件相同时,如果工作不干净、有噪声、有异味、孤单、不安全、艰苦、要求出差、要求夜班或倒班之类的加班、要求与令人不愉快的人一起工作等,就要支付更高的工资。

3. 熟练工人与非熟练工人之间的工资差距扩大了,也许是因为国际贸易增长使美国可以从非熟练工人丰富的国家进口由非熟练工人制造的物品,并出口由熟练工人制造的物品。这就增加了对熟练工人的相对需求。或者也可能是,技术进步增加了对熟练工人的相对需求。

4. 市场上每一个顾客都想享受由最优的生产者提供的物品,而且这种物品的生产技术使最优的生产者以低成本供给每一位顾客成为可能。

5. 不能说明。由于各群体的平均工资部分是基于人力资本和工作特征的差异,因此,仅仅是各群体的工资差别并不告诉我们什么是歧视。

6. 如果顾客并不执迷不悟,而且政府也不要求歧视,那么竞争将保证雇主不能一直歧视。如果长期存在工资差别,它必定是因为顾客愿意为歧视付费(他们执迷不悟)或政府要求歧视。不能简单地将其归咎于执迷不悟的雇主。

7. 证据表明,在一些职业运动中,白人运动员得到的收入高于其他条件相同的黑人运动员。歧视的来源可能是运动迷们(顾客)。

8. 作家、运动员、电视和电影演员、电影导演、音乐家、艺术家、软件创造者、有激励性的演说家等。顾客只想要最优的,而且技术使卖者以低成本满足所有顾客的需求成为可能。

9. 因为学徒的边际产量值低,也由于学徒以增加其人力资本和未来收入的形式得到了部分报酬。

10. 最低工资法(政府设置工资下限)、工会的市场势力(以罢工威胁提高工资),以及效率工资(企业为了提高生产率而支付高于均衡工资的工资,因为高工资降低了流动性,增加了努力程度,并提高了求职者的素质)。

### 19.3.1 判断正误题

1. 错误；这产生于抵消不同工作非货币特征的工资差别。
2. 正确。
3. 错误；工资差距扩大了。
4. 正确。
5. 正确。
6. 正确。
7. 正确。
8. 错误；教育并不提高生产率，而且对工资没有影响。
9. 错误；有魅力的人可能有更高的边际产量值，或者有魅力的人发出信号表示，由于他们在使自己有魅力的事情上做得好，因此他们也能做好其他事。
10. 正确。
11. 错误；这应该是因为顾客愿意为歧视付费，或者因为政府要求歧视。
12. 错误；工资差别可能是由人力资本或工作特征的差别引起的。
13. 错误；工会可能向企业施加压力使工资高于均衡水平，而且企业也可能选择支付高于均衡工资的效率工资。
14. 正确。
15. 正确。

### 19.3.2 单项选择题

1. b  2. a  3. d  4. b  5. c  6. c  7. a  8. b  9. c  10. d
11. d  12. c  13. b  14. b  15. a  16. d  17. b  18. c  19. c  20. e

### 19.4 进阶思考题

1. 秘书过剩而卡车司机不足。也就是说，这增加了秘书的供给量，并减少了其需求量；同时，这减少了卡车司机的供给量，并增加了其需求量。
2. 工作努力而能力高的工人将避开卡车司机市场，从而卡车司机的素质将下降。工作努力而能力高的工人将被吸引到秘书市场，从而秘书服务的质量将提高。
3. 经济学家可能指出，1万美元是从事不合意卡车司机工作的人必须得到的补偿性工资差别，其不合意性体现在一个人工作、在外出行过夜、不干净和不安全的工作环境等方面。

# 第 20 章
# 收入不平等与贫困

## 目　标

**在本章中你将**
- 考察我们社会中经济不平等的程度
- 思考在衡量经济不平等时产生的一些问题
- 理解政治哲学家如何看待政府在收入再分配中的作用
- 思考旨在帮助贫困家庭脱贫的各种政策

## 效　果

**在实现这些目标之后,你应该能**
- 解释为什么在美国熟练工人与非熟练工人的收入差距正在不断扩大
- 指出一些使收入分配的衡量指标夸大了收入不平等程度的因素
- 比较功利主义、自由主义和自由至上主义
- 解释负所得税的概念

## 20.1 本章概述

### 20.1.1 本章复习

本章通过回答三个问题来论述收入分配。第一,不平等程度有多大?第二,不同的政治哲学家对政府在改变收入分配中的适当作用是怎样阐述自己观点的?第三,用来帮助穷人的各种政府政策是什么?我们将发现,政府也许能出台政策来使收入分配更加平等,但代价是扭曲激励并降低效率。

**1. 不平等的衡量**

收入分配状况可用各种方法来描述。一种方式是说明收入分配中每个1/5的家庭和收入最高的5%的家庭的收入占税前总收入的多大百分比。在美国,收入最高的1/5的家庭的收入为总收入的48.9%,而收入最低的1/5的家庭的收入为总收入的3.6%。这就是说,收入最高的1/5家庭的收入是最低的1/5家庭的十三倍还多。收入最高的5%家庭的收入比最低的40%家庭的总收入还多。

收入分配状况看起来似乎一直是稳定的。在美国,过去80年间,收入最低的1/5的家庭的收入通常在4%—5%,而收入最高的1/5的家庭的收入在40%—50%。但是,1935—1970年间,收入分配差距略有缩小,而1970—2014年又略有扩大,恢复到近似于1935年的水平。收入不平等程度的提高可能是因为国际贸易的增长。技术进步减少了对非熟练工人的需求,而提高了对熟练工人的需求,这引起相对工资的变动。

按收入不平等程度给各国排序时,美国的收入不平等程度比平均水平高。日本、德国的收入比美国平等,而巴西、南非的收入不平等程度比美国更高。

收入分配状况的另一个衡量指标是**贫困率**——家庭收入低于称为贫困线的绝对水平的人口的百分比。**贫困线**是联邦政府根据每个家庭规模所确定的绝对收入水平,低于这一水平的家庭就被认为处于贫困中。它被定为提供充足食物所需费用的将近三倍。在2014年,美国中值家庭的收入是66 632美元,而14.8%的人口所在家庭的收入低于24 230美元的贫困线。1959—1973年贫困率下降了,但从那以后再没下降。有人认为,这种衡量贫困的方法在过去40年中没有改变,它需要加以更新,应基于接受福利支付后对一篮子必需品的花费做出重新界定。贫困率说明了三个事实:

- 贫困与种族相关:生活在贫困中的黑人与西班牙裔人是白人的两倍多。
- 贫困与年龄相关:生活在贫困中的儿童高于平均水平,而老年人低于平均水平。
- 贫困与家庭结构相关:以无丈夫女性为家长的家庭生活在贫困中的可能性是以已婚夫妇为家长的家庭的五倍多。

有一些与衡量不平等相关的问题。尽管收入分配数据和贫困率在对不平等的衡量中是有用的,但由于以下原因,这些衡量指标并不是一个人维持标准生活水平的能力的完美指标:

- **实物转移支付**是以物品和服务形式而不是以现金形式给予穷人的转移支付。这些并没有被计算在收入不平等的标准衡量指标之内。
- **经济生命周期**是人一生中有规律的收入变动形式。年轻人和老年人赚得少,但年轻人可以借钱,老年人可以用过去的储蓄。收入不平等的衡量标准扩大了生活水平的变动程度,因为每年的收入变动大于生活水平的变动。

- **暂时收入与持久收入**:收入会由于随机和暂时的因素而变动。这就是说,在某一给定年份内,一些事件会使收入异常高或低。此外,人们可以借入或贷出,因此,即使收入变动,他们也可以维持稳定的生活水平。一个家庭的生活水平主要取决于持久收入。**持久收入**是一个人正常的或平均的收入。

由于以上所列的每一个原因,收入分配的标准衡量指标夸大了生活水平的不平等程度。不同的不平等衡量指标显示出了差异极大的结果。衡量家庭间收入不平等的标准指标显示出最大的不平等,个人消费显示出较少的不平等。在美国,收入最高的1/5家庭的收入是收入最低的1/5家庭收入的15倍,但前者的人均消费只比后者高2.1倍。

美国的经济流动性高。在任何一个10年期间,25%的家庭最少有1年低于贫困线,但只有3%的家庭在8年或更长的时间中处于贫困状态。在另一个极端,如果一个父亲的收入高出平均水平20%,他的儿子赚到的收入只比平均水平高8%,而他的孙子将赚到平均收入。此外,4/5的百万富翁是靠自己赚的钱致富,而不是靠继承。这些数据表明,与平均收入的背离往往是暂时性的,而且收入不平等的衡量指标往往夸大了生活水平的不平等程度。

### 2. 收入再分配的政治哲学

经济学本身并不能告诉我们政府是否应该对经济不平等做点什么。对于这一点,我们应该论述各种政治哲学流派:

- **功利主义**:根据这种政治哲学,政府应该选择使社会上所有人总效用最大化的政策。**效用**是幸福或满足程度的衡量指标,功利主义认为它是所有行为的最终目标。如果增加每美元收入的边际效用是递减的,那么,从富人那里拿走一美元并给予穷人,富人效用的减少就小于穷人得到的效用增加。功利主义者反对收入完全平等,因为他们认识到,人们会对激励做出反应,而税收引起无谓损失,从而使总收入减少。这种哲学的奠基人是英国哲学家杰瑞米·边沁(Jeremy Bentham)和约翰·斯图亚特·穆勒(John Stuart Mill)。

- **自由主义**:根据这种政治哲学,政府选择的公共政策应该由一位在"无知之幕"背后的无偏见观察者来评价。这意味着使经济公正的唯一客观方法是,在假设每个人对各自一生最终将进入上层、下层或中层的状态一无所知的情况下为社会设定规则。这种公正论的创立者约翰·罗尔斯(John Rawls)认为,我们应该关注收入分配最底层的状态,因此,我们应该建立被称为**最大最小准则**——认为政府应该以使社会上状况最差的人的福利最大化为目标的观点——的社会规则。结果,收入再分配是一种**社会保险**。虽然不能把收入完全均等化,但它要求的收入再分配大于功利主义。批评者则坚持认为,无知之幕背后的理性人并不一定遵循最大最小准则去回避风险。

- **自由至上主义**:根据这种政治哲学,政府应该惩罚犯罪并实现自愿的协议,但不应该进行收入再分配。像罗伯特·诺齐克(Robert Nozick)这样的自由至上主义者认为,社会本身没有赚到收入——只有个人赚到收入。因此,收入不是一种由社会计划者分配的公共资源。在一个自由至上主义者看来,如果过程是公正的,那么结果就是公正的,无论最后它的结果是多么不平等。因此,政府应该惩罚偷盗与诈骗,以创造一个公平竞争的环境,但如果规则是公正的,就不应该关注最终的结果。机会平等比收入平等更重要。

### 3. 减少贫困的政策

无论政治哲学如何,大多数人认为政府应该帮助最需要帮助的人,因为穷人更可能经历无家可归、毒品依赖、家庭暴力、健康问题、青少年怀孕、文盲、失业和低水平教育，而且他们也更可能犯罪和成为犯罪的牺牲品。下面有一些政策选择：

- **最低工资法**：支持者认为，它帮助了穷人，而政府无需任何支出。批评者认为，它使技能最低的工人的工资高于均衡水平，并引起这些工人的失业。那些保住了工作的人获益，而变为失业者的人遭受损失。劳动需求越富有弹性，最低工资引起的失业就越多。此外，许多最低工资工人是中产阶级家庭的青少年，因此，这个计划并不能很好地针对穷人。

- **福利**：福利是一个广义的词，包括各种补贴穷人收入的政府计划。这些计划是对那些低收入而且被证明是"需要者"的现金补贴，例如对家中有小孩的人的补贴（贫困家庭临时援助（TANF），其之前的名称是对有需要抚养的孩子的家庭的援助（AFDC））或者对残疾人的补贴（补充性保障收入（SSI））。批评者认为，这些计划加剧了它们希望克服的问题。许多家庭只有没有父亲才有资格得到经济援助。这会鼓励父亲抛弃自己的家庭，引起家庭破裂，并鼓励未婚女性生子。然而，福利引起双亲家庭下降的观点并未得到证据的支持。

- **负所得税**：负所得税是一种向高收入家庭征税并向低收入家庭转移支付的税制。在这种税制之下，将用对富人的累进所得税来补贴低收入家庭或向他们提供一种"负税"。贫困家庭除了贫困之外不用再提供其他证明，这就不鼓励家庭破裂或未婚生子。但负所得税不仅补贴了那些由于不幸而陷入贫困的家庭，也补贴了那些仅仅由于懒惰而陷入贫困的家庭。劳动所得税抵免就类似于负所得税，但仅适用于工作的穷人，而不适用于失业者或病人。

- **实物转移支付**：当直接给穷人物品和服务，而不是给予现金时，就出现了实物转移支付。营养补充援助计划（SNAP）和医疗援助就是这种例子。支持者认为，这种方法实际上保证了穷人获得他们需要的东西，而不是给他们可能用于购买酒、毒品等的货币。现金支付的支持者认为，实物转移支付是无效率的，因为政府并不知道穷人最需要什么。此外，他们认为，强迫穷人接受实物转移支付是侮辱性的。

一些反贫困计划有削弱穷人工作激励的意外影响。例如，假设政府保证了一个固定的最低收入水平。如果任何一个低于这种收入水平的人去工作并赚了1美元，那么政府就要简单地减少这个人1美元的福利。结果使得任何新收入的有效税率都是100%，从而没有了工作的激励。当一名福利领取者赚到更多收入时，福利、医疗援助、食品券和劳动所得税抵免都减少了。这不鼓励工作，并会引起一种"贫困文化"。这就是说，福利领取者失去了他们的工作技能，他们的孩子也不知道工作的好处，导致数代家庭依赖政府。如果随着收入增加，福利逐渐减少，那么对工作的激励就不会下降得这么大。但是，这增加了反贫困的成本，因为超过贫困线的家庭将得到一些福利。

这种反贫困计划引起的工作激励下降可以通过劳动福利计划——要求任何一个领取福利的人接受政府提供的工作的计划——来减少。另一种可能性是限制一个人可以获得福利的年数。1996年的福利改革法案采用了这种方法，把一个人一生中获得福利的年数限制在5年。

### 4. 结论

衡量不平等是困难的，衡量的方式也不一而足。如果我们选择对不平等做点什么，我们就应该记住，平等和效率之间存在权衡取舍。这就是说，如果蛋糕分得更平等一点，蛋糕就会更小一点。

## 20.1.2 有益的提示

（1）贫困的人更有可能经历无家可归、毒品依赖、家庭暴力、健康问题、青少年怀孕、文盲、失业和低水平教育，而且他们更可能犯罪或成为犯罪的牺牲品。但是要注意，尽管贫困与这些社会弊病相关是显而易见的，但是是贫困引起这些社会弊病还是这些社会弊病引起贫困并不是显而易见的。这就是说，毒品依赖、健康问题、年轻人未婚怀孕、文盲等问题，可能既是贫困的原因，也是贫困的结果。

（2）一个人的现期年收入不同于他一生的平均收入会有各种原因。个人的收入取决于他是青年、中年还是老年，以及他在某一年生产率是高还是低。由于人们可以借入和贷出，生活水平比收入稳定，因此，收入分配的标准衡量指标会夸大经济不平等程度。

（3）有人认为，一些人偏好政府提供实物转移支付而不是现金转移支付给穷人的原因是，实物转移支付引起更少的欺诈。这是因为，人们通常没有通过填假申请单以获得自己并不需要的医疗补贴的激励，但通过填假申请单以获得现金的激励是非常大的。

## 20.1.3 术语与定义

为每个关键术语选择一个定义。

| 关键术语 | 定　义 |
| --- | --- |
| ＿＿＿＿贫困率 | 1. 衡量幸福或满足程度的指标 |
| ＿＿＿＿贫困线 | 2. 一个人的正常收入 |
| ＿＿＿＿实物转移支付 | 3. 补贴贫困者收入的政府计划 |
| ＿＿＿＿生命周期 | 4. 以物品和服务而不是以现金形式给予穷人的转移支付 |
| ＿＿＿＿持久收入 | 5. 一种政治哲学，根据这种政治哲学，政府应该选择使社会上所有人总效用最大化的政策 |
| ＿＿＿＿功利主义 | 6. 家庭收入低于一个称为贫困线的绝对水平的人口所占的百分比 |
| ＿＿＿＿效用 | 7. 向高收入家庭征税并给低收入家庭补贴的税制 |
| ＿＿＿＿自由主义 | 8. 一种政治哲学，根据这种政治哲学，政府应该选择被认为是公正的政策，这种公正要由一位在"无知之幕"背后的无偏见观察者来评价 |
| ＿＿＿＿最大最小准则 | 9. 一种政治哲学，根据这种政治哲学，政府应该惩罚犯罪并实行自愿的协议，但不应该进行收入再分配 |
| ＿＿＿＿社会保险 | 10. 由联邦政府根据每个家庭规模确定的一种收入绝对水平，低于这一水平的家庭被认为处于贫困状态 |
| ＿＿＿＿自由至上主义 | 11. 一种主张，认为政府的目标应该是使社会上状况最差的人的福利最大化 |
| ＿＿＿＿福利 | 12. 在人的一生中有规律的收入变动模式 |

_____ 负所得税    13. 旨在保护人们规避负面事件风险的政府政策

## 20.2 应用题与简答题

### 20.2.1 应用题

1. 用你教科书中本章的表20-2回答有关美国收入不平等的问题。
    a. 在你能得到的最近一年的资料中,收入分配中最低的1/5人群赚到了收入的百分之几?收入分配中最高的1/5人群赚到了收入的百分之几?大体上说,收入最低的1/5人群和收入最高的1/5人群赚到的收入之间存在什么关系?
    b. 在过去80年间,收入分配中最低的1/5人群赚到的收入百分比在哪个范围之间?最高的1/5人群赚到的收入百分比在哪个范围之间?描述过去80年各个群体的趋势。对你所描述的趋势给出一些解释。
    c. 举出教科书中表20-2所示的收入分配衡量指标可能并不能真正衡量某人维持某种生活水平能力的三个原因。因此,标准的收入分配衡量指标可能会夸大还是低估生活水平的真实分布?解释之。
    d. 什么是持久收入?为什么在衡量收入分配时我们希望用持久收入?如果我们在衡量收入分配时用持久收入而不用现期年收入,这种趋势夸大还是低估了生活水平的真实分布?解释之。(提示:如果你是全日制学生,为了使你一生的消费平稳,你能想借多少钱就借多少钱吗?)

2. Susan赚的钱是Joe的五倍。
    a. 在这种情况下,功利主义、自由主义和自由至上主义的政治哲学会建议做什么?解释之。
    b. 比较每种建议的再分配程度。

3. 假设政府必须在两种反贫困计划中做出选择。每个计划都保证每个家庭至少有15 000美元收入。一种计划建立了一种负所得税:税收=(收入×0.5)–15 000美元。另一种计划是政府保证每个家庭至少有15 000美元用于支出,而且,如果家庭收入不足,政府将简单地补足差额。
    a. 用以上描述的负所得税计划填写下表:

    | 赚到的收入(美元) | 缴纳的税(美元) | 税后收入(美元) |
    |---|---|---|
    | 0 | ___ | ___ |
    | 5 000 | ___ | ___ |
    | 10 000 | ___ | ___ |
    | 20 000 | ___ | ___ |
    | 30 000 | ___ | ___ |
    | 40 000 | ___ | ___ |

    b. 既没有得到补贴也没有缴纳任何税的家庭的收入是多少?(这就是说,家庭有多少收入就不再得到补贴?)

c. 在政府简单地保证每个家庭最少有15 000美元收入的第二种计划之下,家庭不再得到补贴的收入水平是多少?解释之。

d. 政府为哪一个计划支出更多?解释之。

e. 假设一个每年只有5 000美元收入的贫困家庭决定种菜并在市里的"农民市场"上出售物品。假设这个家庭每年出售物品可增加5 000美元收入。在两种计划下,这个家庭最后的收入分别是多少?在每种计划下,对家庭所赚的5 000美元的有效税率是多少?哪一种计划有助于提高穷人的工作道德?哪一种计划不鼓励工作?解释之。

### 20.2.2 简答题

1. 与其他国家的收入分配状况相比,美国的收入分配状况如何?解释之。
2. 贫困对所有人口群体的影响都相同吗?解释之。
3. 如果贫困率是15%,这意味着约有15%的人一生都生活在贫困中吗?解释之。
4. 教科书讨论的三种政治哲学中,哪一种与其他两种差别最大?为什么?每个思想流派对收入再分配有什么建议?
5. 为什么功利主义和自由主义政治哲学都不主张所有人的收入应该完全平等?
6. 假设存在最低工资。在以下哪一个条件下,非熟练工人的就业减少最大:在劳动需求较为缺乏弹性时,还是劳动需求较为富有弹性时?为什么?在长期中劳动需求可能富有弹性还是缺乏弹性?为什么?
7. 福利计划如何恶化了它们本打算克服的问题?
8. 实物转移支付的例子有哪些?为什么一些人对政府向需要者提供现金转移支付的偏好大于实物转移支付?

## 20.3 自我测试题

### 20.3.1 判断正误题

_____ 1. 在美国,收入分配中最高1/5的家庭的收入是最低1/5家庭收入的13倍以上。

_____ 2. 美国的收入分配差距在1935—1970年扩大了,但从1970年开始又缩小了。

_____ 3. 贫困线确定为提供充足食物费用的大致三倍左右。

_____ 4. 美国的收入分配比日本更平等。

_____ 5. 儿童比普通人更可能处于贫困中,而老年人比普通人更不可能处于贫困中。

_____ 6. 由于存在对穷人的实物转移支付以及人们的收入在各年和一生中不同,标准的收入分配衡量指标扩大了生活水平的不平等程度。

_____ 7. 由于有约15%的家庭生活在贫困线之下,因此可以认为约有15%的家庭一生都生活在贫困中。

_____ 8. 功利主义和自由主义的政治哲学都主张,所有人的收入应该平等。

_____ 9. 自由至上主义者对平等机会的关注大于对平等结果的关注。

_____ 10. 罗伯特·诺齐克认为,如果社会选择了"无知之幕"背后的人所决定的收入再分配计划,那么就会达到经济公正,而且他认为这套规则应该是最大最小准则。

_____ 11. 如果劳动需求相对缺乏弹性,那么最低工资提高将使非熟练工人的失业增加较少。

_____ 12. 与贫困家庭临时援助和补充性保障收入这类福利计划相比,负所得税对政府的成本更高,但对穷人的工作会提供更大激励。

_____ 13. 贫困家庭临时援助的批评者认为,由于这个计划的领取资格要求家庭中没有父亲,因此,该计划鼓励家庭破裂。

_____ 14. 政府提供实物转移支付比现金支付更有效率。

_____ 15. 如果用持久收入而不是现期年收入衡量收入分配,那么收入分配差距看起来会更大。

## 20.3.2 单项选择题

1. 在美国,收入分配中最高的 5% 家庭赚到的收入_____。
   a. 比最穷的 40% 家庭还多
   b. 是收入分配中最低 1/5 家庭的 13 倍左右
   c. 与收入分配中最低 1/5 家庭同样多
   d. 是所有收入的 50% 左右

2. 贫困线确定为_____。
   a. 一辆新车价格的 2 倍
   b. 平均租金值的 5 倍
   c. 提供充足食物费用的 3 倍
   d. 平均家庭收入的 1/3

3. 与其他国家相比,美国的收入分配_____。
   a. 比大多数国家更不公平一点
   b. 比大多数国家更公平一点
   c. 最平等
   d. 最不平等

4. 以下哪一种说法不是 1970 年以来美国收入分配差距略有扩大的解释?
   a. 技术进步减少了对非熟练劳动的需求,并增加了对熟练劳动的需求,这引起他们工资差距的扩大。
   b. 国际贸易增加减少了对非熟练劳动的需求,并增加了对熟练劳动的需求,这引起他们工资差距的扩大。
   c. 对非熟练移民劳动的歧视增加减少了对非熟练劳动的需求,并引起了非熟练工人与熟练工人之间工资差距的扩大。

5. 在美国,收入分配中最高 1/5 赚到的收入大约_____。
   a. 与最低 1/5 赚到的相同
   b. 为最低 1/5 赚到的收入的 2 倍
   c. 为最低 1/5 赚到的收入的 5 倍
   d. 比最低 1/5 赚到的收入的 13 倍多一点
   e. 接近于最低 1/5 赚到的收入的 20 倍

6. 以下哪一种关于贫困率的说法不正确?
   a. 黑人和西班牙裔人生活在贫困中的可能性是白人的两倍以上。
   b. 儿童比普通人更可能生活在贫困中。
   c. 老年人比普通人更可能生活在贫困中。
   d. 以没有丈夫的女性为家长的家庭生活在贫困中的可能性是以已婚夫妇为家长的家庭的 5 倍。

7. 自1935年以来，美国的收入分配差距_____。
   a. 一直没变
   b. 1935—1970年略有缩小，然后从1970年至今略有扩大
   c. 1935—1970年略有扩大，然后从1970年至今略有缩小
   d. 缓慢扩大
   e. 缓慢缩小

8. 由于实物转移支付没有计算在标准的收入分配衡量指标中，因而标准的收入分配衡量指标_____。
   a. 夸大了生活水平的不平等
   b. 低估了生活水平的不平等
   c. 准确代表了生活水平的真实不平等
   d. 可能夸大也可能低估了生活水平的不平等，这取决于转移支付是物品还是服务

9. 持久收入是_____。
   a. 老年人和丧失劳动能力的人的社会保障收入
   b. 等于最低工资
   c. 一个人的正常或平均收入
   d. 由工会或其他劳动合同固定的工资
   e. 以上各项都不对

10. 由于人们的收入随生命周期在变动，而且存在对人们收入的临时冲击，因而标准的收入分配衡量指标_____。
    a. 夸大了生活水平的不平等
    b. 低估了生活水平的不平等
    c. 准确代表了生活水平的真实不平等
    d. 可能夸大也可能低估生活水平的不平等，这取决于临时冲击是正的还是负的

11. 如果人们可以通过借入或贷出而使一生的生活水平平稳，那么_____。
    a. 现期年收入就是生活水平分布的较好衡量指标。
    b. 持久收入是生活水平分布的较好衡量指标。
    c. 暂时收入是生活水平分布的较好衡量指标。
    d. 生命周期收入是生活水平分布的较好衡量指标。
    e. 以上各项都不对

12. Jill赚的收入比Bob多，而且她公正而诚实地得到了收入。以下哪一种哲学反对从Jill向Bob的收入再分配？
    a. 功利主义。
    b. 自由主义。
    c. 自由至上主义。
    d. 以上各项都对。
    e. 以上各项都不对。

13. 罗尔斯正义论建议的最大最小准则认为，政府的目标应该是_____。
    a. 使富人和穷人之间的差别最小
    b. 使社会总效用最大
    c. 使社会状况最好的人的福利最小
    d. 使社会状况最坏的人的福利最大
    e. 通过使政府对私人决策的干预最小来使经济自由最大

14. 从政治哲学主张的收入再分配最大到收入再分配最小，给功利主义、自由主义和自由至上主义排序：_____。
    a. 功利主义，自由主义，自由至上主义
    b. 自由至上主义，自由主义，功利主义
    c. 自由主义，自由至上主义，功利主义
    d. 自由主义，功利主义，自由至上主义

e. 所有这三种政治哲学都支持相似程度的收入再分配

15. 功利主义建议,政府应该选择以下哪一种使社会所有成员总效用最大的政策?
    a. 允许每个人不受政府干预地使自己的效用最大化。
    b. 把富人的收入再分配给穷人,由于收入的边际效用递减,从富人拿走 1 美元减少的效用小于给穷人 1 美元增加的效用。
    c. 把富人的收入再分配给穷人,因为这会使社会上状况最坏的人福利最大。
    d. 把富人的收入再分配给穷人,因为这是在"无知之幕"后面的社会成员所选择的。

16. 以下哪一种政策与劳动所得税抵免关系最密切?
    a. 最低工资法。
    b. 福利。
    c. 负所得税。
    d. 实物转移支付。

17. 最低工资提高将引起以下哪一种人的失业增加较多?
    a. 劳动需求较富有弹性时的非熟练工人。
    b. 劳动需求较缺乏弹性时的非熟练工人。
    c. 劳动需求较富有弹性时的熟练工人。
    d. 劳动需求较缺乏弹性时的熟练工人。

18. 现在的反贫困计划不鼓励工作是因为_____。
    a. 它们使领取者比大多数中产阶级美国人更舒服
    b. 当领取者多赚到收入时,福利减少的比率如此之高,以致一旦领取福利就没有什么工作激励
    c. 反贫困计划一开始就吸引了天生的懒人
    d. 为了有领取资格,领取者不能有工作

19. 负所得税最大的优点是它_____。
    a. 减少了政府反贫困的成本
    b. 使工作激励减少的程度小于大多数可供选择的反贫困计划
    c. 不向懒人提供福利
    d. 保证穷人实际上得到了政府认为他们所需要的
    e. 以上各项都对

20. 贫困家庭临时援助_____。
    a. 消除了美国的贫困
    b. 几乎没有对工作的不利激励,因为随着领取者工作收入的增加,福利非常缓慢地减少
    c. 很可能引起家庭破裂,因为单身母亲要领取福利,家庭中就不能有父亲
    d. 向单身母亲及其子女提供营养补充援助计划和医疗援助之类的实物转移支付
    e. 以上各项都对

## 20.4 进阶思考题

假设一位朋友向你提起他的评论:"我认为福利领取者就纯粹是懒惰的败家子。我有一位领取贫困家庭临时援助的朋友,当别人给她介绍兼职工作时,她都拒绝了。"

1. 如果福利领取者增加了自己的收入,那么他们的福利会发生什么变动?
2. 如果他们每增加 1 美元收入就要失去 1 美元福利,那么他们增加的收入的有效税率是多少?

3. 这种制度如何影响福利领取者的工作激励？如果福利领取者拒绝做兼职,他们就一定是懒惰的吗？

# 习 题 答 案

## 20.1.3 术语与定义

| | | | |
|---|---|---|---|
| 6 | 贫困率 | 8 | 自由主义 |
| 10 | 贫困线 | 11 | 最大最小准则 |
| 4 | 实物转移支付 | 13 | 社会保险 |
| 12 | 生命周期 | 9 | 自由至上主义 |
| 2 | 持久收入 | 3 | 福利 |
| 5 | 功利主义 | 7 | 负所得税 |
| 1 | 效用 | | |

## 20.2.1 应用题

1. a. 最低的 1/5 赚 3.6%。最高的 1/5 赚 48.9%。最高的 1/5 赚到的收入是最低的 1/5 的 13 倍。

    b. 最低的 1/5 的范围是 3.6%—5.4%。最高的 1/5 的范围是 40.9%—51.7%。对于最低的 1/5,他们的收入份额增加到 1970 年,此后就减少了。对于最高的 1/5,他们的收入份额减少到 1970 年,以后就增加了。自 1970 年以来,国际贸易的增加和技术进步减少了对非熟练劳动的需求,并增加了对熟练劳动的需求,这就提高了已经是高收入的工人的相对工资。

    c. 原因:实物转移支付没有包括在内,没有认识到经济的生命周期,也没有认识到暂时收入与持久收入。所有这三个问题都表明,标准衡量指标扩大了经济不平等,因为穷人以物品和服务的形式得到了转移支付,并可以通过借入与贷出来平稳收入的变动。

    d. 持久收入是一个人正常的或平均的收入。用这种收入可以消除生命周期的影响和暂时收入的影响,这些影响使得一个人某一年的收入并不代表其真实的生活水平。这也许会低估生活水平的真实分布,因为在现实中,我们不能在年轻时或坏年头时通过借贷来完全使生活水平平稳。

2. a. 功利主义:因为随着收入增加存在收入的边际效用递减,所以如果我们把 Susan 的收入再分配给 Joe,那么对 Susan 的伤害小于对 Joe 的帮助。因此,为了使总效用最大化,应该把 Susan 的收入再分配给 Joe。自由主义:Susan 和 Joe 都会同意,如果他们并不了解自己的生活状况,他们都会选择在自己可能处于收入分配最底层时用最大化制度来从社会的角度互相保险。因此,把 Susan 的收入再分配给 Joe。自由至上主义:由于平等的机会比平等的收入更重要,如果每个人都公正而诚实地得到收入,那么就不需要再分配。

    b. 再分配程度从最小到最大的顺序是:自由至上主义、功利主义、自由主义。

3. a.

| 赚到的收入（美元） | 缴纳的税收（美元） | 税后收入（美元） |
|---|---|---|
| 0 | -15 000 | 15 000 |
| 5 000 | -12 500 | 17 500 |
| 10 000 | -10 000 | 20 000 |
| 20 000 | -5 000 | 25 000 |
| 30 000 | 0 | 30 000 |
| 40 000 | 5 000 | 35 000 |

b. 30 000 美元。

c. 15 000 美元。政府简单地保证每个家庭有 15 000 美元的收入，因此，一旦家庭达到这个水平，它就得不到补贴。

d. 负所得税，因为在这种税收计划之下，政府将继续补贴收入在 15 000—30 000 美元这个范围内的家庭。

e. 如果是负所得税，最后的收入 = 10 000 美元赚到的收入 + 10 000 美元补贴 = 20 000 美元。如果保证 15 000 美元，最后的收入 = 10 000 美元 + 5 000 美元补贴 = 15 000 美元。如果是负所得税，税率等于 0.5，因为当收入增加 5 000 美元时，最后的收入增加 2 500 美元，或者 2 500 美元/5 000 美元 = 0.5。如果保证 15 000 美元，税率等于 100%，因为当收入增加 5 000 美元时，最后的收入仍然是 15 000 美元，因为福利减少 5 000 美元，或者 5 000 美元/5 000 美元 = 100%。15 000 美元的保证不鼓励工作，因为当收入在 0—15 000 美元的范围内时，工作并没有什么好处。

### 20.2.2 简答题

1. 美国的收入分配状况比平均水平稍不平等一些，美国的收入平等程度要低于大多数发达国家，但高于大多数发展中国家。

2. 不相同。就种族而言，黑人和西班牙裔人更可能生活在贫困中；就年龄而言，年轻人比普通人更可能生活在贫困中，而老年人比普通人更不可能生活在贫困中；就家庭构成而言，以女性为家长的家庭更可能生活在贫困中。

3. 不对。人们逐年的收入会有很大变动，在其生命周期的不同阶段收入也会有很大变动。在一个家庭内，从一代人到另一代人也有变动。因此，比例比 15% 高得多的人在其生命的一小段时间生活在贫困中，而只有少数人一生中大部分时间生活在贫困中。

4. 自由至上主义不同于功利主义和自由主义，是因为自由至上主义认为，只是个人赚到收入，而不是社会赚到收入，因此，如果收入分配是在公正竞争的环境中引起的，那么就没有一个社会计划者有权改变收入分配。功利主义再分配收入是因为收入的边际效用递减，而自由主义再分配收入是因为社会保险的最大最小准则。

5. 因为他们认识到税收不鼓励工作，所以过多的再分配会引起蛋糕变得如此之小，以致穷人和富人都受损失。

6. 当劳动需求较富有弹性时，工资上升引起劳动需求大幅度减少。在长期中较富有弹性，因为企业有时间根据工资的上升调整生产。

7. 福利计划会引起家庭破裂和未婚生子。它们不鼓励劳动。孩子们看不到工作的好处，并且数代人都依赖政府。
8. 营养补充援助计划和医疗援助。一些人认为，实物转移支付是无效率的，因为政府并不知道穷人最需要什么，而且他们认为实物转移支付是对穷人的不尊重。

### 20.3.1 判断正误题

1. 正确。
2. 错误；1935—1970 年缩小了，以后又扩大了。
3. 正确。
4. 错误；日本的收入分配比美国更平等。
5. 正确。
6. 正确。
7. 错误；由于收入的逐年变动和收入在生命周期中的变动，只有 3% 的家庭在 10 年中有 8 年在贫困线之下。
8. 错误；各思想流派都认识到收入完全平等会不鼓励工作，并且税制会引起总产量减少。完全平等使富人和穷人的状况都变坏了。
9. 正确。
10. 错误；这种观点是约翰·罗尔斯提出的。
11. 正确。
12. 正确。
13. 正确。
14. 错误；提供现金转移支付更有效率，但领取者可能会把它用在纳税人不赞成的事情上。
15. 错误；收入分配差距看起来会缩小。

### 20.3.2 单项选择题

1. a  2. c  3. a  4. c  5. d  6. c  7. b  8. a  9. c  10. a
11. b  12. c  13. d  14. d  15. b  16. c  17. a  18. b  19. b  20. c

### 20.4 进阶思考题

1. 他们的福利会以很高的比率减少。
2. 增加收入的有效税率将是 100%。
3. 一旦个人享受福利，就很少或几乎没有工作的激励。福利领取者拒绝做兼职而仍然享受福利不一定就是懒惰的。如果一个人每赚到 1 美元，他就失去 1 美元福利，那么仍然享受福利就是理性的。

# 第 7 篇　深入研究的论题

# 第 21 章
# 消费者选择理论

## 目　标

**在本章中你将**

- 理解预算约束线如何代表消费者可以承受的选择
- 学习如何用无差异曲线来表示消费者的偏好
- 分析消费者的最优选择是如何决定的
- 理解消费者如何对收入变动和价格变动做出反应
- 把价格变动的影响分解为收入效应和替代效应
- 把消费者选择理论运用于有关家庭行为的三个问题

## 效　果

**在实现这些目标之后，你应该能**

- 如果给你收入值和物品价格，在一个图上画出预算约束线
- 解释为什么如果认为两种物品是"好的"物品，那么无差异曲线必定向右下方倾斜
- 解释在消费者做出最优选择时两种物品的相对价格及其边际替代率之间的关系
- 当一种物品价格上升时移动预算约束线
- 在一个图上用无差异曲线和预算约束线来说明收入效应和替代效应
- 说明为什么一个人的劳动供给曲线可能会向后倾斜

## 21.1 本章概述

### 21.1.1 本章复习

第21章提出了一种描述消费者如何做出购买决策的理论。到目前为止,我们用需求曲线来总结这些决策。现在我们考察构成需求曲线基础的消费者选择理论。在提出这一理论之后,我们将其运用于以下问题:

- 所有的需求曲线都向右下方倾斜吗?
- 工资如何影响劳动供给?
- 利率如何影响家庭储蓄?

**1. 预算约束:消费者能买得起什么**

**预算约束线**是对消费者可以支付得起(消费者收入和消费者希望购买的物品价格既定)的消费组合的限制。在用两个轴分别代表一种消费品的图形上,预算约束线是一条在每种商品价格和消费者收入为既定时把可以购买的每种商品的最大量连接起来的直线。例如,如果一个消费者有1 000美元收入,百事可乐的价格是每品脱2美元,那么他能购买的百事可乐的最大量是1 000/2 = 500品脱。如果比萨饼的价格是10美元,那么能购买的比萨饼的最大数量是1 000/10 = 100个。

预算约束线的斜率是两种物品的相对价格。在这个例子中,由于每个比萨饼的花费是每品脱百事可乐花费的5倍,消费者可以用1个比萨饼换5品脱百事可乐。如果在纵轴上绘制百事可乐的数量,在横轴上绘制比萨饼的数量,预算约束线的斜率(向上量/向前量)就是5/1,这就等于比萨饼的价格除以百事可乐的价格,或者10美元/2美元 = 5。因为预算约束线总是向右下方倾斜,所以我们可以略去负号。

**2. 偏好:消费者想要什么**

消费者的偏好可以用无差异曲线来表示。如果两种商品组合同等程度地满足消费者的爱好,我们就说这两组商品对消费者而言是无差异的。从图形上看,**无差异曲线**是一条表示给消费者带来同样满足程度的消费组合的曲线。当在每条轴代表每种物品消费量的图形上画图时,无差异曲线应该向右下方倾斜。因为如果减少一种物品的消费,为了使消费者同样满足,就必须增加另一种物品的消费。无差异曲线上任何一点的斜率被称为**边际替代率**(MRS)。MRS是在保持满足程度不变时,消费者愿意用一种物品交换另一种物品的比率。

无差异曲线有四个特征:

- 消费者对较高(离原点较远)无差异曲线的偏好大于较低的无差异曲线,因为消费者通常偏好消费更多而不是更少的商品。
- 无差异曲线向右下方倾斜,因为消费者为了得到同样的满足,一种物品的消费减少,另一种物品的消费就必定增加。
- 无差异曲线不相交,因为相交就意味着消费者的偏好是矛盾的。
- 无差异曲线凸向原点,因为如果消费者有大量想交换出去的物品,他们就愿意用较大量的这种物品去交换另一种物品,而如果他们只有少量想交换出去的物品,他们就只愿意用较少量的这种物品去交换另一种物品。

当两种物品容易相互替代时,无差异曲线呈现较小的凸性。当两种物品难以相互替代时,无差异曲线呈现较大的凸性。两种极端情况证明了这一点:
- **完全替代品**:无差异曲线为直线的两种物品。完全替代品的例子是 5 美分和 10 美分硬币——两个 5 美分换一个 10 美分。
- **完全互补品**:无差异曲线为直角形的两种物品。完全互补的例子是右脚鞋和左脚鞋——增加的鞋如果配不成一双就没有增加满足程度。

### 3. 最优化:消费者选择什么

当我们把预算约束线和消费者无差异曲线结合在一起时,就能决定消费者将购买的每种商品的数量。消费者要努力在预算约束线上达到最高的无差异曲线。无差异曲线与预算约束线相切的一点决定了每种物品最优的购买量。在最优时,无差异曲线与预算约束线相切,而且无差异曲线与预算约束线的斜率相等。因此,消费者选择的两种物品的消费量要使边际替代率(无差异曲线的斜率)等于两种物品的相对价格(预算约束线的斜率)。在最优时,消费者愿意进行的物品之间的权衡取舍(无差异曲线的斜率)等于市场愿意进行的物品之间的权衡取舍(预算约束线的斜率)。

另一种描述偏好和最优化的方法是用效用的概念。效用是对消费者从一组物品中得到的幸福或满足程度的抽象衡量。因此,无差异曲线实际上是"等效用"曲线。一种物品的边际效用是消费者从多消费一单位该物品中得到的效用增加。随着任何一种物品消费的增加,物品表现出边际效用递减。由于边际替代率(无差异曲线的斜率)是消费者愿意进行的两种物品之间的权衡取舍,它也必定等于一种物品的边际效用除以另一种物品的边际效用。因此,在最优时,对于 X 和 Y 两种物品:

$$MRS = P_X/P_Y = MU_X/MU_Y \text{ 或 } MU_X/P_X = MU_Y/P_Y$$

在最优时,用于 X 的 1 美元的边际效用必定等于用于 Y 的 1 美元的边际效用。同样,也可以说,在最优时,无差异曲线与预算约束线相切。

假设消费者的收入增加了。由于消费者可以消费更多的两种物品,而且由于两种物品的相对价格仍然不变,因此,收入增加使预算约束线平行向外移动。消费者现在可以在一条更高的无差异曲线上达到新的最优。最常见的情况是消费者将选择消费更多的两种物品。因此,**正常物品**是收入增加引起需求量增加的物品。而**低档物品**是收入增加引起需求量减少的物品。乘公共汽车就是一种低档物品。

假设一种物品的价格下降。如果消费者把他所有的收入都用于购买价格下降的物品,那么消费者就可以购买更多的该种物品。如果消费者把他所有的收入都用于购买价格不变的物品,那么他能购买的最大量没变。这引起预算约束线向外旋转。这就是说,预算约束线只在价格下降的物品的轴上向外移动。消费者现在可以在更高的无差异曲线上达到新的最优。

一种物品价格变动的影响可以分解为两种效应:收入效应和替代效应。**收入效应**是价格变动引起的使消费者移动到更高或更低的无差异曲线上的消费变动。**替代效应**是价格变动引起的使消费者沿着一条既定的无差异曲线移动到有新边际替代率的一点上的消费变动。从图形上看,替代效应是相对价格变动引起的消费变动,它使预算约束线沿着一条既定的无差异曲线旋转;收入效应是预算约束线平行移动到新的无差异曲线上的新的最优点所引起的消费变动。

需求曲线可以从消费者预算约束线和无差异曲线得出的消费者最优决策中推导出。收入效应和替代效应的结合表明了一种物品价格变动引起的需求量的总变动。当把这些值画在价格—数量图上时,这些点就形成了消费者的需求曲线。

### 4. 三种应用

- 所有的需求曲线都向右下方倾斜吗？从理论上说,需求曲线有时可以向右上方倾斜。如果一种低档物品的价格上升,收入效应大于替代效应(这种物品具有很强的低档性),那么,这种物品的价格上升就将引起需求量增加。**吉芬物品**是价格上升引起需求量增加的物品。吉芬物品非常稀少。有证据表明,在中国,大米可能是一种吉芬物品。

- 工资如何影响劳动供给？消费者选择理论可以运用于工作(为了支付消费品)和闲暇之间的分配决策。在这种情况下,两种物品是消费和闲暇。闲暇的最大量是可以得到的时间数,消费的最大量是可以得到的时间数乘以工资。个人的无差异曲线决定了闲暇和消费的最优量。假设工资上升,替代效应引起更多消费和更少闲暇(更多工作)。但是,如果闲暇和消费都是正常物品,收入效应表明,个人将希望更多的消费和闲暇(更少工作)。如果替代效应大于收入效应,工资增加引起劳动供给量增加,而且劳动供给曲线向右上方倾斜。如果收入效应大于替代效应,工资增加引起劳动供给量减少,而且劳动供给曲线向后倾斜。工作周缩短的证据表明收入效应极为强劲。而且,当按长期衡量时,劳动供给曲线向后弯曲。彩票中奖者和得到大量遗产的人的行为证据表明在高收入水平时,劳动供给曲线向后倾斜。

- 利率如何影响家庭储蓄？消费者选择理论可以用于今天消费多少以及为明天储蓄多少的决策。在这种情况下,我们用横轴代表年轻时的消费,用纵轴代表年老时的消费。一个人可以在年轻时消费完所有收入,并在年老时没有消费;或者在年轻时不消费,把所有的收入储蓄起来,赚储蓄的利息并在年老时多消费。一个人的偏好决定了每个时期的最优消费量。如果利率上升,预算约束线就变得陡峭,因为年老时最大可能的消费量增加了。当利率上升时,替代效应表明,消费者应该增加年老时的消费,并减少年轻时的消费(多储蓄),因为年老时消费变得较为廉价了。但是,如果两个时期的消费都是正常物品,收入效应表明,个人应该在两个时期都多消费(少储蓄)。如果替代效应大于收入效应,利率上升引起个人多储蓄。如果收入效应大于替代效应,利率上升引起个人少储蓄。关于这个问题的证据多种多样,因此,在对利息征税的公共政策方面,并没有确切的建议。

### 5. 结论:人们真的这样想吗

虽然消费者并不会以消费者选择理论提出的方式做决策,但消费者选择模型描述了使经济分析成为可能的过程。这种理论可以应用于许多方面。

### 21.1.2 有益的提示

(1) 我们已经注意到,预算约束线的斜率等于图中所表示的两种物品的相对价格。但是,哪一个价格应该作为斜率的分子,哪一个价格应该作为斜率的分母？我们应该把横轴表示的物品的价格作为斜率的分子,把纵轴表示的物品的价格作为斜率的分母。例如,如果用横轴表示爆米花的量,纵轴表示糖果棒的量,而且,如果每袋爆米花的价格是2美元,而一个糖果棒的价格是1美元,那么,2个糖果棒就可以换1袋爆米花。预算约束线的斜率是2美元/1美元,或者2。(再说一次,预算约束线的斜率总是负的,因此我们通常略去负号。)

(2) 把个人的偏好描绘在图形中就会有一组无限的无差异曲线。每条无差异曲线把商品空间分为三个区域——比无差异曲线更好的点(无差异曲线以外的点或离原点远的点);比无差异曲线更坏的点(无差异曲线以内的点或离原点近的点);或者与无差异曲线同样满足的点(无差异曲线上的点)。尽管有无限的无差异曲线束,但习惯上,在图上只表示与预算约束线相切的无差异曲线,而且只有这些无差异曲线决定最优。

(3) 无差异曲线的斜率是边际替代率。边际替代率是一种物品的边际效用与另一种物品的边际效用之比。预算约束线的斜率等于两种物品的相对价格。因为在最优时,无差异曲线与预算约束线相切,因此可以得出,在最优时两种物品的相对价格等于它们的相对边际效用。因此,在最优时,消费者从增加1美元的一种物品中得到的效用增加和从增加价值1美元的另一种物品中得到的效用增加相同。这就是说,在最优时,消费者不能通过把支出从一种物品转向另一种物品来增加总满足程度。

### 21.1.3　术语与定义

为每个关键术语选择一个定义。

| 关键术语 | 定　义 |
|---|---|
| _____预算约束线 | 1. 当价格的某种变动使消费者移动到更高或更低无差异曲线时所引起的消费变动 |
| _____无差异曲线 | 2. 消费者愿意用一种物品交换另一种物品的比率 |
| _____边际替代率 | 3. 对消费者可以支付得起的消费组合的限制 |
| _____完全替代品 | 4. 收入增加引起需求量增加的物品 |
| _____完全互补品 | 5. 价格上升引起需求量增加的物品 |
| _____正常物品 | 6. 无差异曲线为直角形的两种物品 |
| _____低档物品 | 7. 一条表示给消费者带来同样满足程度的消费组合的曲线 |
| _____收入效应 | 8. 收入增加引起需求量减少的物品 |
| _____替代效应 | 9. 无差异曲线为直线的两种物品 |
| _____吉芬物品 | 10. 当价格的某种变动使消费者沿着一条既定的无差异曲线变动到有新边际替代率的一点时所引起的消费变动 |

## 21.2　应用题与简答题

### 21.2.1　应用题

1. 假设一个消费者只买两种物品——热狗和汉堡包。假设热狗的价格是1美元,汉堡包的价格是2美元,而且消费者的收入是20美元。

a. 在图 21-1 中画出消费者预算约束线。用纵轴表示热狗量,横轴表示汉堡包量。明确画出预算约束线上与汉堡包偶数量(0,2,4,6,…)相关的点。
b. 假设某个人选择消费 6 个汉堡包。他可以负担的最大热狗量是多少?在上图中画出一条无差异曲线,把这种物品组合作为最优。
c. 预算约束线的斜率是多少?在最优时,消费者无差异曲线的斜率是多少?在最优时,预算约束线的斜率和无差异曲线的斜率之间有什么关系?这种关系的经济学解释是什么?
d. 解释为什么预算约束线上的其他任何一点都必定不如最优点。

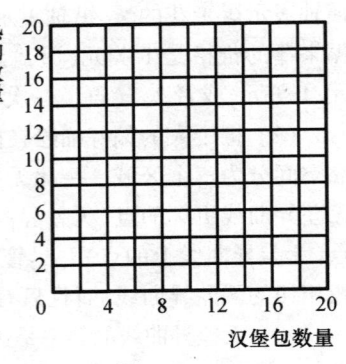

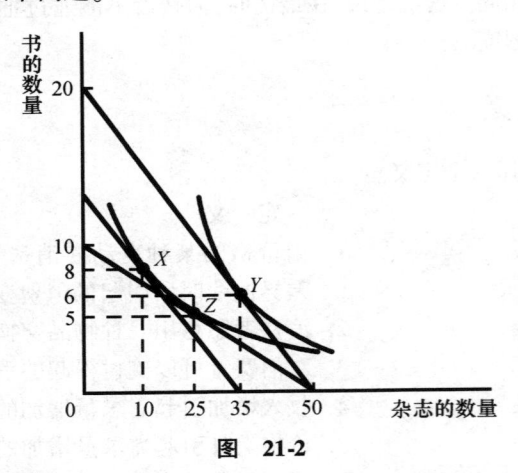

2. 用图 21-2 回答以下问题。

图 21-2

a. 假设一本杂志的价格是 2 美元,一本书的价格是 10 美元,而且消费者的收入是 100 美元。图上的哪一点代表消费者的最优——$X$、$Y$,还是 $Z$?个人选择消费的最优的书和杂志的数量是多少?
b. 假设书的价格下降到 5 美元。图中代表替代效应的两个最优点(按顺序)是什么?替代效应使书的消费发生什么变动?
c. 仍假设书的价格下降到 5 美元。图中代表收入效应的两个最优点(按顺序)是什么?收入效应使书的消费发生什么变动?对这个消费者而言,书是正常物品还是低档物品?解释之。
d. 对于这个消费者,当书的价格从 10 美元下降到 5 美元时,书的购买量的总变动量是多少?
e. 用该题提供的信息在图 21-3 中画出消费者对书的需求曲线。

## 21.2.2 简答题

1. 假设消费者可以得到两种物品——钢笔和铅笔。假设一支钢笔的价格是 2 美元,而一

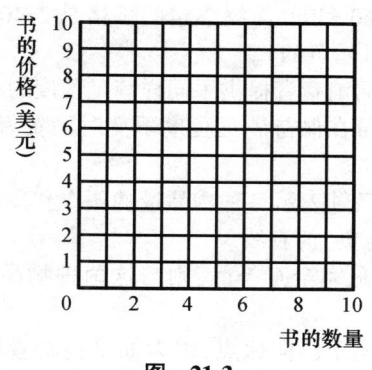

书的价格（美元）
10
9
8
7
6
5
4
3
2
1
0　2　4　6　8　10
书的数量

**图 21-3**

支铅笔的价格是 0.5 美元。如果我们用横轴表示钢笔的数量，用纵轴表示铅笔的数量，预算约束线的斜率是多少？为了回答这个问题，你需要了解消费者的收入吗？为什么？

2. 如果 X 轴、Y 轴都表示"好的"物品，无差异曲线是正斜率（向上倾斜）还是负斜率（向下倾斜）？为什么？如果我们用一个轴表示"好的"物品，用另一个轴表示"坏的"物品（例如污染），你认为无差异曲线的斜率是什么类型？为什么？

3. 为什么大多数无差异曲线凸向原点？

4. 考虑以下两对物品：
   - 学位帽和学位服。
   - 埃克森加油站的汽油和壳牌加油站的汽油。

   以上哪一对物品更可能接近完全替代品？哪一对物品更可能接近完全互补品？解释之。

5. 根据第 4 题，你预期每一对物品会产生什么形状的无差异曲线？直线还是直角形？如果两种物品的相对价格改变了，你将观察到哪一对物品有最大的替代效应？为什么？

6. 假设消费者可以得到两种物品——咖啡和茶。假设咖啡的价格在下降。如果咖啡是正常物品，替代效应和收入效应对咖啡的需求量有什么影响？解释之。如果咖啡是低档物品，替代效应和收入效应对咖啡的需求量有什么影响？解释之。

7. 假设你只能得到两种物品——苹果和橙子。假设苹果和橙子的价格翻了一番，你的收入也翻了一番。你选择消费的苹果和橙子数量会发生什么变动？解释之。（提示：预算约束线的斜率发生了什么变动？如果你把所有的收入用于一种物品或另一种物品，你能消费的苹果和橙子的最大量发生了什么变动？）

8. 一些人认为，储蓄利息的税率应该降低，因为这会增加储蓄的税后收益，增加储蓄供给量，并促进经济增长。我们能肯定储蓄利息的税率降低将增加储蓄量吗？解释之。

## 21.3　自我测试题

### 21.3.1　判断正误题

_____1. 我们用横轴表示炸薯条的数量，用纵轴表示汉堡包的数量。而且，如果炸薯条的价格是 0.60 美元,而汉堡包的价格是 2.40 美元,那么,预算约束线的斜率是 0.25(而且是负的)。

_____ 2. 预算约束线是向消费者提供了同样满足程度的一组商品组合。

_____ 3. 无差异曲线衡量在保持满足程度不变时消费者用一种物品交换另一种物品的意愿。

_____ 4. 当在一个用每条轴表示一种物品量的图上作图时,无差异曲线通常是向右下方倾斜(斜率为负)的直线。

_____ 5. 如果两种物品是完全互补品,则与这两种物品相关的无差异曲线在最优时相交。

_____ 6. 无差异曲线倾向于凸向原点,因为如果消费者拥有很多想换出去的物品,他们就愿意用大量的这种物品来交换另一种物品。

_____ 7. 在消费者的最优点,苹果与橙子的边际替代率等于橙子价格与苹果价格的比率。

_____ 8. 用一种物品替代另一种物品越困难,无差异曲线就越凸向原点。

_____ 9. 如果一种物品的价格下降,那么替代效应总会引起该物品的需求量增加。

_____ 10. 如果一种物品的价格下降,而且这种物品是正常物品,那么收入效应引起该物品需求量减少。

_____ 11. 如果一种物品的价格下降,而且这种物品是低档物品,那么收入效应引起该物品需求量减少。

_____ 12. 收入效应的衡量标准是价格变动使消费者沿着一条既定的无差异曲线向新边际替代率的一点移动时所引起的消费变动。

_____ 13. 利率上升总会引起储蓄量增加。

_____ 14. 吉芬物品是极端的低档物品。

_____ 15. 消费者选择理论可以被用于证明劳动供给曲线必定向右上方倾斜。

## 21.3.2 单项选择题

1. 对消费者可以支付得起的消费组合的限制被称为_____。
   a. 无差异曲线
   b. 边际替代率
   c. 预算约束线
   d. 消费限制

2. 以下哪一对物品的相对价格变动可能引起的替代效应最小?
   a. 7-Eleven 便利店的汽油和快客便利店的汽油。
   b. 右脚鞋和左脚鞋。
   c. 可口可乐和百事可乐。
   d. 百威淡啤酒和库尔斯淡啤酒。

3. 完全替代品的无差异曲线是_____。
   a. 直线
   b. 凹向原点
   c. 凸向原点
   d. 直角形
   e. 不存在的

4. 假设消费者必须在消费三明治和比萨饼之间做出选择。如果我们用横轴表示比萨饼数量,用纵轴表示三明治数量,而且如果比萨饼的价格是 10 美元,而三明治的价格是 5 美元,那么,预算约束线的斜率是_____。
   a. 5
   b. 10
   c. 2
   d. 0.5

5. 无差异曲线上任何一点的斜率称

为_____。
a. 权衡取舍率
b. 边际替代率
c. 边际权衡取舍率
d. 边际无差异率

6. 以下哪一种关于无差异曲线标准特征的说法是不正确的?
a. 无差异曲线向右下方倾斜。
b. 无差异曲线不相交。
c. 对较高无差异曲线的偏好大于较低的无差异曲线。
d. 无差异曲线向外凸出。

7. 消费者对任何两种物品的最优购买量是_____。
a. 在预算约束线不变时消费者达到最高无差异曲线的一点。
b. 消费者达到最高无差异曲线的一点。
c. 两条最高无差异曲线的交点。
d. 预算约束线与无差异曲线的交点。

8. 以下哪一种关于消费者最优消费组合的说法是正确的?在最优时,_____。
a. 无差异曲线与预算约束线相切
b. 无差异曲线的斜率等于预算约束线的斜率
c. 两种物品的相对价格等于边际替代率
d. 以上各项都对
e. 以上各项都不对

9. 假设我们用横轴表示 X 物品的量,用纵轴表示 Y 物品的量。如果无差异曲线凸向原点,当我们从有丰富的 X 物品变动到有丰富的 Y 物品时,Y 物品对 X 物品的边际替代率(无差异曲线的斜率)_____。
a. 上升
b. 下降
c. 保持相同
d. 可能上升或下降,这取决于两种

物品的相对价格

10. 如果消费者的收入增加引起消费者增加了对一种物品的需求量,那么这种物品是_____。
a. 低档物品
b. 正常物品
c. 替代品
d. 互补品

11. 如果消费者的收入增加引起消费者减少了对一种物品的需求量,那么这种物品是_____。
a. 低档物品
b. 正常物品
c. 替代品
d. 互补品

假设消费者必须在购买袜子和皮带之间做出选择。再假设消费者的收入是 100 美元。根据图 21-4 回答第 12—15 题。

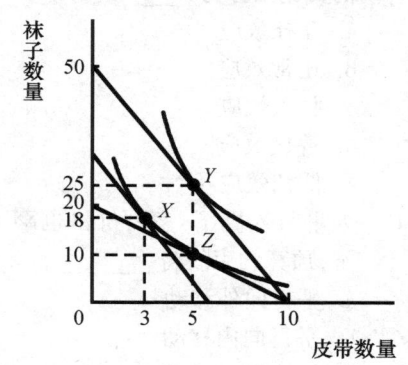

图 21-4

12. 如果一条皮带的价格是 10 美元,一双袜子的价格是 5 美元,消费者选择的商品组合由以下哪一点代表?
a. $X$
b. $Y$
c. $Z$
d. 根据这个图无法决定最优点。

13. 假设一双袜子的价格从 5 美元下降到 2 美元,从哪一点到哪一点的变动代表替代效应?
a. 从 $Y$ 到 $X$。

    b. 从 X 到 Y。
    c. 从 Z 到 X。
    d. 从 X 到 Z。
14. 假设一双袜子的价格从 5 美元下降到 2 美元，从哪一点到哪一点的变动代表收入效应？
    a. 从 Y 到 X。
    b. 从 X 到 Y。
    c. 从 Z 到 X。
    d. 从 X 到 Z。
15. 袜子是_____。
    a. 低档物品
    b. 正常物品
    c. 吉芬物品
    d. 以上都不对
16. 当一种价格变动使消费者沿着一条既定的无差异曲线变动时所引起的消费变动称为_____。
    a. 互补效应
    b. 正常效应
    c. 收入效应
    d. 替代效应
    e. 低档效应
17. 如果收入翻了一番，价格也翻了一番，预算约束线将_____。
    a. 平行向外移动
    b. 平行向内移动
    c. 保持不变
    d. 向内旋转

    e. 向外旋转
18. 如果闲暇是一种正常物品，工资增加_____。
    a. 总会增加劳动供给量
    b. 总会减少劳动供给量
    c. 如果收入效应大于替代效应，就增加劳动供给量
    d. 如果替代效应大于收入效应，就增加劳动供给量
19. 如果年轻时的消费和年老时的消费都是正常物品，利率上升_____。
    a. 总会增加储蓄量
    b. 总会减少储蓄量
    c. 如果替代效应大于收入效应，就增加储蓄量
    d. 如果收入效应大于替代效应，就增加储蓄量
20. 以下哪一种关于消费者最优化过程结果的说法是不正确的？
    a. 消费者在受预算约束线限制时达到其最高的无差异曲线。
    b. 支出于每种物品的每美元的边际效用相等。
    c. 消费者在其预算约束线的任意两点之间是无差别的。
    d. 物品之间的边际替代率等于物品之间价格的比率。
    e. 消费者的无差异曲线与其预算约束线相切。

## 21.4 进阶思考题

假设你有一个富裕的姑妈。你的姑妈去世了，并（有可能）留给你一大笔钱。当你读到遗嘱时，你发现她的几百万美元留给了一个"家庭激励信托"。当律师读遗嘱时，你发现你只有结了婚、有了孩子、和你的配偶在一起并抚养孩子，不吸毒不酗酒，而且你一直有一份全职工作，你才能得到这笔钱。（注意：家庭激励信托是真实的，而且已经非常普遍。）

1. 为什么你姑妈要求你一直有一份全职工作？
2. 人们在得到遗产之后的行为证据表明，你姑妈的担忧是有理由的，还是她只是一个即使在死后也要控制其亲属生活的控制狂？解释之。
3. 该例说明劳动供给曲线的形状是怎样的？解释之。

# 习 题 答 案

### 21.1.3 术语与定义

| | | | |
|---|---|---|---|
| __3__ | 预算约束线 | __4__ | 正常物品 |
| __7__ | 无差异曲线 | __8__ | 低档物品 |
| __2__ | 边际替代率 | __1__ | 收入效应 |
| __9__ | 完全替代品 | __10__ | 替代效应 |
| __6__ | 完全互补品 | __5__ | 吉芬物品 |

### 21.2.1 应用题

1. a. 参看图 21-5。

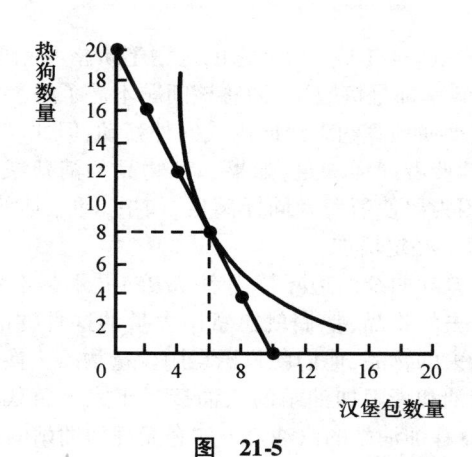

   图 21-5

   b. 8 个。无差异曲线参看图 21-5。

   c. 向上量对向前量 = 2/1。这也是汉堡包与热狗的价格比率，即 2 美元/1 美元 = 2。无差异曲线的斜率也是 2/1。（注意：所有这些斜率都是负的。）在最优时，无差异曲线与预算约束线相切，因此，它们的斜率相等。这样，个人愿意接受的物品间的权衡取舍（MRS）与市场要求的权衡取舍（预算约束线的斜率）相同。

   d. 由于所达到的最高无差异曲线与预算约束线相切，预算约束线上的其他任何一点必定有一条低于最优无差异曲线的无差异曲线通过，因此，这一点必定不如最优点。

2. a. Z 点，25 本书和 5 本杂志。

   b. 从 Z 点到 X 点。从 5 本书增加到 8 本书。

   c. 从 X 点到 Y 点。从 8 本书减少到 6 本书。书是低档物品，因为收入增加减少了书的需求量。

   d. 购买量从 5 本书增加到 6 本书。

   e. 参看图 21-6。

图 21-6

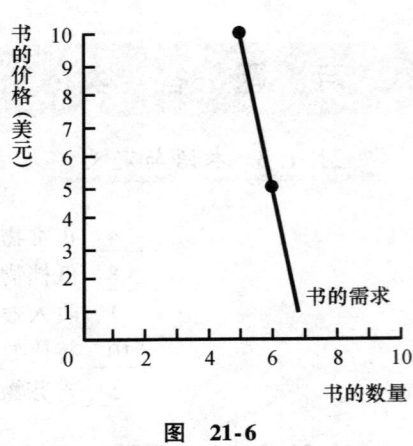

### 21.2.2 简答题

1. 斜率 = 向上量/向前量 = 4/1 或者 4。它也是钢笔价格与铅笔价格的比率，即 2 美元/0.5 美元 = 4（所有斜率都是负数）。回答该问题不需了解消费者的收入。收入必须是一个正数。收入变动使预算约束线向内或向外移动，但并没有改变其斜率。

2. 负斜率，因为要使消费者同样满足，如果一种物品的消费减少，另一种物品的消费必定增加。正斜率，因为要使消费者同样满足，如果一种"坏的"物品的消费增加，一种"好的"物品的消费也必定增加。

3. 因为沿着大多数无差异曲线的边际替代率（MRS）并不是不变的。如果消费者已经有丰富的他们要换出去的物品，他们就愿意用大量的这种物品换另一种物品。如果他们有很少的要换出去的物品，他们就只愿意用少量物品去换。

4. 埃克森加油站的汽油和壳牌加油站的汽油接近于完全替代品，因为边际替代率固定为 1——1 加仑埃克森加油站的汽油对 1 加仑壳牌加油站的汽油。学位帽和学位服接近于完全互补品，因为增加学位帽而不增加学位服或者增加学位服而不增加学位帽几乎没有或完全没有提供什么满足。

5. 埃克森加油站的汽油和壳牌加油站的汽油的无差异曲线接近于一条直线，而学位帽和学位服的无差异曲线接近于直角形。汽油相对价格的变动引起每个加油站汽油之间的最大替代，而学位帽和学位服相对价格的变动不能引起学位帽和学位服之间的替代。

6. 无论咖啡是正常物品还是低档物品，替代效应都将引起咖啡的需求量增加。如果咖啡是正常物品，收入效应将引起咖啡的需求量增加。如果咖啡是低档物品，收入效应将引起咖啡的需求量减少。

7. 没有影响，因为预算约束线的斜率没有变（相对价格相同，因此市场权衡取舍相同），而且，预算约束线的位置没有变（能购买的每种物品的最大量没有变，因此，预算约束线的端点仍然相同）。

8. 不能。储蓄收益增加将增加年老时的消费（替代效应增加储蓄），但储蓄收益增加将同时增加收入，从而将增加年轻时与年老时的消费（收入效应减少储蓄）。如果收入效应大于替代效应，储蓄的税后收益增加将减少储蓄。

## 21.3.1 判断正误题

1. 正确。
2. 错误;预算约束线是对消费者可以支付得起的消费组合的限制。
3. 正确。
4. 错误;无差异曲线的斜率为负,但它们通常凸向原点。
5. 错误;完全互补品的无差异曲线是直角形的,但绝不与另一条无差异曲线相交。
6. 正确。
7. 正确。
8. 正确。
9. 正确。
10. 错误;收入效应引起需求量增加。
11. 正确。
12. 错误;收入效应的衡量标准是价格变动使消费者向更高或更低的无差异曲线移动时所引起的消费变动。
13. 错误;如果利率变动引起的收入效应大于替代效应,个人将少储蓄。
14. 正确。
15. 错误;如果工资变动的收入效应大于替代效应,那么劳动供给曲线可能会向后倾斜。

## 21.3.2 单项选择题

1. c  2. b  3. a  4. c  5. b  6. d  7. a  8. d  9. a  10. b
11. a  12. c  13. c  14. b  15. b  16. d  17. c  18. d  19. c  20. c

## 21.4 进阶思考题

1. 她也许是担心她的几百万美元遗产会使你变懒,并使你过一种比没有遗产时更无意义的生活。
2. 她的担忧可能是有理由的。那些中了彩票和得到大量遗产的人往往不工作或减少他们的工作时间。
3. 这个证据表明,劳动供给曲线可能向后倾斜。我们通常假设高工资增加了劳动供给量(向右上方倾斜的劳动供给曲线),但实际上,如果闲暇是一种正常物品,而且工资增加的收入效应大于替代效应,那么高工资也会减少劳动供给量(向后倾斜的劳动供给曲线)。

# 第22章
# 微观经济学前沿

## 目　标

**在本章中你将**
- 考察不对称信息引起的问题
- 学习不对称信息的市场解决方法
- 思考为什么民主投票制并不能代表社会偏好
- 思考为什么人们并不总会作为理性最大化者行事

## 效　果

**在实现这些目标之后，你应该能**
- 描述劳动市场上的信息不对称
- 解释为什么保险公司筛选潜在客户
- 举出一个康多塞投票悖论的例子
- 解释为什么人们愿意签署要求他们把部分收入用于退休储蓄的合同

## 22.1 本章概述

### 22.1.1 本章复习

经济学研究总是尝试要扩大对人类行为和社会的理解。本章论述经济学研究的三个前沿领域。我们研究的第一个主题是**不对称信息**,即当经济关系中一个人比另一个人有更多相关信息时的情况。第二个主题是**政治经济学**,即把经济学工具运用于解释政府职能。我们论述的第三个主题是**行为经济学**,即把心理学引入经济问题研究。

**1. 不对称信息**

获取与交易相关知识的差异性称为信息不对称性。我们论述两种信息不对称性:隐蔽性行为与隐蔽性特征。

(1) **隐蔽性行为:委托人、代理人及道德风险**。当一个人(称为**代理人**)代表另一个人(称为**委托人**)完成一些工作时,可能会出现隐蔽性行为。通常情况下,代理人比委托人更了解他自己的努力程度与业绩。如果委托人不能完全监督代理人,从而代理人会从事不忠诚或不合意的行为(推卸自己的责任),就产生了**道德风险**问题。在雇佣关系中,雇主是委托人,而工人是代理人。雇主对道德风险问题的反应是:

- 更好的监督:雇主用摄像机捕捉工人不负责的行为。
- 高工资:企业支付(高于均衡工资的)效率工资以增加工人被解雇的代价,并降低工人怠工的可能性。
- 延期支付:用年终奖金和在工人生命后期的更高支付来减少今天的怠工。

保险也会引起道德风险,因为投保人没有什么减少事故风险的激励。

由于所有权(委托人)与经营权(代理人)的分离,公司结构中就会存在委托—代理问题。股东通过雇用董事会来监督管理层,并且创造激励机制使管理层以最大化利润为目标,而不是追求他们自己的个人目标。有时,公司经理会因为损害股东利益而被送进监狱。

(2) **隐蔽性特征:逆向选择和次品问题**。当卖者对出售的物品知道得比买者多时就是隐蔽性特征。隐蔽性特征会引起称为**逆向选择**的问题——买者有选择低质量物品的风险。在以下市场上可能出现逆向选择。

- 二手汽车市场。买者可能连使用时间不长的二手汽车都不会买,因为他们怀疑卖者了解汽车的毛病。这被称为次品问题。
- 劳动市场。如果企业减少它支付的工资,高生产率工人就会离去,并留下低生产率工人。
- 保险市场。有隐蔽性健康问题的人可能比健康状况一般或较好的人更想购买健康保险。

当市场发生逆向选择时,人们会继续开二手车而不是将其卖出去,企业支付高于均衡水平的工资并引起失业,较健康的人因为健康保险太贵而不购买。这就是说,市场会变得无效率。

市场以几种方式对不对称信息做出反应。

(3) **为传递私人信息发送信号**。当有信息的一方采取行动向无信息的一方透露信息时就是**发送信号**。回忆一下前几章,企业把钱花在昂贵的广告上就是发出它们出售高质量物品的信息。学生上高质量学校是发出他们有高能力的信息。为了使信号有效,它应该是高代价的,但对有高质量物品的人来说代价并不高。发送信号对买者和卖者都是理性的。个人礼物被作为爱情的信号是因为它代价高(购买需要时间),而如果某人爱另一个人,他们就知道买什么(比简单了解的人购买所需要的时间短)。

(4)**引起信息披露的筛选**。当无信息的一方采取行动使有信息的一方披露信息时就是**筛选**。二手车的买者可以请机械师检验二手车。汽车保险人可以检查司机的驾驶历史,或者向似乎有不同程度的风险或安全诉求的司机提供不同的保险单,以使这两类司机透露自己的开车特征。

尽管当存在信息不对称时,市场也许不能有效地配置资源,但公共政策是否能改善市场结果也并不明确,因为:

- 私人市场有时可以运用发送信号和筛选来解决问题。
- 政府很少比私人拥有更多信息,因此它不能改善现在不完善的资源配置。这样,市场尽管不是最优的,也可能是我们所能做的最好的。
- 政府本身并非一种完美的制度。

### 2. 政治经济学

**政治经济学**,又称公共选择,是运用经济学分析方法研究政府如何运行。在我们选择让政府努力改善市场结果之前,我们必须认识到,政府也是不完善的。

(1)**康多塞投票悖论**。康多塞投票悖论是多数原则不能产生可传递的社会偏好。传递性是指如果对 A 的偏好大于 B,对 B 的偏好大 C,那么,对 A 的偏好就必定大于 C 这种特征。当社会必须在两个以上的结果之间做出选择时,多数原则无法告诉我们社会真正想要哪一个选择,因为对三个或更多不同选择的两两投票并不能保证传递性,这种现象称为**康多塞悖论**。这就是说,在两两投票之下,对 A 的偏好大于 B,对 B 的偏好大于 C,对 C 的偏好大于 A 是可能的。由于用多数原则准确地加总偏好要求传递性的特征,因此,可以得出两个结论:(1)多数投票并不一定能告诉我们社会需要什么;(2)确定对事情的投票顺序可以影响结果。

(2)**阿罗不可能性定理**。**阿罗不可能性定理**是一个数学结论,它表明,在某些假设条件下,没有一种方案能把个人偏好加总为一组正确的社会偏好。由于康多塞悖论,可以提出不同的投票制度。博达计算使选民可以在有两种以上结果——如运动队排名——时进行排序并为可能的结果给出不同的分数。但是,阿罗说明了,没有一种投票制度可以满足完美投票方案所需要的以下特征:

- **确定性**:如果每个人对 A 的偏好都大于 B,那么 A 就应该战胜 B。
- **传递性**:如果 A 战胜 B,而 B 战胜 C,那么 A 就应该战胜 C。
- **不相关选择的独立性**:任何两个结果之间的排序应该不取决于是否存在第三个结果 C。
- **没有独裁者**:没有一个人总能获胜。

例如,多数原则并不总能满足传递性,而博达计算并不总能满足不相关选择的独立性。虽然民主不应该被放弃,但所有的投票方案都是有缺陷的社会选择机制。

(3)**中值选民说了算**。**中值选民定理**是一个数学结论。它说明,如果选民沿着一条线选择一个点,而且每个选民都想要选择最接近自己最偏好的点,那么多数原则将选择中值选民最偏好的点。中值选民是正好分布在中间的选民。如果每个选民对最接近自己最偏好的结果投票,多数原则总会引起中值选民最偏好的结果。这个结果并不一定是平均偏好的结果或多数结果。此外,少数人的观点也不会得到很多关注。

(4) **政治家也是人**。利己会使政治家最大化自己的福利,而不是最大化社会的福利。一些政治家可能出于贪婪而行事,而另一些政治家可能会牺牲国家利益来提高他们在本地的名声。因此,实际经济政策往往没有效仿经济学教科书中得出的理想政策。

### 3. 行为经济学

在**行为经济学**领域,经济学家引入了心理学的基本观点。

**人们并不总是理性的**。经济学家通常假设人和企业是理性的。但人们可能不会作为理性最大化者行事,而是作为满意者行事,或者人们会表现出"接近理性"或者"有限理性",从而会犯以下系统性错误:

- 人们过分自信。
- 人们过分重视从现实生活中观察到的细枝末节。
- 人们不愿改变自己的观念。

尽管有这些问题,以理性为基础的经济模型可能仍是现实的一个很好的近似。

**人们关注公正**。最后通牒博弈是一个实验,第一个参与者决定把100美元的多大比例给另一个游戏参与者,第二个参与者必须决定是接受这种划分,还是两人一无所获。理性的财富最大化者应该选择99美元并交出1美元。第二个参与者应该接受,因为有1美元总比没有强。但是在实验中,第一个参与者往往把比1美元多得多(但小于50美元)的钱给予第二个参与者,而且第二个参与者通常会拒绝给得少的钱。人们可能出于某种公正观念,而不是正常的利己动机。结果,企业会为了公正或者为了避免工人一方的不满而在盈利的年份支付高于均衡工资的工资。

**人们是前后不一致的**。人们往往想要即时的满足,而不是延期的满足。因此,他们不能遵循枯燥、费力或引起不适的做事计划。例如,人们的储蓄往往少于他们的计划。为了有助于遵循计划,人们可能会限制自己未来的行为:吸烟者戒烟,减肥者锁上冰箱,或者工人签署退休计划。

### 4. 结论

本章介绍了一些可以进行深入研究的经济学领域。信息不对称使我们更谨慎地看待市场结果。政治经济学使我们更谨慎地看待政府解决方法。行为经济学使我们更谨慎地看待人的决策。

## 22.1.2 有益的提示

(1) 保险市场说明了信息不对称引起的许多问题和市场解决方法。就汽车保险而言,保险公司首先对潜在客户进行筛选,以减少逆向选择——把保险卖给低于普通水平的司机的问题。在出售保险之后,汽车保险公司要求对碰撞保险实行自付免赔额或共同支付,这减少了道德风险——一旦投保之后,司机就更加不顾风险地开车的问题。

(2) 没有什么经济决策方法总是完美的。由于外部性、公共物品、不完全竞争以及信息不对称,市场可能并不能使总剩余最大化。此外,人们和企业并不能总是理性地使自己的福利最大化。但政府也并不能改善这种状况,因为政府也许并不比市场拥有更多的信息。所有投票方案都是不完善的,而且政治家也许会选择使自己的福利最大化而不是使社会福利最大

第 22 章 微观经济学前沿 ▶283

化的政策。

### 22.1.3 术语与定义

为每个关键术语选择一个定义。

| 关键术语 | 定义 |
|---|---|
| _____ 道德风险 | 1. 有信息的一方向无信息的一方披露自己私人信息的行动 |
| _____ 代理人 | 2. 多数原则并不能产生可传递的社会偏好 |
| _____ 委托人 | 3. 让另一个人(称为代理人)完成某种行为的人 |
| _____ 逆向选择 | 4. 一个没有受到完全监督的人从事不诚实或不合意行为的倾向 |
| _____ 发信号 | 5. 一个数学结论,表明如果要选民沿着一条线选一个点,而且每个选民都想选离他最偏好的点最近的点,那么,多数原则将选出中值选民最偏好的点 |
| _____ 筛选 | 6. 一个数学结论,它表明在某些假设条件之下,没有一种方案能把个人偏好加总为一组有效的社会偏好 |
| _____ 政治经济学 | 7. 从无信息一方的角度看,无法观察到的特征组合变为不合意的倾向 |
| _____ 康多塞悖论 | 8. 为另一个人(称为委托人)完成某种行为的人 |
| _____ 阿罗不可能性定理 | 9. 无信息的一方所采取的引起有信息的一方披露信息的行动 |
| _____ 中值选民定理 | 10. 经济学中将心理学的观点考虑进来的分支学科 |
| _____ 行为经济学 | 11. 用经济学的分析方法研究政府 |

## 22.2 应用题与简答题

### 22.2.1 应用题

1. 对下列每一种情况,确定委托人和代理人,说明所涉及的信息不对称,并解释如何减少道德风险。
    a. 牙科保险公司提供每年免费检查服务。
    b. 企业用提成的方法(销售额的一个百分比)补偿出差的销售人员。
    c. 如果移民工人工作整个夏季,农业种子公司会向他们支付奖金。
    d. 麦当劳为高中生支付两倍的最低工资。
2. 对下列每种情况,说明所涉及的信息不对称,以及为减少逆向选择所采取的行为类型(发送信号或筛选),并解释如何减少逆向选择。
    a. 麦当劳只雇用学习成绩好的高中生。
    b. 现代公司(一家韩国汽车制造商)为它的新车提供10万英里的保修。
    c. 健康保险公司要求潜在客户进行体检。
    d. 百威公司赞助超级碗球赛的半场表演。

3. 根据以下三组投票偏好回答有关康多塞悖论的问题。

**案例 1**

|  | 选民类型 |  |  |
|---|---|---|---|
|  | 类型 1 | 类型 2 | 类型 3 |
| 选民百分比(%) | 15 | 40 | 45 |
| 第一选择 | C | A | B |
| 第二选择 | A | B | C |
| 第三选择 | B | C | A |

a. 如果选民必须在 A 和 B 之间做出选择,每个结果得到的投票百分比是多少？哪一个结果获胜？

b. 如果选民必须在 B 和 C 之间做出选择,每个结果得到的投票百分比是多少？哪一个结果获胜？

c. 如果选民必须在 C 和 A 之间做出选择,每个结果得到的投票百分比是多少？哪一个结果获胜？

d. 这些偏好表现出传递性了吗？解释之。

e. 如果选民在 A 与 B 之间选择,然后与 C 比较,哪一个结果获胜？
如果选民在 B 和 C 之间选择,然后与 A 比较,哪一个结果获胜？
如果选民在 A 和 C 之间选择,然后与 B 比较,哪一个结果获胜？
在这个例子中,投票的顺序重要吗？为什么？

**案例 2**

|  | 选民类型 |  |  |
|---|---|---|---|
|  | 类型 1 | 类型 2 | 类型 3 |
| 选民百分比(%) | 30 | 15 | 55 |
| 第一选择 | A | B | C |
| 第二选择 | B | C | A |
| 第三选择 | C | A | B |

a. 如果选民必须在 A 和 B 之间做出选择,每个结果得到的投票百分比是多少？哪一个结果获胜？

b. 如果选民必须在 B 和 C 之间做出选择,每个结果得到的投票百分比是多少？哪一个结果获胜？

c. 如果选民必须在 C 和 A 之间做出选择,每个结果得到的投票百分比是多少？哪一个结果获胜？

d. 这些偏好表现出传递性了吗？解释之。

e. 如果选民在 A 和 B 之间选择,然后与 C 比较,哪一个结果获胜？
如果选民在 B 和 C 之间选择,然后与 A 比较,哪一个结果获胜？
如果选民在 A 和 C 之间选择,然后与 B 比较,哪一个结果获胜？
在这个例子中,投票的顺序重要吗？为什么？

案例3

|  | 选民类型 | | |
|---|---|---|---|
|  | 类型1 | 类型2 | 类型3 |
| 选民百分比(%) | 25 | 35 | 40 |
| 第一选择 | A | B | C |
| 第二选择 | B | A | A |
| 第三选择 | C | C | B |

    a. 如果选民必须在 A 和 B 之间做出选择,每个结果得到的投票百分比是多少? 哪一个结果获胜?

    b. 如果选民必须在 B 和 C 之间做出选择,每个结果得到的投票百分比是多少? 哪一个结果获胜?

    c. 如果选民必须在 C 和 A 之间做出选择,每个结果得到的投票百分比是多少? 哪一个结果获胜?

    d. 这些偏好表现出传递性了吗? 解释之。

    e. 如果选民在 A 和 B 之间选择,然后与 C 比较,哪一个结果获胜?
如果选民在 B 和 C 之间选择,然后与 A 比较,哪一个结果获胜?
如果选民在 A 和 C 之间选择,然后与 B 比较,哪一个结果获胜?
在这个例子中,投票的顺序重要吗? 为什么?
获胜的结果是比例最大的选民的第一选择吗? 为什么会产生这种情况?

4. a. 在第3题的案例1中,如果你用博达计算来决定 A、B 和 C 这些结果中的获胜者,哪一个结果获胜? 每个结果的得分是多少?

    b. 在第3题的案例1中,取消 C 结果,并用博达计算找出剩下的 A 和 B 选择中的获胜者。这违背了完美投票制度所要求的哪种特征? 解释之。

    c. 比较在简单多数原则、有三种选择的博达计算规则和有两种选择的博达计算规则下,第3题中案例1的结果。从这些结果中你可以得出什么结论?

5. 在以下每一种情况下,描述表明人们并不总能作为利己的理性最大化者行事的行为。

    a. 工人同意以后3年中每年加薪5%的劳动合同。一年过去后,他们发现企业的利润增加了100%。工人进行罢工,而且在罢工期间没有得到收入。

    b. 一个工人计划从现在开始的3个月里把收入的20%用于储蓄,因为他必须偿还一些到期账单。3个月过去后,工人并没有储蓄,而是把每个月的全部收入都支出了。

    c. 一个摇滚歌星在飞机失事中死去后,许多人决定坐火车而不坐飞机。

    d. Joe 想去加拿大钓鱼旅行,而他的妻子 Sue 希望进行其他旅行。报纸报道,在他们计划去钓鱼的那个地区,鱼的大小和数量都大于正常情况,因为气温变得与季节不相符地冷。Joe 更加坚定了他钓鱼旅行的选择,而 Sue 更加坚定了她进行其他类型旅游的愿望。

## 22.2.2 简答题

1. 什么是道德风险? 在雇佣关系中,企业为了避免道德风险会采取什么措施?
2. 什么是逆向选择? 你会为一个只建成了一年的房子(但有人居住过,并且居住者最近在当地又建了另一个房子)和一个还没有人住过的崭新房子支付同样多的钱吗?为什么?你会采取哪些措施来防止逆向选择?

3. 你预期汽车保险购买者发生车祸的概率高于还是低于平均水平?为什么?保险公司如何解决这个市场上的逆向选择?它如何解决这个市场上的道德风险?

4. 为了减少逆向选择,企业用昂贵的广告发出高质量的信号。有效信号的必要特征是什么?为什么生产低质量物品的企业不用昂贵的广告发出虚假的高质量信号?

5. 为什么选择一个好礼物可以作为对接受者爱和关心的证明?

6. 假设30%的选民想把1万美元用于建设一个新公园,30%的选民想花1.1万美元,40%的选民希望花2.5万美元。平均选民想花多少钱?中值选民想花多少钱?如果每个选民都选择离自己最偏好的选择最近的点,那么,根据多数原则,最后的选择是这三种选择中的哪一种?产生了康多塞悖论吗?

7. 用中值选民定理解释为什么共和党总统候选人在初选中比在普选中更为保守,而民主党总统候选人在初选中比在普选中更为自由化?

8. 政治家总是选择使社会福利最大化的政策吗?为什么?

9. 如果人们是理性的财富最大化者,那么我们从"最后通牒博弈"中期望得到什么结果?在实验中我们实际发现的结果是什么?这对工资决定意味着什么?

10. 大学里最受欢迎的专业是经济学。你最好的朋友选了一门初级经济学课,并告诉你这是她选的最糟的课,而你就不再选经济学了。这是理性的吗?解释之。

## 22.3 自我测试题

### 22.3.1 判断正误题

_____ 1. 信息不对称是指在交易中一个人对交易的进行比另一个人知道得多。

_____ 2. 在委托—代理关系中,委托人代表代理人完成某项工作。

_____ 3. 雇主会为了避免雇佣关系中怠工成本引起的道德风险而支付高于均衡工资的工资。

_____ 4. 为了避免逆向选择问题,保险公司对其潜在客户进行筛选,以发现隐蔽的健康问题。

_____ 5. 当信号对行业中所有企业都无成本时,发出传递高质量的信号最有效。

_____ 6. 如果对A的偏好大于B,对B的偏好大于C,而且对A的偏好大于C,那么,这些偏好就表现出确定性。

_____ 7. 康多塞悖论表明,多数原则总能告诉我们社会实际上想要的结果。

_____ 8. 阿罗不可能性定理表明,没有一种投票制度能满足完美投票制度所要求的性质。

_____ 9. 根据中值选民定理,多数原则将产生平均偏好的结果。

_____ 10. 政治家并不总选择理想的经济政策,因为一些政治家腐败而贪婪,另一些政治家愿意为了其在本地的声誉而牺牲国家利益。

_____ 11. 在现实世界中,当人们做出经济决策时,总是理性地行事。

_____ 12. 最后通牒博弈表明,人们总是根据自己的利益做出选择。

_____ 13. 由于人们往往关心公正，企业在盈利年份支付奖金，以实现公正并避免工人的不满。

_____ 14. 人们似乎自然而然地进行延期满足，而且他们往往会坚持执行当前的计划，以完成某些在未来令人不愉快的事。

_____ 15. 由于人们面对新信息时拒绝改变自己的想法，我们可以得出结论，人们并不总是作为理性最大化者行事。

## 22.3.2 单项选择题

1. John 的汽车需要修理，因此，John 决定卖掉这辆破车，以避免修理费。由于不知道车有问题，Susan 买了这辆车。这是以下哪一项的例子？
   a. 逆向选择。
   b. 道德风险。
   c. 效率工资。
   d. 隐蔽行为。

2. Judy 想避免买一辆次品车。在她购车之前，她把她想买的车给她的机械师检查。这称为_____。
   a. 道德风险
   b. 逆向选择
   c. 发信号
   d. 筛选

3. Chris 是一家服装公司的外出推销员。在这种雇佣关系中，Chris 是_____。
   a. 委托人
   b. 代理人
   c. 发信号者
   d. 筛选者

4. 为了使信号有效，以下哪一种关于用来透露私人信息的信号的说法是正确的？
   a. 它对有信息一方应该是免费的。
   b. 它对有信息一方应该是有代价的，但对有高质量物品的一方应该是低成本的。
   c. 它应该是"在电视上看到"的。
   d. 它应该适用于便宜的物品。

5. 以下哪一种情况是用来披露私人信息的信号的例子？
   a. Bob 精心地为 Carolyn 选择了一件特殊礼物。
   b. Lexus 在超级碗球赛期间为自己的汽车做广告。
   c. Madelyn 从哈佛大学商学院获得了 MBA 学位。
   d. 以上各项都是正确的。

6. 以下哪一项不是企业用来避免雇佣关系中道德风险问题的方法？
   a. 支付高于均衡工资的工资。
   b. 在车间安装隐蔽的摄像机。
   c. 为自己的员工购买人寿保险。
   d. 向雇员支付年终奖金之类的延期报酬。

7. 以下哪一项最能证明道德风险问题？
   a. Karen 不买医疗保险，因为这种保险太贵了，而且她是健康的。
   b. Rachel 选择上一所享有声誉的大学。
   c. Dick 在购买了汽车保险后更不怕风险地开车。
   d. 人寿保险公司在出售保险之前强迫 Fred 进行体检。

8. 在两两多数投票时，如果对 A 的偏好大于 B，对 B 的偏好大于 C，那么，对 A 的偏好应该大于 C。这称为_____。
   a. 确定性特征
   b. 传递性特征
   c. 独立性特征
   d. 不可能性特征

用以下一组选民偏好回答第9—12题。

| | 选民类型 | | |
|---|---|---|---|
| | 类型1 | 类型2 | 类型3 |
| 选民百分比(%) | 35 | 25 | 40 |
| 第一选择 | C | A | B |
| 第二选择 | A | B | C |
| 第三选择 | B | C | A |

9. 当在 A 和 B 之间做出选择时,选 A 的人口百分比是多少?
   a. 25%
   b. 35%
   c. 40%
   d. 60%
   e. 75%

10. 在两两多数投票时,哪一个结果获胜?
    a. A
    b. B
    c. C
    d. 这些偏好都会遭遇康多塞悖论,因此,没有明确的胜者。

11. 如果我们首先比较 A 与 C,然后把胜者与 B 比较,哪一个结果是胜者?
    a. A
    b. B
    c. C
    d. 这些偏好都会遭遇康多塞悖论,因此,没有明确的胜者。

12. 用博达计算,哪一个结果受偏好?
    a. A
    b. B
    c. C
    d. 这些偏好没有表现出传递性,因此,没有明确的胜者。

13. 以下哪一点不是完美投票制度所要求的特征?
    a. 中值选民总获胜。
    b. 传递性。
    c. 没有独裁者。
    d. 不相关选择的独立性。

14. 假设40%的选民希望把1 000美元用于市政府的艺术品,25%的选民希望用20 000美元,35%的选民希望用22 000万美元。中值选民、平均选民和多数选民偏好的结果是什么?
    a. 1 000 美元;14 333 美元;1 000 美元。
    b. 20 000 美元;20 000 美元;22 000 美元。
    c. 20 000 美元;13 100 美元;1 000 美元。
    d. 1 000 美元;20 000 美元;22 000 美元。

15. 如果人们投票支持离自己偏好最近的结果,在两两多数原则之下,哪一种说法正确?
    a. 平均偏好的结果获胜。
    b. 中值选民偏好的结果获胜。
    c. 最大多数选民偏好的结果获胜。
    d. 由于阿罗不可能性定理,没有明确的胜者。

16. 以下哪一种关于人们如何做出决策的说法不正确?
    a. 人们有时过分相信自己的能力。
    b. 人们在面对新信息时不愿改变自己的看法。
    c. 人们过重视从现实生活中观察到的细枝末节。
    d. 人们总是理性的最大化者。
    e. 以上各项关于人们如何做出决策的说法实际上都是正确的。

17. 在最后通牒博弈中,哪一种分法对具有划分权的人和接受或否认划分的人都是理性的?
    a. 99/1
    b. 75/25
    c. 50/50
    d. 1/99

e. 没有理性解
18. 以下哪一种说法有助于解释企业在特别盈利的年份向工人支付奖金以避免工人不满？
   a. 人是理性最大化者。
   b. 人们是前后不一致的。
   c. 人们关注公正。
   d. 人们拒绝改变自己的看法。
19. John 的朋友死于突发的心脏病。John 到他的医生那里进行昂贵的身体检查。这种反应证明_____。
   a. 人们过分重视现实生活中观察

到的细枝末节
   b. 当面对新信息时，人们易于改变自己的看法
   c. 人们会提前做计划，并遵从计划
   d. 人们把看病作为享受
20. 以下哪种情况是由于人们的行为前后不一致？
   a. 效率工资。
   b. 年终奖金。
   c. 强迫为退休计划做出贡献。
   d. 以上各项都对。

## 22.4 进阶思考题

假设一个国家有私人医疗保险市场。在这个国家，病人(已经患病的人)发现他们很难买到医疗保险。那些能够购买医疗保险的人通常每年要支付相当于其医疗费第一个 3 000 美元的 10% 或 20% 的免赔额。

1. 当保险公司拒绝为一个已经患病的人提供保险时，它要避免不对称信息引起的什么问题？如果保险公司并不拒绝为那些已经患病的人投保，那么会发生什么情况？
2. 收取免赔额有助于解决什么问题？如果保险公司没有要求免赔额会引起什么问题？
3. 公共政策如何解决医疗保险市场的问题？公共政策解决方法有什么缺点？

## 习 题 答 案

### 22.1.3 术语与定义

| 4 | 道德风险 | 11 | 政治经济学 |
| 8 | 代理人 | 2 | 康多塞悖论 |
| 3 | 委托人 | 6 | 阿罗不可能性定理 |
| 7 | 逆向选择 | 5 | 中值选民定理 |
| 1 | 发信号 | 10 | 行为经济学 |
| 9 | 筛选 | | |

### 22.2.1 应用题

1. a. 保险公司是委托人，投保人是代理人。只有代理人知道他对自己牙齿的保护程度。通过每年检查投保人的牙齿，保险公司可以更好地监督投保人的行为，并减少未来

重大的索赔要求。

b. 企业是委托人,销售人员是代理人。企业并不知道销售人员工作努力的程度。通过只支付给销售人员提成,企业能够更好地监督销售人员的工作习惯,而且后者不太可能怠工。

c. 公司是委托人,工人是代理人。企业并不知道移民工人工作努力的程度。通过在一个季度结束时支付大量奖金,企业提高了工人怠工和被解雇的代价。工人更少可能怠工。

d. 麦当劳是委托人,学生是代理人。麦当劳不知道学生工作努力的程度。通过支付高于市场工资的工资,麦当劳增加了学生怠工和被解雇的代价。学生更少可能怠工。

2. a. 麦当劳并不比潜在工人更了解潜在工人的能力。麦当劳用过去的教育程度来筛选潜在的工人,而且这能选出高能力工人。

b. 买者并不了解现代公司汽车的质量,因为这种车对这个市场而言是比较新的。现代公司用长期保修发出高质量的信号,而且买者能选择高质量的汽车。

c. 保险公司对保险购买者的健康状况知道得不如保险购买者多。保险公司用体检来筛选潜在客户,发现隐蔽的健康问题,以使其保险者中生病的情况没有大于平均水平。

d. 买啤酒的人并不像百威公司那样了解百威啤酒的质量。百威公司用昂贵的广告发出高质量的信号,因为只有保证有回头客才能承受这种广告。顾客可以选择高质量啤酒。

3. **案例 1**

a. A = 15% + 40% = 55%, B = 45%, A 战胜 B。

b. B = 40% + 45% = 85%, C = 15%, B 战胜 C。

c. C = 15% + 45% = 60%, A = 40%, C 战胜 A。

d. 没有。A 战胜 B, B 战胜 C,因此,传递性要求 A 战胜 C,但实际上,C 战胜 A。

e. A 战胜 B,因此,比较 A 与 C, C 获胜。
B 战胜 C,因此,比较 B 与 A, A 获胜。
C 战胜 A,因此,比较 C 与 B, B 获胜。
投票顺序重要,因为这些偏好没有表现出传递性。

**案例 2**

a. A = 30% + 55% = 85%, B = 15%, A 战胜 B。

b. B = 30% + 15% = 45%, C = 55%, C 战胜 B。

c. A = 30%, C = 15% + 55% = 70%, C 战胜 A。

d. 是的。C 战胜 A, A 战胜 B,传递性要求 C 战胜 B,而且的确如此。

e. A 战胜 B,因此,比较 B 与 C, C 获胜。
C 战胜 B,因此,比较 C 与 A, C 获胜。
C 战胜 A,因此,比较 C 与 B, C 获胜。
投票顺序不重要,因为这些偏好表现出传递性。

**案例 3**

a. A = 25% + 40% = 65%，B = 35%，A 战胜 B。
b. B = 25% + 35% = 60%，C = 40%，B 战胜 C。
c. A = 25% + 35% = 60%，C = 40%，A 战胜 C。
d. 是的。A 战胜 B，B 战胜 C，传递性要求 A 战胜 C，而且的确如此。
e. A 战胜 B，因此，比较 A 与 C，A 获胜。
B 战胜 C，因此，比较 B 与 A，A 获胜。
A 战胜 C，因此，比较 A 与 B，A 获胜。
投票顺序不重要，因为这些偏好表现出传递性。
不是，只有 25% 的人把 A 作为他们的第一选择，但大多数人极不喜欢 C，而且没有人极不喜欢 A。

4. a. 如果在 A、B 和 C 之间做出选择，A = 30 + 120 + 45 = 195，B = 15 + 80 + 135 = 230，C = 45 + 40 + 90 = 175，B 获胜。
b. 如果只在 A 和 B 之间做出选择，A = 30 + 80 + 45 = 155，B = 15 + 40 + 90 = 145，A 获胜。不相关选择的独立性：当取消 C 时，A 和 B 的排序应该不变，但排序改变了。
c. A 获胜，然后 B 获胜，然后 A 又获胜。因此，多数投票并不一定能告诉我们社会想要什么，而且有关投票顺序的决策会影响结果。

5. a. 人们关注公正，如果他们认为划分不公正，他们宁愿接受一无所获，以便使他们的对手也一无所获。
b. 人们是前后不一致的。从 3 个月前看，储蓄似乎是一个好主意，但随着日期接近，立即满足的欲望占了上风。
c. 人们过分重视从现实生活中观察到的细枝末节。飞机失事的概率也许并没有改变，但人们由于一次公开披露的事故而变得更害怕坐飞机。
d. 人们拒绝改变自己的看法。Joe 和 Sue 都用同样的信息来捍卫自己原来的选择。

## 22.2.2　简答题

1. 那些不受完全监督的人有进行不道德行为的倾向。更好的监督、支付更高工资或延期支付一部分工资都增加了怠工的代价。

2. 从无信息一方的角度看，没有观察到的特点成为不合意的倾向。不会。因为你会假设卖者知道有关房子的一些坏事——洪水、建筑不好、邻居或学校不好等。对房子进行检查并对邻居和学校进行考察。

3. 高于。因为保险的购买者对自己出事故的概率更了解，而且出事故概率高的司机更需要保险。保险公司核查司机的驾驶历史，并向高风险司机和低风险司机提供明显不同的保险单，对高风险司机收取高保费。它们要求免赔额以避免道德风险。

4. 它必须是成本高昂的，但对那些有高质量物品的人来说成本并不高。因为低质量企业无法通过广告带来回头客，它们进行昂贵的广告投入是无效率的。

5. 因为它需要时间（代价），但对于了解接受者的人来说，所需要的时间不多。

6. 0.3 × 10 000 美元 + 0.3 × 11 000 美元 + 0.4 × 25 000 美元 = 16 300 美元。中值选民想

支出 11 000 美元,11 000 美元获胜。没有产生康多塞悖论,从任何一对中找到胜者,然后把它与剩下的选择比较,11 000 美元总是胜者。

7. 每个候选人都必须首先通过初选赢得入选资格。为此,他们必须获得他们党内的中值选民——共和党的保守派和民主党的自由派。在初选之后,他们必须获得整体的中值选民,这就要求每个候选人向中心移动——共和党变得更自由,而民主党变得更保守。

8. 不是。一些政治家会出于贪婪行事,而另一些政治家则会牺牲国家利益来提高自己在本地的名誉。

9. 第一个人拿 99 美元,并给另一个人 1 美元,而且另一个人会接受。第一个人通常会给出多于 1 美元,而第二个人会拒绝给得很少的情况。有特别盈利年份的企业支付高于均衡工资的工资,以实现公正或避免不满。

10. 是不理性的。人们过分重视从现实生活中观察到的细枝末节。在这个例子中,朋友只是在几千个事件中增加了一个事件。

## 22.3.1 判断正误题

1. 正确。
2. 错误;代理人代表委托人完成某项工作。
3. 正确。
4. 正确。
5. 错误;信号必须代价高昂,但对有高质量物品的企业来说,代价并不高。
6. 错误;这些偏好表现出传递性。
7. 错误;它说明投票的排序可以决定结果,因此,多数原则投票并不一定能告诉我们社会想要什么。
8. 正确。
9. 错误;它将产生中值选民偏爱的结果。
10. 正确。
11. 错误;有证据表明人们只是"接近理性"。
12. 错误;它表明人们关注公正。
13. 正确。
14. 错误;人们往往追求即时满足,而不能坚持完成不愉快的事情。
15. 正确。

## 22.3.2 单项选择题

1. a  2. d  3. b  4. b  5. d  6. c  7. c  8. b  9. d  10. d
11. b  12. c  13. a  14. c  15. b  16. d  17. a  18. c  19. a  20. c

## 22.4 进阶思考题

1. 逆向选择。那些已经患病的人更想买保险。他们的医疗费远远高于平均水平,这就引起保费上升。在人为的保险高价格上,买保险的健康人少了,因为成本超过了他们预期的医疗费。当健康人退出市场时,对留下来的参与者,价格进一步上升,这就进一步减少了保险市场的规模。

2. 道德风险。如果没有免赔额,人们就可能在实际上并不需要看病时也会去看病。

他们也没什么照顾自己以避免生病的激励,因为他们不承担生病的费用。以上原因就使得保险的成本提高到高于健康人的预期医疗费用,而且许多人不会购买保险。

3. 政府可以提供(或要求私人保险公司提供)医疗保险,要求每个人(病人与健康人)都必须参加(类似于被称为"奥巴马医保"的《平价医疗法案》)。缺点是:多数原则民主制度可能无法提供人们想要的医疗量。利己的政治家可能选择提供与人们想要的并不一样的医疗量。